D1922737

irmgard wutte

EIN LEISER RUF AUS AFRIKA

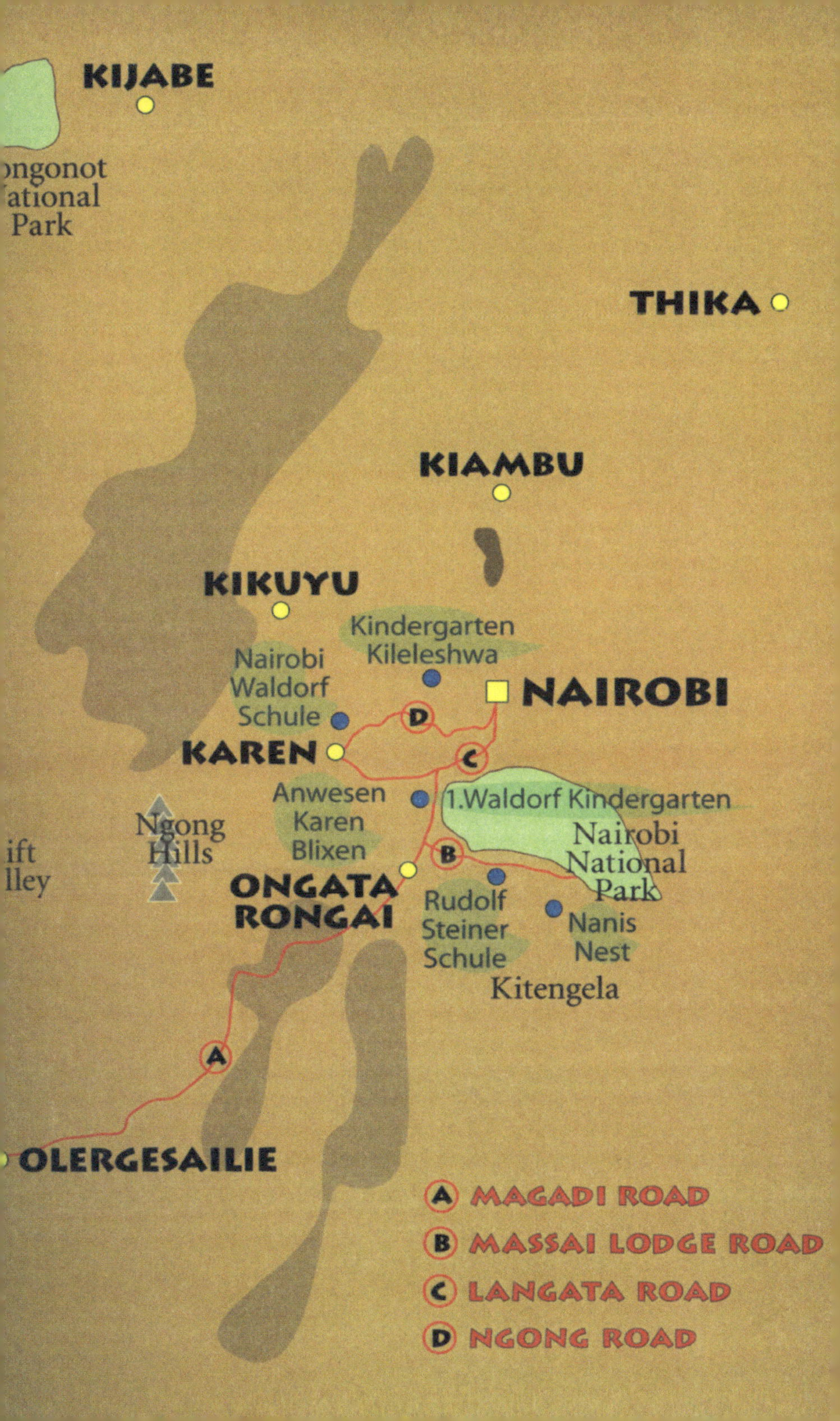

KIJABE
ongonot
ational
Park
THIKA
KIAMBU
KIKUYU
Kindergarten
Kileleshwa
Nairobi
Waldorf
Schule
NAIROBI
D
KAREN
C
Anwesen
Karen
Blixen
1.Waldorf Kindergarten
Ngong
Hills
ift
lley
B
Nairobi
National
Park
ONGATA
RONGAI
Rudolf
Steiner
Schule
Nanis
Nest
Kitengela
A
OLERGESAILIE
A MAGADI ROAD
B MASSAI LODGE ROAD
C LANGATA ROAD
D NGONG ROAD

irmgard wutte

EIN LEISER RUF AUS AFRIKA

mein leben für die kinder in kenia

verlag freies geistesleben

Ich widme dieses Buch Katharina, Emanuel und Dave

1. Auflage 2009
Eine vorige Auflage erschien 2006 im Selbstverlag

Verlag Freies Geistesleben
Landhausstraße 82, 70190 Stuttgart
Internet: www.geistesleben.com

ISBN 978-3-7725-2197-3

Umschlag & Satz: Bianca Bonfert
Umschlagabbildung: blickwinkel
Fotos: Vojko Vrbanic und Werner Rindle
Druck und Bindung: Freiburger Graphische Betriebe

INHALT

ZUM GELEIT

Irmgard Wuttes Afrikabericht lässt den Leser teilnehmen an dem biografischen Lebensabschnitt einer jungen Frau, die sich voll in Afrika verliebt hat. Nach ihrer Waldorflehrerausbildung in Stuttgart und wenigen Jahren Berufserfahrung unternahm sie mit ihrem ebenso unternehmungsfreudigen Mann die Gründung der ersten Waldorfschule in Äquatorialafrika: vor den Toren von Nairobi, der Hauptstadt Kenias. Die Schwierigkeiten sprengten alle aus Europa mitgebrachten Vorstellungen. Aber darauf waren die beiden gefasst, und die Einzigartigkeit dieses Kontinents und besonders Ostafrikas gab ihnen überreiche innere Geschenke zurück. Gleich neben der Rudolf-Steiner-School wurde die Olseki Farm aufgebaut – direkt am Südrand des Nairobi Nationalparks voller Büffel, Giraffen, Paviane, Zebras, Antilopen, Löwen und und und. Und dazwischen gibt es keinen Zaun, nur eine Talschlucht. Nachts raunzen die Hyänen um das Gelände. So infizierte sich Irmgard Wutte mit dem «Afrikabazillus». Zwei kenianische Kinder nahm sie an Kindesstatt an und hatte so täglich Afrika im Arm. Ihre Aktivitäten weiteten sich zeitweise nach Dar-es-Salaam in Tansania und Kampala in Uganda aus. Lebensgefährliche Touren über den Mount Kenya wurden bestanden, soziale Schwierigkeiten durchgestanden, und doch war und ist sie in diesem Geburtsland der Menschheit für immer zu Hause. Zurückgekehrt nach Deutschland entstand dieses Buch. Nun kann der Leser an diesem warmherzigen Bericht teilnehmen.

Prof. Dr. Wolfgang Schad Universität Witten/Herdecke

VORWORT

«Schreib doch ein Buch über alle deine Erlebnisse in Afrika», hörte ich mehrmals Freunde sagen. «Ich? Ein Buch schreiben? Nein, das kann ich nicht», war meine Antwort, bis ich mich dann doch einmal hinsetzte und einfach anfing zu schreiben. Junge Leser sah ich vor meinen Augen, wie die Oberstufenschüler, denen ich kürzlich wieder einmal von unserer «etwas anderen» Schulgründung in Kenia erzählen durfte. Leser, die hungrig sind auf die Welt, die ihr Leben noch vor sich haben und sich noch nicht allzu sehr beeindrucken lassen von verpatzten Karrierechancen und ausbleibender Rente. Leser, die begierig sind zu hören, wie das Leben ruft und lockt und leitet auf einer abenteuerlichen Reise. Wie man gebeutelt und geschüttelt wird, nur um ein Stück freier und stärker wieder auf den Beinen zu landen. Leser, die hören wollen, wie es ist, wenn man nicht als Tourist in die Welt geht oder als Experte und Entwicklungshelfer mit Vertrag und Gehalt, sondern mit dem Segen guter Freunde, einem leisen Ruf folgend, und wie Hänschen klein ganz auf sich gestellt. Wie man eine Aufgabe findet oder, besser gesagt, *seine* Aufgabe findet und diese Aufgabe zum Spiegel wird, zu einer Chance, zu sich selbst zu finden. Diesen «jungen» Menschen jeden Alters möchte ich gerne eine Geschichte erzählen, meine Geschichte oder zumindest ein wichtiges Kapitel daraus.

Ich hatte das große Glück, an einem paradiesischen Fleckchen unserer Erde, in Kenia, mithelfen zu dürfen, eine Waldorfschule aufzubauen, aus dem Nichts heraus. Heute steht sie da wie eine Akazie mit zwei lichtgrünen Stämmen, tief mit der afrikanischen Erde verwurzelt, und spendet dem vielschichtigen und krisengeschüttelten Umfeld Leben. Bis sie so dastand, dauerte es zwölf Jahre. In den ersten Jahren ähnelte sie mehr einem Kartenhaus, das der geringste Windhauch umstoßen würde, denn es ist kein leichtes Unterfangen, ein Kartenhaus oder ein junges Pflänzchen in der freien Savanne vor Wind und Sonne zu schützen. Jede Menge Pioniergeist war gefordert.

Und bei näherem Hinsehen wird meine ganz persönliche Geschichte zu einer typischen Geschichte, die Mut machen möchte – Mut, seiner inneren Stimme zu folgen, etwas zu wagen und sich zu bewegen, wissend, dass zur rechten Zeit die rechte Hilfe kommen wird. Denn dies scheint mir heute mehr denn je eine Zeitforderung zu sein. Beim Schreiben tauchte dann noch ein anderes Thema wie aus Meerestiefen aus meinem Herzen auf, immer stärker und mächtiger werdend, fast walfischartig: eine große Liebe zu dem afrikanischen Kontinent und seinen Menschen. Mit welch gewaltigem Eindruck er sich mir eingeprägt hatte, ist mir in seinem Ausmaß erst während des Schreibens bewusst geworden. So wurde dieses Buch auch zu einer Liebeserklärung an Afrika, unser aller Ur-Heimat und weltpolitisch gesehen unser jüngerer Bruder. Der, der in den Märchen so gerne von den älteren Brüdern verlacht, verstoßen und verkauft wird, aber doch der Liebling des Vaters ist.

Schwer ist es, diesen jüngeren Bruder zu verstehen, weil er uns so fremd geworden ist, weil er so anders ist. Oder haben wir uns von ihm entfremdet?

Ich danke allen, die mein Bemühen unterstützt und begleitet haben, allen bekannten und unbekannten Mitstreitern, die wir uns über die Erde hinweg die Hände reichen, und allen Millionen Menschen in Afrika, die mit ihrer freundlichen Duldsamkeit und Bescheidenheit ihren Beitrag zum Weltfrieden leisten.

Irmgard Wutte

ZUR NEUAUSGABE

Inzwischen sind fünf Jahre vergangen, seit ich meine Erlebnisse aufgeschrieben habe, und Kenia hat seither weltweit für Schlagzeilen gesorgt. Galt es jahrzehntelang als friedliches afrikanisches Musterland, das freundlich mit dem Westen kooperierte, haben die heftigen Unruhen und blutigen Auseinandersetzungen nach den Wahlen im Dezember 2007 der Welt gezeigt, wie viel Leid und Frustration unter der Oberfläche verborgen war. Solche verletzten Gefühle sind ein gefundenes Fressen für Interessengruppen, die vor Gewalt nicht zurückschrecken, und für einen kurzen Moment war tatsächlich ein Bürgerkrieg mit verheerenden Folgen zu befürchten. Die beiden politischen Kontrahenten Mwai Kibaki und Raila Odinga konnten sich aber, auch durch die Vermittlung des UN-Generalsekretärs Kofi Annan und John Kufuor, Präsident von Ghana und Vorsitzender der Afrikanischen Union, im letzten Moment noch zu einer Zusammenarbeit durchringen und regieren das Land seither gemeinsam – friedlich. Darüber konnte ich in den Medien kaum Informationen finden.

Bei meinem Besuch im August 2008 spürte ich nicht nur die Erleichterung, sondern auch Freude und Zuversicht in der kenianischen Bevölkerung. «Wir wollen die blutigen Auseinandersetzungen vergessen», sagte man mir. Und Ngugi Mutura, Gründer und Leiter des landwirtschaftlichen Zentrums SACDEP in Thika, ein guter Freund, meinte: «Die Unruhen waren eine Warnung für unsere Kinder, dass Gewalt keine Lösung ist.» Auch wenn ich kaum Klagen hörte, blieben mir die Folgen des wirtschaftlichen Einbruches als Folge der Unruhen nicht verborgen. Der Tourismus brach 2008 gewaltig ein und sorgte für Massen von Arbeitslosen. In den Blicken dieser Menschen konnte ich ihre Not lesen.

Doch schon macht sich seit der Wahl in den USA im Oktober 2008 die große Freude über den neuen amerikanischen Präsidenten Barack Obama breit, der aus traditionell kenianischer Sicht als ein «Sohn des Landes» gilt.

Wieder zeigte sich mir die ungebrochene innere Kraft dieser Menschen. Mögen viele, viele Menschen hier und dort gemeinsam neue Wege der Kooperation und der Freundschaft gehen, denn: Wir gehören zusammen!

Prien, im Januar 2009 Irmgard Wutte

Vertrau dir selbst: jedes Herz schlägt höher beim Klang dieser stählernen Saite! Nimm den Platz ein, an den die göttliche Vorsehung dich gestellt hat, nimm die Gesellschaft deiner Zeitgenossen, die Verknüpfung der Geschehnisse an. Bedeutende Menschen haben dies immer getan und sich kindlich dem Geist ihres Zeitalters anvertraut, denn sie erkannten, dass das absolut Zuverlässige seinen Sitz in ihrem Herzen hat, durch ihre Hände wirkt und ihr ganzes Wesen durchdringt. Und wir, die wir jetzt leben, müssen mutig dasselbe, uns transzendierende Schicksal auf uns nehmen, denn wir sind weder Kinder noch Kranke in einem sicheren Winkel, noch drücken wir uns feige vor einer Revolution. Vielmehr sind wir Führer, Retter und Wohltäter, dem Allmächtigen gehorchend, immer im Vormarsch gegen Chaos und Finsternis.

Ralph Waldo Emerson[1]

EINLEITUNG

Ein leiser Ruf

Karfreitag 1989. Mein Mann Vojko Vrbancic und ich waren auf dem Weg nach London, wo wir zum ersten Mal die Initiatorin der ersten Waldorfschule zwischen Kairo und Johannesburg, der Rudolf Steiner School Nairobi, Nani Croze aus Kenia, treffen sollten. Es war ein finsterer Tag, schwere Gewitter zogen auf, und wir saßen auf der schwankenden Fähre von Calais nach Dover. Der Ärmelkanal tobte um uns herum, starke Winde peitschten den Regen gegen die Fenster. Würden wir Nani Croze antreffen? Wir hatten nur ihre Telefonnummer und wussten, dass sie diese Tage in ihrem Haus in England sein würde. Hans-Georg Krauch, langjähriger Waldorflehrer und -ausbilder aus Frankfurt, hatte uns wohl kurz bei ihr angemeldet, aber wir hatten keine Rückmeldung erhalten, ob wir kommen könnten. Krauch hatte uns für ein abenteuerliches Unternehmen in Kenia gewonnen. Als Waldorflehrer sollten wir mithelfen, die erste Waldorfschule in Äquatorialafrika zu gründen, und waren voll Enthusiasmus.

Als die Anfrage, nach Kenia zu gehen, vor wenigen Monaten auf uns zukam, waren wir gerade dreißig Jahre alt und hatten noch keine Kinder. Immer schon wollten wir eines Tages ins Ausland gehen, aber dass es so bald sein würde, dachten wir nicht. Ich konnte mir gut vorstellen, früher oder später für einige Jahre in den USA zu leben und zu arbeiten. Auf meinen beiden Reisen an die Ostküste Amerikas vor wenigen Jahren traf ich dort auf Menschen voller Pioniergeist, tolerant und freilassend. New York mit seiner Vielfalt an Menschen, die friedlich nebeneinander lebten und wo jeder seinen eigenen Stil zu leben schien, hatte es mir angetan. Vojko hingegen, als gebürtiger Slowene, sah eines Tages eine Aufgabe aus den osteuropäischen Ländern auf sich zukommen. Ihn dorthin zu begleiten, hätte ich mir auch gut vorstellen können. Aber vorerst wollten wir noch mehr eigene Erfahrungen als Lehrer sammeln.

Nun kam alles anders, es sollte für mindestens vier, so die Vereinbarung mit Krauch, höchstens zehn Jahre, so die Vereinbarung mit mir, nach Kenia, Ostafrika gehen. Ostafrika, die Wiege der Menschheit! Kenia, das Land, in das jährlich eine Million Touristen strömen, um einen letzten Zipfel Paradies zu erleben. Noch Paradies, was die Natur und die Tierwelt anging, mit den sogenannten «big five», dem Löwen, dem Büffel, dem Nashorn, dem Nilpferd und dem Geparden, die dort alle in der freien Wildbahn zu finden sind.

Der bekannte deutsche Tierforscher Prof. Dr. Bernhard Grzimek[2] hat seit den fünfziger Jahren die Serengeti, einen Landstrich in Tansania und Kenia, weltweit bekannt gemacht, sich maßgeblich zur Erhaltung des Wildbestandes eingesetzt und dadurch zur Anziehungskraft dieses Fleckchens Erde beigetragen. Was aber das Leben der Menschen anging, handelte es sich um ein sogenanntes Entwicklungsland, und darum war unsere Mitarbeit gefragt.

Der 1985 erschienene Film «Jenseits von Afrika» mit Robert Redford und Meryl Streep kam mir in den Sinn, die nostalgische Liebesgeschichte zwischen einer der ersten weißen Siedlerinnen, Karen (alias Tania) Blixen[3], und dem Jäger und Flieger Dennis Fintch-Hatton. Was für eine abenteuerliche Romantik, was für überwältigende Naturaufnahmen von der endlosen Weite der afrikanischen Landschaft! Dorthin würde es uns nun verschlagen? Ich konnte es noch gar nicht recht fassen.

In den letzten Monaten hatten sich die Ereignisse überschlagen. Noch vor einem halben Jahr schien alles seinen Weg zu gehen. Wir waren beide Klassenlehrer an einer Waldorfschule im Ruhrgebiet. Ich führte eine dritte Klasse, Vojko eine achte. Mit einer anderen Familie zusammen hatten wir ein Zweifamilienhaus gekauft, umgebaut und renoviert und fühlten uns äußerst wohl und zufrieden. Die Eltern meiner Klasse wurden zunehmend persönliche Freunde, die Kollegen waren großartige Pädagogen, von denen ich viel lernen konnte. Vojko wurde aber in den vier Jahre im Ruhrgebiet von schmerzhaften Schüben einer rheumatischen Krankheit gequält, sodass ein Klimawechsel ihm von ärztlicher Seite nahegelegt wurde. Mehr Wärme und Sonne würden ihm guttun.

Mit dem Gedanken an einen eventuellen Wohnortwechsel saß ich im November 1988 in einer Delegiertentagung des Bundes der Freien Waldorfschulen, zu denen sich regelmäßig die Vertreter der Waldorfschulen in Deutschland treffen, um gemeinsame Belange zu besprechen. Mit einem älteren Kollegen zusammen vertrat ich unsere Schule. Hier hörte ich nun den «leisen Ruf», wie Krauch die Anfrage aus Kenia, von Nani Croze ausgesprochen, bezeichnete. Er kam soeben von einer Reise dorthin zurück, nachdem er, als Berater der südafrikanischen Waldorfschulen und als Mitglied eines internationalen Beratungsgremiums für Afrika zuständig, eine Einladung von ihr erhalten hatte. «Es ist zwar ein leiser Ruf, aber es wäre die erste Waldorfschule in Äquatorialafrika und es geht mir um den schwarzen Menschen. Darum möchte ich für diese Initiative Lehrer suchen», sagte er. Die Sätze hallten wie Paukenschläge in meinen Ohren nach. Und ehe ich mich versah, hörte ich mich zu Krauch sagen: «Das wäre vielleicht etwas für meinen Mann.» Warum nur sagte ich nicht «für uns»? Später sann ich noch manches Mal über meine spontane Antwort nach. Zuhause wurde sofort der Weltatlas hervorgeholt und Kenia auf der Landkarte bestaunt. Telefonate und Treffen mit Krauch und einem Waldorflehrerstudenten aus Mannheim, der Krauch auf seiner ersten Reise begleitet hatte und sich ebenfalls bereit erklärte, an der Gründung in Nairobi mitzuwirken, folgten. Es war eine eigenartige Situation: Wir waren nie vor Ort gewesen, um uns die Menschen und die Umstände näher anzusehen. Ich selbst war noch nicht einmal in Afrika gewesen, Vojko schon. Ich kannte «Afrika» nur vom Hörensagen und von dem, was uns die Medien berichten. Ich konnte nicht einmal mit Überzeugung Gründe angeben, warum ich gerade dort eine Waldorfschule für sinnvoll hielt. Und doch wusste ich zweifellos in meinem Herzen, dass ich diesen Schritt tun müsste, vorerst im Vertrauen auf Krauch. Alle Einwände unsererseits, wie Sprache, Klima und anderes, wurden von ihm abgewunken. Die Entscheidung fiel und Vojko kündigte. Ich aber sollte noch ein Jahr meine Klasse weiterführen, mit meinem Verdienst Vojko mitfinanzieren und abwarten, wie sich das erste Probejahr gestalten würde. Ich sollte zurückbleiben und warten. Ach, warten – ich platzte schier vor Energie und freudiger Erwartung, aber ich hatte auch Angst, große Angst.

All das tauchte vor meinem inneren Auge wieder auf, als die Fähre in Dover anlegte. Das gewaltige Geschaukel endete, aber der Sturm noch lange nicht. Es war dunkel geworden, als wir mit dem Bus in London eintrafen und das nächste Telefonhäuschen suchten. Ja, Nani war da. »Wie? Wer? Was wollt ihr denn? Aha, ich hab' nicht viel Platz, aber kommt halt vorbei», hieß es etwas abrupt am anderen Ende der Leitung. Wir schauten uns verwundert an. War sie nicht von unserem Kommen informiert worden? Endlich standen wir vor dem schmalen Londoner Vorstadthaus. Nani begrüßte uns eher gnädig als freudig, oder kam es uns nur so vor? Sie war in den Vierzigern, mittelgroß und voll geballter Energie. Sie sprach schnell und kurz angebunden, ihre Blicke waren eindringlich und forschend, aber leicht hektisch. Eines war sofort klar: Diese Frau hatte keine Zeit, dazu war sie viel zu aktiv. Wir hatten keine Ahnung, was sie in ihrem Leben schon alles geleistet und durchgestanden hatte. Wir wussten nur, dass sie die Tochter des Holzschnittkünstlers Hap Grieshaber war, als Jugendliche drei Jahre die Oberstufe einer Waldorfschule besucht hatte, als Biologin und «Gänsemutter» bei Konrad Lorenz[4] mitgewirkt hatte und als Elefantenforscherin mit ihrem ersten Mann nach Kenia gegangen war. Sie hatte drei Kinder im Busch großgezogen und im Massailand vor den Toren Nairobis eine ansehnliche Werkstatt als Glaskünstlerin aufgebaut.

In einem kleinen, dunklen Wohnzimmer saß Frank, ein älterer, weißhaariger Herr und ihr späterer zweiter Ehemann, den sie aus Prestigegründen überredete, Vorstandsmitglied in dem von ihr soeben gegründeten «Steiner School Educational Trust», dem Schulverein, zu werden. Er schaute fern und begrüßte uns nicht; ich glaube, er hatte gar nicht wahrgenommen, dass wir überhaupt gekommen waren. Nani führte uns in eine winzige Küche, in der wir uns zu dritt an einen Tisch zwängten. Ja, also, sie wisse eigentlich gar nicht, weshalb wir auch noch kommen wollten. Sie habe doch schon einen jungen Waldorflehrer, frisch vom Lehrerseminar, der sich bereit erklärt habe, und das genüge ihr vollauf. Die Pläne für die Schule auf ihrem Grundstück in der Kitengela habe sie schon in der Schublade, und der junge Waldorflehrerstudent werde ihr von pädagogischer Seite her helfen. Punkt. Doch gleich redete sie weiter und erzählte von dem Überfall auf ihrem Gelände, das eine Stunde Autofahrt südlich von Nairobi liegt. Eine Gruppe betrunkener Männer kam kürzlich nachts mit einem Auto, sie warfen mit Steinen Fenster ein und bedrohten sie mit einer Waffe. Jetzt werde sie einen unbezwingbaren Turm bauen, in dem sie schlafen könnten. Ja, man müsse sich schon zu helfen wissen, wenn man in Kenia leben wolle, und nicht zimperlich sein. So sei das Leben, man gewöhne sich an alles. Mir verschlug es die Sprache. Musste ich nicht schon genug Mut für diesen Schritt in meinem Leben aufbringen? Wollte sie uns prüfen, abschrecken?

Wir erkundigten uns noch kurz nach den anderen Schulvorstandsmitgliedern und den möglichen interessierten Schuleltern, die sie kannte, und verabschiedeten uns dann für die Nacht. Nani richtete uns in einem winzigen Räumchen ein notdürftiges Lager. Als wir allein waren, versuchte ich meine Gedanken zu sortieren. Wie anders war die Begegnung mit Nani im Vergleich zu unseren Zusammenkünften mit Krauch. Ihn erlebte ich als warmherzigen Menschen, der freilassend und sehr verantwortungsvoll handelte. Zu ihm hatte ich Vertrauen. Er spielte in der Waldorfbewegung eine wichtige Rolle und genoss großes Ansehen. Als Mentor würde er uns einmal im Jahr besuchen und als Bindeglied zur internationalen Schulbewegung und zur Freien Hochschule für Geisteswissenschaft in Dornach, Schweiz, dienen. Kraft seines Ansehens und seiner Kontakte würde er sich auch um Spendengelder bemühen. Wie jede Waldorfschule, so sollte auch diese eine freie Initiative von Eltern und Lehrern sein. Staatliche Zuschüsse waren nicht zu erwarten, und es würde eine Pionierschule sein; Freunde im Ausland würden den Aufbau unterstützen müssen, eine Anstellung mit Vertrag und Einkommen gab es nicht. Es war eine freie Initiative, und wir gingen als Pioniere aus Interesse an der Sache und im Vertrauen auf die rechte Hilfe im rechten Moment. Krauch hatte uns volle Rückendeckung und Unterstützung zugesagt. Darauf verließ ich mich.

Und Nani? Offensichtlich war sie nicht glücklich über unser Kommen. Oder hatte mich nur ihre ruppige Art erschreckt? Ich konnte mir schwer vorstellen, mit ihr warm zu werden. Und doch würden wir in Kenia eng mit ihr zusammenarbeiten müssen. Krauch hatte ihr gesagt, dass sie als Erstes einen Schulverein gründen und registrieren lassen müsse, der als rechtliche Grundlage der Schule diene. Die Lehrer seien allerdings in ihrer Arbeit völlig autonom und allein verantwortlich für die pädagogische Seite der Schule. Sie suchen die pädagogischen Mitarbeiter selbst. Alle Belange der Verwaltung und der Finanzen und der allgemeinen, langfristigen Entwicklung der Schule würden vom Schulvorstand und vom Kollegium gemeinsam entschieden und betrieben. In aller Kürze wurde Nani in die rechtlichen Grundprinzipien einer Waldorfschule eingeführt, woraufhin sie sofort die Registrierung des «Steiner School Educational Trusts» in die Wege geleitet hatte. Weitere Vorstandsmitglieder des Vereins wurde ihr Partner Frank, eine kenianische Mitarbeiterin der GTZ, der deutschen staatlichen Entwicklungshilfeorganisation «Gesellschaft für technische Zusammenarbeit», Christine, und zwei biologisch-dynamische Farmer aus Holland und England, Joan und Matthias, ein frühpensioniertes Paar, das seit zwei Jahren die Organisation KIOF, «Kenyan Institute for Organic Farming», aufbauen half. Dies war für mich ein Lichtblick am Horizont, konnte ich doch davon ausgehen, dass diese beiden genug Einblick in Waldorfpädagogik hatten, um uns in unserem Bemühen konstruktiv zu unterstützen. Mit diesen Gedanken schlief ich wieder etwas beruhigter ein.

Noch ziemlich benommen von der kurzen Begegnung mit Nani und der Nicht-Begegnung mit Frank machten wir uns am nächsten Morgen wieder auf den Weg zurück nach Deutschland. Der Sturm hatte sich gelegt, es war ein ruhiger, leicht bewölkter Tag. Unsere Begeisterung hat einen tüchtigen Dämpfer bekommen. Aber Vojko ist zäh, er hält viel aus, und ein Zurück gab es jetzt für ihn nicht mehr, da er ja bereits gekündigt und wir seine Abreise seit Längerem vorbereitet hatten. Vorerst würde es sich sowieso nur um ein Probejahr handeln. Also: Frisch gewagt ist halb gewonnen. Oder: Es wird geschehen, was geschehen muss. Der Ostersonntag begrüßte uns mit sonnigem Gesicht.

An Pfingsten bereiteten wir Vojkos Abreise nach Kenia vor. Er wollte vorerst die Situation erkunden. Ich sollte ihn in den Sommerferien besuchen, und wenn sich alles gut entwickelte, wollte ich meine Zelte ein Jahr später abbrechen und ihm nach Kenia folgen. Pfingsten kam. Vojko fuhr zum Frankfurter Flughafen, und ich vermutete ihn bereits im Flugzeug, da klingelte es. Vojko stand wieder vor der Tür: «Die Sudan Airline ist Konkurs gegangen und fliegt nicht mehr. Nun haben sie mich auf Lufthansa umgebucht. Die fliegt erst übermorgen nach Nairobi.» So war seine erste Abreise nach Afrika geplatzt. Zwei Tage später war er mit seinen fünfzig Kilogramm Gepäck wieder unterwegs. Nur weniges hatte er für sich, das meiste für die künftigen Kindergartenkinder mitgenommen: Malkreiden, gefärbte Wolle, Gesammeltes und Gebasteltes zum Spielen, und fünftausend Mark als Startkapital von den «Freunden der Erziehungskunst e.V.»[5]. Während ich ungeduldig auf die erste Nachricht wartete, bereitete ich mich intensiv auf meinen Sommerurlaub in Nairobi vor. Karten wurden studiert und Bücher gewälzt. Ich wollte mehr wissen über das Aufeinandertreffen der Kulturen zu Beginn der Kolonialisierung.

1. DER ANFANG

AUF NACH AFRIKA

Die Schau des Hellsehers

Es muss Anfang des 19. Jahrhunderts gewesen sein. Das Volk der Kikuyu besiedelte das Land um den Mount Kenya, den Kere Nyaga – Sitz ihres allmächtigen Gottes Ngai, wenn er auf Erden weilte – und das zentrale Hochland, das sich südlich davon erstreckt. Westlich bricht dieses Land ab in das Rift Valley, den großen afrikanischen Grabenbruch, und östlich grenzt es an das Nyika Plateau, eine Grassavanne, die sich über fünfhundert Kilometer allmählich zur Küste des Indischen Ozeans hinuntersenkt. Die westlichen Nachbarn der Kikuyu waren die Massai, das kriegerische Nomadenvolk, östlich wohnten die Wakamba, ein den Kikuyu verwandter Stamm von Ackerbauern. Die Kikuyu lebten friedlich miteinander, in Einklang mit ihren Vorfahren, ihrem Gott und der Mutter Erde.

Ein großer Medizinmann der damaligen Zeit, Mogo wa Kebiro, hatte die Aufgabe, seinem Volk künftige Ereignisse vorherzusagen und es entsprechend zu beraten. Eines Morgens wachte er zitternd auf, sein Körper war mit blauen Flecken übersät, und er konnte nicht sprechen. Seine Frauen waren in höchster Besorgnis, und seine Familie rief die Stammesältesten und Zeremonienmeister zu ihm. Ein Opfer sollte dem höchsten Gott dargebracht werden, um in Erfahrung zu bringen, was der mächtige Mann wohl gesehen hatte, das ihn so in Furcht und Schrecken versetzte. Ein Ziegenbock wurde geschlachtet und Mogo wa Kebiro auf die rohe Haut gesetzt. Der Älteste der Versammlung mischte das Blut des Tieres mit Öl und salbte den großen Seher damit. Die Zeremonienmeister sangen und rezitierten rituelle Lieder dazu.

Bald fand Mogo wa Kebiro seine Sprache wieder und begann zu berichten. Ngai (Gott) hatte ihn in der letzten Nacht in ein unbekanntes Land mitgenommen und ihm offenbart, was mit dem Volk der Kikuyu in naher Zukunft geschehen würde. Er war entsetzt, und in seinem Bemühen, Gott umzustimmen, wurde er verletzt und so erschöpft, dass ihm nichts anderes übrigblieb, als zu gehorchen, zurückzukehren und seinem Volk zu erzählen, was geschehen würde. Und das hatte er geschaut: Fremde würden aus dem großen Wasser ins Land der Kikuyu kommen, die Farbe ihrer Haut werde der eines kleinen, hellen Frosches (kiengere) gleichen und ihre Kleider den Flügeln der Schmetterlinge ähneln. Diese Fremden würden magische Stäbe tragen, die Feuer produzierten und viel schlimmer töten könnten als die giftigen Pfeile. Sie würden später eine eiserne Schlange bringen mit so vielen Beinen wie ein Tausendfüßler, und diese Schlange werde Feuer spucken und sich von dem großen Wasser im Westen bis zu dem großen Wasser im Osten des Kikuyulandes erstrecken. Eine große Hungersnot werde vorher kommen und das Kommen der Fremden ankündigen. Wenn sie kommen, so fuhr er fort, würden sowohl die Kikuyu als auch die benachbarten Stämme unendlich leiden. Die Nationen würden sich mit einer gnadenlosen Haltung zueinander mischen, und es scheine, als würden sie sich gegenseitig auffressen. Er sagte noch, dass Töchter und Söhne ihre Eltern auf eine Art und Weise misshandeln würden, die bisher bei den Kikuyu nicht seinesgleichen habe. Mogo wa Kebiro bedrängte sein Volk, keine Waffengewalt anzuwenden, denn dies müsse notgedrungen zur Vernichtung ihres Stammes führen, so viel mächtiger seien die Fremden mit ihren feuerspuckenden Waffen. Nein, eine freundliche Beziehung sollten sie knüpfen, aber gepaart mit Vorsicht und Argwohn, denn die Fremden seien voll böser Taten und würden nicht zögern, ihnen das Land wegzunehmen.

Mit Eifer las ich in dem Büchlein «Facing Mount Kenya» von Kenias erstem Präsidenten nach der Unabhängigkeit 1963, Jomo Kenyatta, in dem ich diese Geschichte von dem Hellseher der

Kikuyu fand, die mich besonders berührte. Begierig nahm ich auch die Schilderung der herkömmlichen Lebensweise der Kikuyu, ihrer Gesellschaftsordnung und ihres Glaubens auf. Welche Welten trafen damals aufeinander, Ende des 19. Jahrhunderts, als die ersten Weißen in den schwarzen Kontinent eindrangen!

Hier und dort

Zu der Zeit, als die Kikuyu friedlich im Landesinneren Ostafrikas Ackerbau trieben, in strenger Ordnung miteinander lebten und in Nachbarschaft mit den Massai, die als Nomaden und gefürchtetes Kriegervolk ein Gebiet von der Größe des heutigen Deutschlands bewohnten, war die Küstenregion längst in den Händen mächtiger arabischer Herrscher. Schon im 9. Jahrhundert begannen die ersten Araber und Perser an der Küste einzuwandern und sich mit der einheimischen Bantubevölkerung zu vermischen. Stadtstaaten wetteiferten miteinander um Macht und Reichtum. Anfang des 16. Jahrhunderts übernahmen die Portugiesen für zweihundert Jahre die Vormachtstellung an der Küste, später eroberte die arabischen Herrscherfamilien sie wieder zurück. Ab 1840 residierte Sayyid Said II. als reichster und mächtigster Mann in Ostafrika auf der Insel Sansibar und herrschte über ein Reich, das sich vom somalischen Mogadischu bis zum Kap Delgado im Norden Mosambiks erstreckte.

Auf dem Flohmarkt fand ich einen Roman, in dem anschaulich geschildert wurde, wie der arabische Scheich Sklaven auf seinen Gewürzplantagen auf Sansibar hielt und sie nach Arabien und Indien weiterverkaufte. Seine Truppen schickte er ins Landesinnere, um von den einheimischen Handelspartnern Gold, Elfenbein und Sklaven gegen Textilien und Waffen zu tauschen. Die sogenannte Nordroute verlief von Sansibar aus durch das heutige Kenia bis zum Kongofluss. Frauensklaven scheinen für den Handel an der Ostküste besonders begehrt gewesen zu sein. Der Mensch als

Handelsware und Besitz, der Mensch als Sklave! Bis heute verbindet man unwillkürlich diese traurige geschichtliche Tatsache mit dem afrikanischen Menschen und mit Afrika. Auch der Roman von Alex Haley, «Roots», begann mit dem Alltag eines Westafrikaners in seinem Dorf, dem von seinen eigenen Landesgenossen tückisch aufgelauert wurde und der als Gefangener mit seinen Leidensgenossen nach Amerika kam. Über dreihundert Jahre lang verhalf dieser enorme menschliche Aderlass Afrikas Amerika und Europa dazu, große Vermögen anzuhäufen und einen Massenmarkt zu schaffen. Über zwölf Millionen Schwarzafrikaner wurden allein nach Amerika verschifft, ganz abgesehen von denen, die nach England, Niederlande, Portugal und Frankreich verkauft wurden zu einer Zeit, da Afrika noch unterbevölkert war. Der Sklavenhandel brachte Amerika und Europa wirtschaftlichen Wohlstand. Bis schließlich Ende des 18. Jahrhunderts, nach langen internen Kämpfen, die Sklaverei in der westlichen Welt verboten und geächtet wurde, allen voran in England. Das berührte jedoch den Scheich von Sansibar in Ostafrika herzlich wenig. Dieser erfreute sich weiterhin seines Reichtums mithilfe seiner Sklaven, bis er auf Druck der Briten erst Mitte des 19. Jahrhunderts den Sklavenexport nach Arabien einstellen musste.

Endlich traf Post aus Kenia ein. Vojko war gut angekommen, auch wenn er allein seinen Weg in die Kitengela zu «Nanis Nest» hatte finden müssen. Nani hatte weder Zeit noch Geld für «Vojkos» Schule, wie sie sie bald bezeichnete. Wie es schien, wollte sie die Schulgründung uns überlassen und nur als Vorstandsmitglied im geplanten Schulverein die rechtlichen und finanziellen Angelegenheiten überwachen, was nach unserem Treffen in London fast zu erwarten gewesen war. Einen alten R4 hatte sie ihm zur Verfügung gestellt, aber als ihn das rechte Vorderrad auf der Straße von rechts überholte und von Passanten mit einem Draht notdürftig wieder angebracht worden war, bevorzugte er es, auf dieses Gefährt zu verzichten und die vier Kilometer von Nanis Nest zu den nächsten öffentlichen Verkehrsmitteln zu Fuß zurückzulegen.

Aber ein alter VW-Bus für fünftausend Mark war in Aussicht, passend als erster Schulbus und Allzwecktransporter, selbst zum Campen ganz passabel. Und schön sei es dort, schrieb er, diese Weiten, der blaue Himmel, immer warm und sonnig. Was für ein Unterschied zum Ruhrgebiet. Ein kleines Häuschen könnten sie mieten, das wir, wenn alles gut gehe, im Sommer gemeinsam renovieren würden. Vojkos junger Kollege war ihm nach Kenia vorausgereist. Allerdings hielt es ihn ohne Gehalt und Lebenskomfort nicht lange dort. Als seine junge Frau erkrankte, musste er bereits nach sechs Monaten wieder abreisen.

Ich freute mich über die vielversprechenden Nachrichten und vertiefte mich weiter in meine Lektüre. Wie und wann kamen denn nun die weißen Entdecker und Eroberer? Und wie begann die Kolonialisierung? Das Buch von Laurens van der Post[6] «Das dunkle Auge Afrikas» kam mir in die Hände. Er schildert, wie Äquatorialafrika erstaunlich lange von allen Eindringlingen, Entdeckern und Eroberern unberührt geblieben war. Geschützt durch Wüsten, Steilküsten, gefährliche Tiere wie die Tse-Tse-Fliege, Krankheiten und kriegerische Völker wie die Massai, liegt der zentrale Kontinent wie ein uneinnehmbares Fort im Weltgeschehen. Während in Amerika die weißen Entdecker und Eroberer bereits seit dreihundert Jahren den Kontinent durchdrangen und besiedelten und große Städte entstanden und in Deutschland Geheimrat Goethe und Schiller ihre Werke schrieben, hatte noch kein Fremder den Kilimandscharo erblickt. Zwei deutsche Missionare sichteten ihn und den Mount Kenya 1848 als Erste und erregten mit ihren Berichten von schneebedeckten Bergen im heißen Afrika großes Aufsehen. Zehn Jahre später entdeckten Briten den Viktoriasee, und ein Schotte kartografierte 1883-84 auf seiner Expedition weite Teil des heutigen Kenias. Es war für mich kaum vorzustellen, dass zu der Zeit, als meine Großmutter in Deutschland geboren wurde, Kenia noch in einem Dornröschenschlaf lag, wie von einer undurchdringlichen Hecke umgeben. Doch die Zeit des schlafenden Paradieses war vorbei, und der erweckende «Prinz» musste kommen, allerdings nicht mit einem Kuss, sondern mit einer eisernen Schlange mit unzähligen Beinen, wie der Hellseher Mogo wa Kebiro es vorausgesehen hatte: mit der sogenannten Ugandabahn. Zwölf Jahre vor dem denkwürdigen Bau der Eisenbahn im Jahre 1884 trafen sich Vertreter von vierzehn Staaten zu der Berliner Kongo-Konferenz. Am Vorabend jener Konferenz wurde Afrika weitgehend von Afrikanern beherrscht. An ihrem Ende war es damit vorbei. Die Kolonialmächte teilten den Kontinent unter sich auf. Allein England und Frankreich beanspruchten fortan drei Viertel der Gesamtfläche Afrikas, und Kenia wurde als Protektorat der englischen Krone ausgerufen.

Ein alter, kranker Riese

Endlich war es so weit, und ich reiste für sechs Wochen auf Besuch nach Kenia. Aufgeregt saß ich am Fenster des Flugzeugs und schaute hinunter auf den afrikanischen Kontinent. Soeben hatten wir Ägypten überflogen, wo sich der Nil unter uns wie ein breites grünblaues Band durch die weite Ebene schlängelte. Dann folgte endlose Weite, beigegrau, eintönig – das musste der Sudan sein. Hier soll vor vielen tausend Jahren blühendes Leben gewesen sein? Große Seen, Flusstäler, fruchtbare Berge und Ebenen? So steht es bei Andreas Suchantke in seinem Buch «Sonnensavannen und Nebelwälder». Die Sahara war ehemals Lebensraum für die vielfältigsten Tierarten und auch für Menschen, in Berührung und lebendigem Austausch mit dem Mittelmeerraum und noch nördlicheren Gebieten. Felsmalerein geben Zeugnis davon ab. Erst viel später, als die Sahara zunehmend verwüstete, zogen Tiere und Menschen nord- bzw. südwärts. So entstanden wohl aus einer gemeinsamen Wurzel das ägyptische Reich nördlich davon sowie die schlichten Hirtenkulturen der Steppen und Savannen südlich am Äquator. Der Islam und mit ihm die Glaubenskämpfe zwischen den islamischen und christlichen

Gebieten sorgten zusätzlich dafür, Europa von seinen kulturellen Wurzeln abzuschneiden, sodass sich dessen Zentrum erneut nach Nordwesten verschob, dorthin, wo sich die technisch-wissenschaftliche Verstandeskultur der Neuzeit entwickelte. So brach ein ursprünglich einheitlicher Raum in zwei völlig getrennte Welten auseinander. Der Ursprung, die Mitte, ging verloren und wurde Wüste. Beide Seiten gingen ihre eigenen Wege, um dann, nach langer Trennung, im 19. Jahrhundert miteinander wieder in Berührung zu kommen. Wie interessant! Kaum zu glauben, dass die heutigen «Afrikaner» und «Europäer» – menschheitsgeschichtlich gesehen vor gar nicht allzu langer Zeit – in einer Region brüderlich zusammenlebten. Und in unserer heutigen aufregenden Zeit sich wieder begegnen, diesmal aber aus verschiedenen Welten kommend und von unterschiedlichen Kulturströmungen geprägt und geformt. Alles steht unter dem Zeichen der Begegnung.

Wie ein uralter, schlafender Riese kam mir dieser Kontinent unter mir vor. Nie hatte er sich von der Stelle bewegt, wie die anderen Kontinente, die sich einst – man schätzt vor vierzig Millionen Jahren – durch die Kontinentalverschiebung von ihm getrennt und wegbewegt hatten. Die groben Umrisse Afrikas waren damals entstanden. Es stimmte mich nachdenklich, dass auf allen Weltkarten dieser Kontinent wie ein ruhender Pol so zentral in der Mitte liegt. Alle anderen Erdteile wirken viel kleiner im Vergleich oder etwas weggedrängt. Was wollte er uns nur sagen? Warum ist und bleibt er dem westlichen Menschen bis heute ein Rätsel, bei aller Faszination und unwiderstehlicher Anziehungskraft, die er auf uns ausübt?

Ruhender Pol oder Mahnmal? Was ist nur in den letzten hundert Jahren geschehen, dass dieser Kontinent derart aus den inneren Fugen geraten ist? Nirgendwo auf der Welt herrscht so viel Armut und Elend, Krieg und Bürgerkrieg wie dort. Seine sechs- bis siebenhundert Millionen Einwohner erreichen kaum das Bruttosozialprodukt der Schweiz mit ihren sieben Millionen Einwohnern! Und in den nächsten hundert Jahren soll sich die Bevölkerung laut Hochrechnungen noch verdoppeln! Viele Afrikaner mit einer besseren Ausbildung verlassen das sinkende Schiff und suchen Zuflucht in Nordamerika oder Europa. Weit mehr als die Hälfte aller Promovierten Äquatorialafrikas lebt bereits in Übersee. Für die Weltwirtschaft spielt Afrika mit seinem Anteil von nur noch wenig mehr als einem Prozent am Welthandel kaum eine Rolle – mit der Öffnung des Ostens für die Weltpolitik auch. Denn als Folge des Ost-West-Konfliktes spielten einige afrikanische Staaten Washington und Moskau gegeneinander aus und ließen sich von dem Meistbietenden unterstützen. Doch diese Zeiten sind vorbei. Afrika droht zu einem marginalisierten Kontinent zu werden.

Ankunft in Kenia

Die Wiege der Menschheit

In Ostafrika befindet sich eines der ältesten Gesteine, die auf der Erde zu finden sind. Das Rift Valley (s. Karte hinten), der afrikanische Grabenbruch, wird auch als Wiege der Menschheit bezeichnet und blieb am längsten vor den Einflüssen der Neuzeit bewahrt. Ich ließ diese Tatsachen wieder und wieder auf mich wirken, wollte ich doch ein Gefühl entwickeln für meine neue «Heimat». Doch bei diesem Gedanken schreckte ich innerlich zusammen. Auch wenn ich als Erwachsene durch Europa gereist, auch mal in Indien und Amerika gewesen war, so war ich doch durch und durch Mitteleuropäerin. Kindheit und Jugend verbrachte ich in München mit vier wesentlich älteren Brüdern. Mein Vater hatte zwar mit seinem Maschinenbau- und Jurastudium, allem Erfindertum sehr zugeneigt, den Berufswunsch gehabt, Patentanwalt zu werden, musste sich aber den Wünschen seines Vaters und den Gegebenheiten der Nachkriegszeit beugen und ernährte schließlich seine große Familie als Steuerberater. Aus finanziellen Gründen beschränkten sich unsere Ferienaufenthalte auf die Alpenregion. In gut bürgerlichen, katholischen Verhältnissen groß geworden, war ich tief mit meiner Heimat verbunden und nur in meinen Sehnsüchten eine Abenteurernatur. Aber ich spürte doch von jeher in mir einen starken Drang, die Welt und die Menschen kennenzulernen.

Jetzt überflogen wir den Lake Turkana, einst Rudolfsee genannt, den nördlichsten der Seen im Rift Valley. Er liegt zur Hälfte in Kenia und war einer der paläontologischen Fundorte, der durch seine Knochenschätze alle bisherigen menschheitsgeschichtlichen Theorien aus den Angeln hob. Noch vor achtzig Jahren glaubte man, die Wiege des Menschen sei in Europa oder Asien, bis die Paläoanthropologen Louis und Mary Leakey 1959 im Rift Valley in Ostafrika auf sensationelle Knochenfunde des sogenannten Vormenschen (Australopithecus) stießen, mit zwei bis 1,8 Millionen Jahren. Ein großes Graben und Forschen der Wissenschaftler begann, und zahlreiche Funde stützen die Hypothese, dass die Menschheitsentwicklung in Afrika begann. Geologisch gesehen relativ jung, etwa siebzehn Millionen Jahre alt, zieht sich der afrikanische Grabenbruch vom Jordan-Tal bis nach Mosambik. Die vielen Vulkane und zahlreichen Seen zeugen heute noch von der ihm innewohnenden Kraft und dem feurigen Leben, durch welche ein für Mensch und Tier geeigneter Lebensraum hat entstehen können. Vielleicht hatte in dieser Übermächtigkeit der afrikanischen Natur das Rift Valley, dem Herzen der Erde etwas näher gelegen, den Menschenvorfahren einen geschützteren, überschaubareren Raum geboten, in denen sie sich entfalten und entwickeln konnten. Alles erschien mir sehr eindrücklich, aber auch so karg, so mächtig und herb. Ein Bild für das damals gerade aus der Natur herausgemeißelte Menschenwesen. Wie anders ließen sich vom Flugzeug aus die Alpen betrachten oder die Mittelmeerländer! In Europa erscheint alles so handgreiflich, so einladend, so übersichtlich, von oben betrachtet fast wie eine Spielzeugwelt. Über Jahrhunderte hatte der Mensch die Natur gestaltet und kultiviert und seinen Lebensraum immer mehr verfeinert. In dem Land, das ich unter mir sah, ebenfalls seit Jahrtausenden kultiviert, schienen Riesenkräfte zu schlummern.

Kenia von oben

Es folgten die sogenannten fruchtbaren White Highlands, die sich die ersten Siedler Anfang des 20. Jahrhunderts eroberten und auf denen sie große Weizenfarmen anlegten. Bis heute leben dort wohlhabende Familien, die sich mit Privatflugzeugen statt mit Autos fortbewegen. Siedlernachfahren oder Millionäre aus aller Welt haben hier einen ihrer exklusiven Wohnsitze mit Blick auf Wasserlöcher, die abends vor untergehender Sonne von durstigen Elefantenherden aufgesucht werden. Linker Hand tauchte der Mount Kenya, 5.199 Meter hoch, auf. Umkränzt von einem Wolkenring, lag er majestätisch wie ein gewaltiger König im weiten Hochland. Kein Wunder, dass er für den Stamm der Kikuyu[7], die seit jeher zu seinen Füßen das Land bestellen, der Wohnsitz ihres höchsten Gottes darstellt. Er gilt auch als mythologische Geburtsstätte ihres Stammes. Hier fanden in den fünfziger Jahren die großen Mau Mau[8]-Widerstandskämpfe gegen die englischen Kolonialherren statt. Ihr Anführer, Jomo Kenyatta, wurde erster kenianischer Präsident nach der Unabhängigkeit 1964. Der Mount Kenya ist, nach dem dreihundert Kilometer südlich, gerade schon in Tansania gelegenen Kilimandscharo, der zweithöchste Berg Afrikas. Diese beiden Vulkane bilden jeder eine Welt für sich. Vom Fuße bis zum Gipfel aufsteigend, werden alle Klimazonen dieser Erde vom Regenwald bis zum ewigen Eis durchlaufen – auf unserer Erde eine besondere Erscheinung.

Zur Rechten überflogen wir nun der Reihe nach weitere Seen im Rift Valley, den Lake Baringo, Lake Bogoria, Lake Nakuru und Lake Naivasha. Erster und letzter beheimaten als Süßwasserseen Nilpferde, die mittleren dagegen Flamingos, die sich unter anderem von Salzwasseralgen ernähren. Der rosa Schimmer entlang des Küstenstreifens ließ Hunderttausende von Flamingos erahnen. Die Landschaft wirkte etwas überschaubarer und kleinräumiger.

Da drüben, das müssen die durch Karen Blixen berühmt gewordenen Ngong Hills sein, beginnt doch ihr Roman mit dem Satz: «Ich hatte eine Farm am Fuße der Ngong Hills ...» Die vier Kuppeln dieses über zweitausend Meter hohen Hausberges von Nairobi geben nach Westen den Blick frei ins Rift Valley, nach Osten in das Hochland der Metropole Nairobi. Ein Riese sei in Urzeiten gestolpert, so erzählt es die Sage, und wo er sich mit der Hand aufstützte, warfen sich die Umrisse des Berges wie die Knöchel seiner Hand auf. Diese Ngong Hills sollten mich all meine Jahre in Kenia begleiten, trösten und aufmuntern, bezaubern und ermahnen, ging doch von uns aus gesehen gerade hinter ihnen malerisch die Sonne unter.

Auf den Spuren Karen Blixens

Vojko holte mich mit dem VW-Bus ab, und sogleich ging es am Nationalpark Nairobis entlang die Langata Road stadtauswärts und links ab in die Magadi Road zu unserem frisch gemieteten Kindergartenhäuschen, in dem wir zwei Jahre lang wohnen sollten. Karen/Langata war die Gegend der wohlhabenderen weißen Kenianer mit schönen Häusern und großen Grundstücken, ehemals Kaffeeplantage von Karen (Tania) Blixen und darum nach ihr benannt. Unser Häuschen lag gerade noch auf ihrem ehemaligen Grundbesitz. Ins Zentrum waren es über die Langata Road etwa fünfzehn Kilometer. Man konnte auch über den «Marktplatz» Karen und die Ngong Road in die Stadt fahren, doch das war etwas weiter.Vojko zeigte mir diesen «Marktplatz». Er bestand aus zwei größeren Lebensmittelläden, einer Post, einer Bank und einem Fachwerkhaus mit Stall, das von einem geschäftstüchtigen deutschen Koch zu einem beliebten Restaurant umgebaut worden war. Die kleineren Geschäfte führten alles, was man so im Alltag benötigte. Hier kauften die Bewohner von Karen ein und tauschten ihre Neuigkeiten aus, man kannte und sah sich und erhielt alles, was man für einen englischen Lebensstil in Afrika benötigte. Ein Hauch vergangener Kolonialzeit hielt sich hartnäckig in den Gemäuern.

«Jetzt zeig ich dir noch Karen Blixens ehemaliges Farmhaus», schlug Vojko vor, und wir bogen auf das Grundstück ein, das von ihrem Großbesitz übrig geblieben war. Das kleine Steinhaus war für den Film «Jenseits von Afrika» neu renoviert und stilgetreu wieder eingerichtet worden. Seither ist es für Touristen geöffnet. Wir schauten in die ausgelagerte Küche, in der die Schriftstellerin vor sechzig, siebzig Jahren mit ihrem treuen Koch Kimante die feinsten Gerichte gezaubert hatte. In ihrem holzgetäfelten Wohnraum hängen ihre selbst gemalten melancholischen Porträts einheimischer Schönheiten, und man kann sich lebhaft vorstellen, wie Karen Blixen an dem ovalen Holztisch mit ihren Gästen tafelte, nachdem sie von einem Ausflug auf die Ngongberge heimgekehrt waren oder von einer aufregenden Löwenjagd ihre Trophäen mitgebracht hatten. Zu ihrer Zeit waren die Ngong Hills sowie die Gegend um ihre Farm noch ganz mit ursprünglicher Vegetation bewaldet und lagen «weit» außerhalb der Stadt. Löwen streiften um ihr Haus und bevölkerten die Hügel. Heute sind die Hügelketten zum größten Teil kahl und abgeholzt, und nur um die Kuppen herum findet man durchlichtete, an den ursprünglichen Regenwald erinnernde Reste einer Bewaldung. In Karen durchdringt sich ursprüngliche Vegetation mit eingeführten Baumarten, Sträuchern und Blumen, die die Bewohner nach und nach in ihren meist zwei bis fünf Hektar großen Gärten und Parkanlagen um ihre Häuser und Villen anpflanzten.

Wir setzten uns auf die Veranda, und der Blick schweifte an

den hochgewachsenen Bäumen und Kakteengewächsen vorbei zu den Kuppen der nahen Berge. 1914 kam die Schriftstellerin aus Dänemark hierher, nur zwölf Jahre, nachdem die ersten Siedler in Kenia eingetroffen waren und mit Vorzugskrediten von der englischen Regierung eine hochentwickelte exportorientierte Landwirtschaft aufbauten. Sie kontrollierten die Vermarktung der landwirtschaftlichen Produkte und ließen den Einheimischen wenig Chance. Entlang der Bahnlinie gab es genug freies Land, da durch ihren Bau 1896 bis 1901 die Pocken eingeschleppt worden waren und so die Bevölkerung dezimiert worden war. Die Rinderpest, eine außergewöhnliche Dürre und Heuschreckeneinfälle hatten ebenfalls zur Entvölkerung weiter Gebiete beigetragen. Und dennoch wird in vertraulichen Briefen des Verwalters des Materiallagers, Sir Charles Eliot, davon berichtet dass sich die Weißen auf Kosten der Schwarzen Land angeeignet hatten – eine Tatsache, die man in offiziellen Erklärungen natürlich nicht zugeben konnte.

Bilder aus Karen Blixens Buch «Afrika – dunkel lockende Welt» steigen vor meinem inneren Auge auf. Hier also fanden die berühmten Ngomatänze der Kikuyu statt. Tausende kamen dazu angereist, und es wurde stundenlang, ja nächtelang getanzt und gesungen. Hier kam der Kikuyu-Häuptling Kinanjui Karen Blixen besuchen und wartete vor ihrem Haus mit seinem «Hofstaat» auf eine Unterredung mit ihr. Hier versammelte sich der Ältestenrat der Kikuyu und hielt Gericht über allerlei Belange unter den Angestellten der Farm. Wunderbar beschreibt und erzählt die Schriftstellerin einzelne Charaktere und Sitten der Einheimischen – alles aus der Sicht eines Menschen, der Afrika und seine Menschen tief ins Herz geschlossen hat und eine Sehnsucht nach dem inneren Reichtum dieser untergehenden Welt hegt.

Wie anders beschreibt Jomo Kenyatta in seinem Buch «Facing Mount Kenya» das Zusammentreffen der Einheimischen und der Siedler seiner Zeit! Er schrieb aus der Sicht eines afrikanischen Führers und Freiheitskämpfers, der den gewaltsamen Niedergang seiner Kultur miterleben musste. Trotz der Warnungen ihres großen

Sehers Mogo wa Kebiro empfingen die Kikuyu die Fremden zunächst freundlich und verkauften ihnen gerne Lebensmittel. Sie hofften, dass die fremden Reisenden und Händler früher oder später in ihre Heimat zurückkehren würden. Der Frieden fand ein abruptes Ende, als sich einige Kikuyu gegen eine raubende Handelskarawane zur Wehr setzten und sieben afrikanische Träger ums Leben kamen. Der Stamm wurde von den Fremden dafür «bestraft», indem er täglich fünfzig Schafe liefern und dreihundert Arbeiter stellen sollte. Der Häuptling wurde deportiert und starb auf dem Weg zur Küste. Die Kikuyu verweigerten nun die Zusammenarbeit und lernten so die Macht der «feuerspuckenden eisernen Stäbe» kennen. Jetzt erst wurde ihnen deutlich, dass die Fremden nicht als Händler, sondern als Eroberer gekommen waren. Mehrere Aufstände der Kikuyu wurden zwischen 1902 und 1904 niedergeschlagen. Sie verloren aber das meiste Land nicht durch Waffengewalt, schreibt Kenyatta, sondern durch «unbarmherzige Unterdrückung und hinterlistige Gaunerei heuchlerischer Verträge». Es gab zum Beispiel eine Hütten- und Kopfsteuer. Ein Mann, der mehr als eine Hütte hatte, musste manchmal bis zu sechs Monaten arbeiten, um die Hüttensteuer bezahlen zu können. Europäische Siedler forderten immer weiter, dass die Löhne gekürzt und die Hüttensteuer erhöht wird, um mehr Menschen auf den Arbeitsmarkt zu zwingen. Zu Karen Blixens Zeiten mussten die Afrikaner fünfzig Prozent ihres Lohnes in Form von Steuern abgeben und eine Erkennungsmarke aus Metall um den Hals tragen, auf dem Name, ethnische Zugehörigkeit, Aufenthaltsort und Arbeitserlaubnis eingraviert waren. Afrikaner durften weder Hotels noch Bars oder Restaurants betreten.

Vojko wollte mir noch mehr zeigen, und so brachen wir auf. «Wenn wir schon dabei sind, einem Hauch Kolonialzeit nachzuspüren, sollten wir in die Stadt Nairobi fahren und auf der Veranda des Norfolk Hotels eine Tasse Kaffee trinken», meinte Vojko und fuhr am Einkaufszentrum in Karen vorbei auf die Ngong Road in Richtung Stadtmitte, an der Pferderennbahn vorbei. «Hier wurde schon wenige Jahre nach der Ankunft der ersten englischen Siedler der ostafrikanische Reitclub gegründet», erzählte ich Vojko. «In einem Reiseführer las ich, wie damals zweimal im Jahr die beliebten Rennwochen stattfanden, zu denen jedermann mit seinen herausgeputzten Damen erschien.» Auf Pferden, Eseln, Kamelen, in Rikschas, Jagdwagen und Ochsenkarren waren Offiziere, Beamte und Siedler gekommen. Auch asiatische Zuschauer waren dabei, aber wohl sehr wenige Afrikaner. Die Tropenhelme mit gigantischen Ausmaßen, fantasievolle Sonnenschirme und bunte Turbane müssen ein herrschaftliches Bild abgegeben haben. Bei solchen Gelegenheiten wurden in Nairobi auch die nötigen Geschäfte abgeschlossen, die Ablieferung der Ernte organisiert, Preise abgesprochen und vieles mehr. Doch sportliche und gesellige Festivitäten hatten wohl den größten Stellenwert. Es gab Tennis, Golf, Cricket, Fussball- und Polospiele, und in den drei Hotels konnte man Banketts und private Tanzfeste besuchen. Man lebte gern, gut und ziemlich ausgelassen, wie es Gisela Tölle in ihrem Büchlein «Zwischen Kral und Wolkenkratzer» beschreibt: «Es kamen auch Besucher mit dem Bedürfnis, so richtig über die Stränge zu schlagen. Farmer galoppierten durch die Stadt und schossen mit ihren Pistolen die Straßenbeleuchtung aus. In den Kneipen tauchten bärtige Elefantenjäger in zerrissenen Shorts und verschwitzten Buschjacken auf, hielten alle Gäste frei und bezahlten die Runden mit Kredit auf die 100 Pfund schweren Elfenbeinzähne, die sie unter dem Arm hielten. Es konnte auch passieren, dass Gäste in einer Bar zwei- bis dreimal am gleichen Abend von irgendeinem Reiter erschreckt wurden, der hoch zu Ross durch die Tür trabte, an die Decke schoss, sich ohne abzusteigen eine Whiskyflasche griff und wieder verschwand.»

Inzwischen waren wir am Norfolk Hotel angekommen. Wir setzten uns an einen freien Tisch auf der einladenden Veranda dieses alten Fachwerkhauses. Hier also hatte sich die High Society der damaligen Zeit versammelt. Von Hemingway bis Roosevelt reichte die Skala der Gäste. Kenia hatte weltweit den Ruf, die schönsten Jagdgründe zu haben. Großwildjäger und Abenteurer aus Amerika, die für zoologische Gärten der westlichen Welt wilde Tiere mit Lassos einfingen, sowie wissenschaftliche Expeditionen wurden von diesem neu erschlossenen Fleckchen Erde angezogen. Hier auf dieser Veranda fiel es gar nicht schwer, die Bilder wieder lebendig werden zu lassen. Man konnte sich die vorfahrenden und parkenden Pferdekutschen und die Cowboys, die ihre eingefangenen Tiere mit Brandmarken zeichneten, lebhaft vorstellen. 1910, nur acht Jahre nach dem Eintreffen der ersten Siedler, zählte Nairobi vierzehntausend Einwohner, davon sechshundert Europäer.

Allmählich wurde es Zeit aufzubrechen, denn jede Menge Arbeit wartete auf uns. Auf dem Heimweg beschlich mich wieder das Gefühl, hier vollkommen fremd zu sein. Mein Leben in Deutschland, mein Freundes- und Bekanntenkreis, ihr Lebensstil und ihr Lebensinhalt standen zu dem, was ich bisher hier wahrnahm, in krassem Kontrast. Von der Magadi Road bogen wir in eine kleine, erdige Zufahrtsstraße zu unserem neuen Kindergarten ab. Unser gemietetes Häuschen war wie ein verstecktes Hexenhäuschen, allerdings schon aus Stein gebaut, unter hohen Bäumen gelegen. Das sonst sehr helle Licht drang nur gedämpft durch das Blattwerk und brachte die intensiven Farben der verschiedenen Blüten zeitweise zum Leuchten. Die meiste Zeit war man in einen sanften Schatten gehüllt und fühlte sich geborgen. Nur hundertfünfzig Kilometer vom Äquator entfernt, aber gut 1600 Höhenmeter über dem Meeresspiegel, war das Klima mit Tagestemperaturen zwischen zwanzig und sechsundzwanzig Grad das ganze Jahr über äußerst angenehm. Für unsere Arbeit mit den Kindern schien dieses Häuschen ideal.

Die Ärmel hochgekrempelt

Jetzt aber hieß es die Ärmel hochkrempeln und an die Arbeit. Gemeinsam tupften wir mit Schwämmen stark verdünnte Wasserfarbe Schicht für Schicht auf die getünchten Wände der Räume und gaben ihnen eine belebte und freundliche Atmosphäre. Auf gleiche Weise entstanden Märchenmotive als Wandbilder, verschiedene Möbel wurden beim Straßenrandschreiner in Auftrag gegeben und der City-Markt nach kleinen passenden Spielsachen durchforstet. Das Grundstück verwandelte sich von einer großen Müllhalde in eine Spielwiese mit Gemüsegarten. Die Stützen einer großen stabilen Schaukel wurden eingegraben und Balancierbalken aufgebockt. Schon wurde uns ein kenianisches Hausmädchen mit Namen Regina über Nanis Hausmädchen vermittelt und der kenianische Gärtnergehilfe Jackton eingestellt. Dass ich mich trotzdem höchstpersönlich in den Garten stellte, grub, pflanzte und wässerte, schien, wie ich bald merkte, ein äußerst ungewöhnlicher Anblick zu sein. Mit verstohlenen Blicken über den Zaun wurde ich gemustert, und das Wort schien die Runde zu machen: Eine «Msungu» – wortwörtlich: eine um die Welt Reisende, gleichbedeutend mit «eine Weiße» – macht sich die Finger schmutzig. Ganz und gar nicht respektlos, nur verwundert.

Der Hauseigentümer, Mr. Kariuki, wohnte im Haus nebenan. Er war ein erfolgreicher Geschäftsmann, Besitzer einer Ladenkette und seine Frau Direktorin einer kenianischen Oberschule. Bald schon saßen wir in deren Wohnzimmer auf eine Tasse Chai, ein mit Milch aufgekochter und kräftig gezuckerter Schwarztee, und nutzten die Gelegenheit, aus erster Hand etwas über das kenianische Schulsystem zu erfahren.

Schule ist nicht gleich Schule

Leistung und Selektion

Frau Kariuki erzählte: «Nach der Unabhängigkeit 1964 hat die Regierung ein eigenes Schulsystem entwickelt. Das Ergebnis war das sogenannte 8-4-4-System, acht Jahre Grundschule, vier Jahre Oberstufe und vier Jahre Universität. Obwohl sich die kenianische Regierung redlich bemüht und bereits große Fortschritte im Ausbau des Erziehungs- und Bildungsangebotes verzeichnen kann, haben bis jetzt nur die Hälfte aller registrierten Kinder die Möglichkeit, in eine erste Klasse zu kommen. Etwa ein Drittel davon erreicht den Grundschulabschluss nach der achten Klasse. Von diesen wiederum können nur ein Drittel eine Oberstufe besuchen. Also etwa siebzehn Prozent aller Kinder haben einen Schulabschluss und fünf Prozent einen Hochschulabschluss. Eine große Herausforderung bei der weltweit größten Wachstumsrate von 1,6 Prozent und einer Bevölkerung, die zur Hälfte aus Kindern und Jugendlichen besteht.»

«Was geschieht aber mit all den Kindern ohne Schulabschluss?», fragten wir. Unsere Gastgeberin zuckte mit den Achseln. «Bedingt durch die hohe Nachfrage und das mangelnde Angebot betreiben wohlhabende Kenianer private kenianische Schulen gegen Schulgeld. Das ist ein lukratives Geschäft, und nur die kenianische Mittelschicht kann sich solche Schulen leisten. Natürlich gibt es auch Schulen für Ausländer, wie die deutsche, die schwedische und die japanische, aber auch zahlreiche englische und amerikanische private Schulen. Die Schulgelder richten sich nach dem internationalen Markt, und die Abschlüsse sind nur für ausländische Colleges und Universitäten gültig. Daneben gibt es zahlreiche christliche Schulen für Missionarskinder. Nur für Kenianer, die ihren Kindern eine internationale Ausbildung zahlen können, kommen solche Schulen in Betracht.» – «Und wie sieht der Lehrplan aus?» Frau Kariuki zeigte uns die Unterrichtsbücher. Ein bis in den kleinsten Lernschritt ausgeklügelter Lehrplan für jede Jahrgangsstufe ermöglicht es den Lehrern, an allen Schulen dasselbe Wissen zu vermitteln. Jede Wissenseinheit wird von Standard eins bis acht wiederholt und Schritt für Schritt erweitert und in Prüfungen per Multiple-choice-Verfahren abgefragt. Ein Einhämmern von Fragen und Antworten parallel in vierzehn Fächern und in 35-Minuten-Einheiten, von morgens acht Uhr bis Nachmittags vier Uhr. Für Spontaneität oder Kreativität ist keine Zeit. Kein gestalterischer Spielraum für den Lehrer. Anhand der Prüfungsergebnisse weiß jeder Schüler, auf welchem Platz er in der Klassenrangliste steht, zum Beispiel Platz dreiundzwanzig von insgesamt vierzig Schülern. Jede Schule weiß, wo sie in der Rangliste aller kenianischen Schulen steht. Die jährlichen Prüfungsergebnisse werden in der Tageszeitung veröffentlicht. Ein enormer Druck lastet dadurch auf jedem Schuldirektor – vor allem in den Privatschulen –, auf jedem Lehrer und jedem Schüler. Ganz nach dem darwinistischem Prinzip heißt der Takt des Alltags Leistung – Selektion – Leistung – Selektion. Die Schüler leben nur noch für die Schule, vor allem vor den Prüfungen sitzen sie morgens schon vor der Schule, abends und an den Wochenenden über ihren Hausaufgaben.

«Und diesen enormen Leistungsdruck halten die kenianischen Kinder ohne Psychopharmaka aus?», fragte ich. Frau Kariuki schien die Frage nicht zu irritieren. Sie war gespalten, einerseits eine Mutter mit Herz, die ihre Kinder liebte und für sie sorgte, andererseits war sie stolz und ehrgeizig und wollte zeigen, ja beweisen, dass sie als Kenianer in dem weltweiten Konkurrenzkampf mithalten können. Wie ihre Kollegen am Ministerium, war sie stolz darauf, dass die kenianischen Kinder – sagen wir lieber einige – noch früher lesen und schreiben können als die weißen. Sie haben uns übertrumpft. Übertrumpft in etwas, das nach neuesten Untersuchungen keinen nachhaltigen Wert hat, im Gegenteil, die Kinder nur schwächt.

Traurig und nachdenklich nippte ich an meinem Tee. Frau Kariuki schenkte nochmals nach und holte selbstgemachte Mandasis, kleine Teigtaschen, aus der Küche. Dann fragte sie, was wir vorhätten und was eigentlich Waldorfpädagogik sei.

Entwicklung und Bildung

Bereitwillig erzählten wir von der ersten Waldorfschule 1919 in Stuttgart und wie seither die Bewegung weltweit auf siebenhundert Schulen und tausend Kindergärten gewachsen sei, allein hundert Schulen in Deutschland.[9] Die Pädagogik sei allgemein anerkannt und vom Staat zum größten Teil unterstützt. Die Lehrer unterrichten ohne Druck, ohne Noten und Prüfungen, aus einer sehr innigen Beziehung zwischen Kinder und Lehrer und mit der Unterstützung der Eltern. Die Eltern und Lehrer einer Waldorfschule sind nicht zufrieden mit dem gängigen Erziehungsansatz, der das Kind nach den aktuellen Gesellschaftsstrukturen formen und zu einem erfolgreichen, aber angepassten Mitglied erziehen will. Sie wollen das Kind in seiner Veranlagung, in seinen ihm innewohnenden eigenen Kräften stärken und seine Entwicklung unterstützen, darauf hoffend, dass es dadurch die Möglichkeit hat, später auch neue Ideen und neue Ansätze in die Gesellschaft einzubringen. Dafür muss dem Kind anfangs mehr Zeit und Raum gelassen werden, die moralischen Kräfte durch Willens- und Gemütserziehung zu entfalten, bevor akademische Leistungen von ihm gefordert werden können. Diese Zeit und dieser Raum wird aber in staatlichen Schulen nicht zugelassen, sondern einseitig und verfrüht werden die Verstandeskräfte aus dem Kind «herausgezogen», als wolle man eine Karotte vor ihrer natürlichen Reife durch allerlei Kunstdünger und Tricks zum Wachsen zwingen. Ein gesunder Blick für das Menschliche ist die Voraussetzung.

Das klang alles sehr fremd in Kariukis Ohren – oder doch

nicht? Kamen Erinnerungen einer fernen Vergangenheit hoch? Ihre eigene Kindheit und das Leben ihrer weniger erfolgreichen Verwandten auf dem Land, Erzählungen ihrer Eltern und Vorfahren? Dieser gesunde Blick für das Menschliche, war er nicht in den alten afrikanischen Kulturen lebendig, wurde jedoch von den weißen eindringenden Häuptlingen als primitiv und unzivilisiert abgewertet und fand seither keine einheimischen Vertreter mehr? Die Kariukis wünschten uns viel Glück, und wir verabschiedeten uns.

Zweifel stiegen in mir auf. Für wen und warum gründen wir diese Schule? Als wir uns entschlossen hatten, nach Kenia zu gehen, gingen wir davon aus, dass es um die Initiatorin Nani Croze eine Gruppe interessierter Menschen gab, die ernsthaft eine Waldorfschulgründung anstrebten. Wir sollten als Geburtshelfer dazukommen. Jetzt mussten wir feststellen, dass dem nicht so war. Waren die eigene Überzeugung und der Enthusiasmus für die Sache nicht größer als das Interesse und das Bedürfnis vor Ort? Glichen wir nun nicht eher «Waldorfmissionaren»? Endlos kreisten meine Gedanken um die Frage, was mich berechtigte, diese Schulgründung in Angriff zu nehmen.

Erziehung bei den Kikuyus

Wieder vertiefte ich mich in Jomo Kenyattas Lektüre über die Kultur der Kikuyu. Was für eine klare und strenge Ordnung herrschte in ihrer Gesellschaft! Der Verhaltenskodex jedes Einzelnen ergab sich eindeutig aus seiner Position in der Familie bzw. seinem Clan und seiner Zugehörigkeit zu einer Altersgruppe. Es dünkte mir fast wie eine horizontale und vertikale Ordnungsskala, nach der sich jedermanns Platz definierte und jeder genau wusste, wo er stand, was seine Aufgaben und Pflichten waren, was ihm zustand und was nicht und wie er sich jedem einzelnen anderen Stammesmitglied gegenüber zu verhalten hatte. So gab es eine klare Ordnung zwischen den einzelnen Frauen eines Mannes und ihren Kindern, deren Beziehung untereinander, zum Vater, zur Mutter und den anderen «Müttern», zur väterlichen Verwandtschaft anders als zur mütterlichen. Und jede Art von Beziehung hatte ihren eigenen Namen. So wurde der oder die älteste von den jüngeren Geschwistern «mokoro wakwa», mein Senior, genannt, von den Eltern hieß er «irigithathi», erstes Kind, die jüngeren Geschwister wurden von den älteren «moruna wakwa», mein Nachfolger, und der jüngste «kehinganda», der den Mutterleib verschloss, benannt. Alles – Landeigentum, Heirat, das Bauen einer Hütte und das Bestellen des Landes, das Schmieden von Werkzeugen, das Heilen und das Richten, das Feiern und die religiösen Rituale – war bis ins kleinste Detail vorgegeben. Ein bisschen ähnlich wie der heutige kenianische Lehrplan, kam mir in den Sinn. In diesem strengen äußeren Rahmen konnte sich der Einzelne nun bewähren oder auch nicht. Je größer und geordneter die Familie und der Besitz eines Mannes waren, desto größer waren sein Ansehen und seine Aufgaben, die über seine eigene Familie hinausgingen. Er wurde dann in den Ältestenrat geholt, aber natürlich erst, nachdem mindestens eines seiner eigenen Kinder geheiratet hatte, und war mitverantwortlich für alle Stammesangelegenheiten. Er wurde sozusagen ein Regierungsmitglied und später auch ein Richter.

In all diesen Regeln ging es immer um Respekt und Gehorsam gegenüber demjenigen, der in der Rangordnung höher stand, um das Schenken und Teilen untereinander und das Gedenken der Verstorbenen. Bei jeder kleinsten Zeremonie, ja bei jeder privaten Einladung wurde ein Schluck des selbst gebrauten Bieres auf die Erde geschüttet für die Vorfahren. In der Kikuyu-Gemeinschaft gab es keine individuellen Angelegenheiten. Alles hatte einen moralischen und sozialen Bezug. Bei allem, was man persönlich erwarb, ließ man die Familienmitglieder teilhaben, alles kam allen zugute, denn alles, was man selbst war und hatte, war einem aus der Gemeinschaft mit den Lebenden und Verstorbenen zugewachsen.

Die Großherzigkeit und das Verantwortungsgefühl des Einzelnen bestimmten wiederum sein Ansehen im Clan. Vermutlich war das auch mit ein Grund, warum Jomo Kenyatta später als erster kenianischer Präsident seine Familienangehörigen mit Ämtern und Besitztümern ausstattete, abgesehen davon, dass er sich dadurch auch seine Macht sicherte. Dies ist auch ein Grund, warum die heutigen Kenianer auf dem Land noch überleben können, weil jeder, der in Nairobi auch nur den geringsten Verdienst hat, davon durchschnittlich bis zu fünfzehn Angehörige unterhält, so erzählte man mir. Natürlich gibt es auch «Abtrünnige», die lieber die westlichen Sitten der persönlichen Freiheit angenommen haben.

So basierte, laut Kenyatta, die Erziehung der Kinder in erster Linie auf persönlichen Beziehungen. Das übergeordnete Ziel war Charakterbildung und Moralität und nicht die Aneignung von Wissen. Charakter aber kann nur in Beziehung zu den Mitmenschen gebildet werden. Als die Europäer die Erziehung in Afrika übernahmen, stand die Wissensvermittlung an erster Stelle, regiert durch Examen. Sie meinten, wenn man den Kindern die richtigen Ideen und das rechte Wissen vermittelte, würde das rechte Verhalten zu anderen Menschen sich von selbst entwickeln. Und das sei der fundamentalste Unterschied zwischen Afrikanern und Europäern, so Kenyatta. Für die Europäer sei die Freiheit der Persönlichkeit das höchste Gut und die Kommunikation und Kooperation mit anderen Menschen sowie gegenseitige Unterordnung etwas «Zufälliges». Aber – ist das vielleicht der Grund, warum die Europäer solche Mühe haben, die organischen Stammesbeziehungen der Afrikaner zu verstehen?

Kenyatta fasst zusammen: «Für Europäer ist die Individualität das Ideal des Lebens, für Afrikaner ist das Ideal die Beziehungen und das Verhalten zu anderen Menschen. Kein Zweifel: Erziehungsphilosophie kann eine höhere Synthese hervorbringen, in welcher diese beiden großen Wahrheiten eins sind, aber die Tatsache bleibt, dass die Europäer den Schwerpunkt auf die eine Seite, die Afrikaner ihn auf die andere Seite legen.»

Diese Aussage gab mir viel zu denken. Könnte es sein, dass hier indirekt eine der Wurzeln des heutigen Afrika-Problems angesprochen wird? Klagt man nicht in der internationalen Presse über die korrupten, machtgierigen afrikanischen Politiker und Führungseliten? Wo kommen sie denn auf einmal her? Gab es nicht ganz andere einheimische Führungspersönlichkeiten und demokratische Strukturen in diesen «alten Tagen», von denen Kenyatta und andere so anschaulich erzählen? Damals, als sie eine strenge Erziehung in der Kultur der Brüderlichkeit genossen? Mit welcher Gewalt wurde die weiße Denk- und Lebensweise aus einem völlig anderen Kulturraum, vor nicht einmal hundert Jahren, den Einheimischen hier übergestülpt. Und wir? Machen wir nun mit unserer Waldorferziehung vom Stil her etwa dasselbe auf sanfte und «freiwillige» Weise? Oder ist es der bescheidene Versuch einer Synthese, der Synthese, von der Kenyatta als Erziehungsideal schreibt? Ein Versuch, das Ideal der Freiheit mit dem Ideal der Brüderlichkeit zu verbinden, basierend auf der Prämisse der Gleichheit aller Menschen?

Erziehung zur Brüderlichkeit aus Freiheit

Immer wieder versuchte ich mir vor Augen zu führen, wo Europa und wo Afrika zur Zeit ihrer «neuen» Begegnung im 19. Jahrhundert stand. Wie unterschiedlich waren die Kulturen und die Denk- und Lebensweisen! Rudolf Steiner, der Begründer der Anthroposophie und ihrer Tochterbewegung, der Waldorfpädagogik, lebte von 1861 bis 1925, also genau in der Zeit, in der das Innere von Äquatorialafrika «entdeckt» und erobert wurde. Er knüpfte seine Einsichten an die Entdeckungen und Forschungen Goethes, er entwickelte seine Erkenntnistheorie als Fortsetzung des Idealismus eines Fichte, Hegel und Schelling. Er stand auf dem Boden einer langen Geistesgeschichte, die auf die Erkenntniskräfte baute. Doch gesellschaftlich war Europa Mitte des 19. Jahrhunderts ergriffen vom Geist der Industriellen Revolution, dem Übergang von der Agrar- zur Industriegesellschaft. Fleiß, harte Arbeit, Sparsamkeit und nüchternes Gewinnstreben über den Eigenbedarf hinaus schafften das notwendige Privatkapital für Investitionen zum Bau von Fabriken. Mit der Mechanisierung der Arbeit gingen fortschreitende Arbeitsteilung, Massenproduktion und Serienfertigung einher. Die Entwicklung von Wirtschaft und Technik im 19. Jahrhundert trug entscheidend zum Wohlstand der Menschen bei, führte aber auch zur Verelendung der Masse, der ungelernten Arbeitskräfte, die am Ende der sozialen Skala standen und die Last des Fortschritts, wie keine andere Gesellschaftsschicht, spürten. Für den Fortschritt der Industrialisierung wurde damals ein hoher Preis gezahlt. Frauen und Kinder mussten täglich sechzehn Stunden unter Tage arbeiten. Die Verelendung der Kinder war eine der schlimmsten Folgen der Industrialisierung. Kinder wurden bereits im Alter von vier oder sechs Jahren in den Fabriken beschäftigt. Die Unternehmer holten sie zu Dutzenden aus den Armenhäusern der Gemeinden. Sie wurden kaum besser als Sklaven behandelt und bekamen nur karge Rationen zu essen. Not und Armut waren weitverbreitete Begleiterscheinungen der Industriellen Revolution. Die Gesellschaft war in Klassen unterteilt, und die größte Klasse, nämlich die der Arbeiter, hatte die schlechtesten Lebensbedingungen und galt damals als minderwertig.

In diese Situation hinein formulierte 1905 Rudolf Steiner aus seiner umfassenden Einsicht in die menschlichen und gesellschaftlichen Zusammenhänge das von ihm so genannte Soziale Hauptgesetz: «Das Heil einer Gesamtheit von zusammenarbeitenden Menschen ist umso größer, je weniger der Einzelne die Erträgnisse seiner Leistungen für sich beansprucht, das heißt, je mehr er von diesen Erträgnissen an seine Mitarbeiter abgibt und je mehr seine eigenen Bedürfnisse nicht aus seinen Leistungen, sondern aus den Leistungen der anderen befriedigt werden. Alle Einrichtungen innerhalb einer Gesamtheit von Menschen, welche diesem Gesetz widersprechen, müssen bei längerer Dauer Elend und Not erzeugen.»

Entsprach dies nicht auf der europäischen Seite dem unausgesprochenen Gesetz, nach dem in der Kikuyu-Kultur gelebt und erzogen wurde? Und dennoch kann nach Steiner diese Kultur der Brüderlichkeit in unserer Zeit nur aus einer Kultur der menschlichen Freiheit hervorgehen und nicht mehr aus einer durch die Gemeinschaft vorgegebenen Regelung. Freiheit verstand er im Sinne eines Handelns aus voller und umfassender Einsicht und Verantwortung heraus und nicht aus Willkür. Die Voraussetzung zur Freiheitsfähigkeit aber ist eine gesunde Entwicklung des Menschen, und so begann Rudolf Steiner 1906 Vorträge über Kindererziehung zu halten, die 1919 zur Gründung der ersten Waldorfschule führten, einer Schule für die Arbeiterkinder einer Stuttgarter Fabrik. Die wirtschaftlichen Notwendigkeiten zwangen später leider die zum größten Teil nicht vom Staat unterstützten Schulen, Beiträge der Eltern zu erbitten, und rückten so ungewollt in die Nische der elitären Privatschulen. Doch in ihrer Geburtsstunde war und von ihrem Selbstverständnis her ist dieser Erziehungsansatz, der auch unter dem Stichwort «Erziehung zur Freiheit» bekannt geworden ist, eng verbunden mit dem sozialen Aspekt, dem Aspekt der Brüderlichkeit der Menschen.

Für mich schloss sich der Bogen. Innerlich knüpfte die Waldorfpädagogik sinnreich und folgerichtig an die afrikanische Kultur, exemplarisch an die Kultur der Kikuyu, an. Noch dazu, weil sie sich von ihrer Menschenkunde her auf das Allgemeine im Kind richtete und nicht auf das, was sich durch die unterschiedlichen Kulturräume an Spezifischem entwickelt hat. Die große Kunst und Aufgabe aber ist, für Afrika, nein, für Kenia, nein, für die konkrete Gruppe von Kindern hier in Nairobi, die richtige Form zu finden und den richtigen Lehrplan daraus zu entwickeln.

Wie sollten Vojko und ich das aber können? Wir müssten Eltern und Lehrer finden, die eine Brücke bilden könnten, die zwar in ihrem Eigenen wurzelten und doch fähig waren, altes

Wissen und alte Fähigkeiten in allgemeine und neue Formen zu bringen, in Formen, die der heutigen Zeit entsprächen und die Kinder Afrikas zu freien und starken Partnern in der Weltgemeinschaft erzögen.

Und wie findet man sie? Das war die große Frage. Wie sollte ich unsere Pädagogik beschreiben, sodass sie innerlich vorstellbar würde und nicht ein Abstraktum bliebe? Eine unbekannte Pflanze in einer fremden Sprache zu beschreiben ist schon eine Herausforderung, einen Bauer dann auch noch zu überzeugen, dass er sie, ohne ihre Früchte gesehen oder gegessen zu haben, auf sein Feld säen soll, ist fast eine Unmöglichkeit. Wie aber sollten Eltern ihr Liebstes und Wertvollstes, ihre Kinder, uns übergeben, wenn wir nur von Ideen und Idealen sprächen, die zu dem Bekannten und inzwischen Gewohnten in krassem Gegensatz stünden, noch dazu als völlig Fremde, als «Zugereiste»? Vorerst konnten wir uns nur redlich mühen und hoffen, dass durch unser Tun ein Fünkchen unserer Intention sichtbar würde. Ein Fünkchen, das Verzweifelte oder Gleichgesinnte früher oder später bemerken könnten.

A sinking boat

Ein Erlebnis sollte mir genug Kraft geben, um die nächsten Jahre durchzuhalten. Wir besuchten Susan, eine Engländerin, die in ihrer Jugend mit Waldorfpädagogik in Berührung gekommen war. Sie war seit fünfzehn Jahren mit einem Kenianer aus dem Volksstamm der Kikuyu verheiratet und lebte mit ihm und ihren drei gemeinsamen Kindern in einem Kikuyu-Vorort Nairobis. Sie hatte über Bekannte von unserem Schulvorhaben gehört und nahm Kontakt zu uns auf. Noch war das kenianische Schuljahr nicht zu Ende, da lud sie uns ein, ihre Kindergartenklasse zu besuchen, eine Klasse aus dreißig drei- bis vierjährigen Buben in einem privaten kenianischen Kindergarten. Susan hatte am Vortag das Dreieck eingeführt. Die Kinder saßen auf dem Boden vor der Tafel, und die Lehrerin zeichnete ein Dreieck. Auf ihre Frage, was das sei, folgte Stille. Plötzlich streckte ein Junge lebhaft seinen Finger und rief strahlend: «A sinking boat!» Ein sinkendes Schiff! – Was für eine geniale Antwort. Ja, genau für diesen Jungen und alle Kinder, die Kind sein wollen, war ich gekommen, denn sie hatten hier in Kenia keine Lobby mehr.

Wir wagen es

Zu groß und zu wild

Nach einigen Tagen harter Arbeit wollte ich mich gerne entspannen und etwas von meiner neuen Umgebung entdecken. Reichlich unerfahren fragte ich: «Wo kann man denn hier spazieren gehen?» In Karen gab es nur Zufahrtsstraßen. Man lief an unter hohen Bäumen Zäunen privater Gärten entlang, ohne Aussicht – auf Dauer wenig befriedigend. Aber wohin dann? Das weite Grasland der Massai schien mir wenig einladend. Trocken und staubig, heiß und gleißend lag es vor mir. Noch kannte ich die vielen kleinen Pfade, die verborgenen Schluchten, die versteckten Täler nicht und nicht die schönen Stimmungen der Massaiweiten gegen Abend. Noch hatte ich wohl europäische Spazierwege als Maßstab vor meinem inneren Auge.

Und einen Tagesausflug? Eine mehrstündige Fußwanderung? Ich hatte den Drang, mich zu bewegen. In Deutschland lief ich fast täglich zwischen Arbeit und Unterrichtsvorbereitung eine Stunde durch Parks und Wälder, um mich zu entspannen und neue Ideen zu bekommen. Wie mache ich das hier nur? Über die Ngong Hills sollte es einen schönen Weg geben, insgesamt etwa vier Stunden, aber – das sei sehr gefährlich! Wir gingen trotzdem und erreichten auch glücklich den ersten der vier Gipfel, als wir plötzlich vom nächsten ein großes Geschrei und Spektakel hörten. Tatsächlich wurden Touristen von einer in den Büschen lauernden Bande überfallen und ausgeraubt. Da hatten wir noch mal Glück gehabt.

Überwiegend ist man in Kenia mit dem Auto unterwegs, wenn man die Natur erleben möchte. So fuhren wir regelmäßig gegen Abend für ein bis zwei Stunden in den Nairobi National Park und waren überwältigt von den vielfältigen Eindrücken. War es eine Straußenschule mit etwa vierzig heranwachsenden Straußenkindern, eine Büffelherde mit über hundert Rindern, galoppierende Giraffenfamilien, ruhende Löwenrudel, Hunderte von wandernden Gnus in einer Reihe hintereinanderher trottend oder eine Nashornmutter mit ihrem Jungen, die wir in der Dämmerung erschreckt hatten und die nun wütend gegen unseren VW-Bus schnaubte. Die Landschaft mit den Tieren und die Stimmung des sich darüber wölbenden Himmels bildeten eine Einheit in endloser Variation. Gleich zu Beginn blieben wir mit unserem ersten reparaturbedürftigen Vehikel im Park stehen. Klopfenden Herzens half ich anschieben und sah mich schon von lauernden Löwen und giftigen Schlangen umringt. Zum Glück waren sie wohl gerade anderswo unterwegs.

Voller neuer starker Eindrücke war es schließlich Zeit für mich zurückzufliegen. Wenige Wochen später sollte die offizielle Eröffnung des Kindergartens stattfinden. Würden sich Kinder einfinden? Das war die spannendste Frage, die mich auf meiner Heimreise begleitete. Ein ewig langes Jahr des Wartens begann, und dennoch wusste ich insgeheim, dass ich unter der Einsamkeit und Isolation sehr leiden würde. Ein Jahr hatte ich noch Gnadenfrist!

Hoffnung – der Kindergarten füllt sich

Für Vojko ging es unterdessen in großer Geschäftigkeit weiter. Er wurde als Vertreter der Lehrer Vorstandsmitglied des Steiner School Trust. Anfangs traf er sich einmal im Trimester mit Nani und ihrem Mann Frank, mit Joan und Matthias, den beiden biologisch-dynamisch wirtschaftenden Farmern aus England, und der kenianischen GTZ-Mitarbeiterin[10] Christine, die Nani in den Schulvorstand gebeten hatte, um wenigstens ein braunes Gesicht dabei zu haben. Da sich alles nach Wunsch entwickelte, war man zufrieden und ließ Vojko machen. Und Vojko war zufrieden, dass man ihn machen ließ. In Joan und Matthias fand er wohlgesinnte Freunde, die versuchten, mit ihren eigenen wenigen Kontakten und Erfahrungen in Kenia behilflich zu sein.

Die kenianische Kindergartengehilfin Lucy wurde gefunden und an allen umliegenden Geschäften und Schulen wurden Ankündigungen angebracht: «Wir eröffnen einen Waldorfkindergarten.» Zum Glück hatten Regina, das Hausmädchen, und Jackton, der Gärtner, je ein Kind im Vorschulalter, sodass der kleine Lawrence, ein englischer Junge, nicht allein den Kindergarten im September eröffnen musste. Vojko wurde zum Waldorfkindergärtner. Doch nicht lange, so knirschten immer öfter die Reifen stattlicher Wagen auf dem Kies der Einfahrt, und die Zahl der Kinder wuchs im ersten Jahr auf sechzehn an. Sie kamen aus wohlhabenden und ärmeren, hellhäutigen, braunen und dunklen Familien, waren einheimisch und ausländisch. Fantastisch – dachten wir! Wir unterschätzten allerdings, dass der Hauptbeweggrund mehr «convenience» – Annehmlichkeit – als «conviction» – Überzeugung – war.

Doch schon im Januar 1990 sollten zwei Kindergartenkinder in die Schule gehen, denn das kenianische Schuljahr begann mit dem Kalenderjahr. Die Mutter von zwei weiteren schulreifen Kindern zeigte Interesse an unserer Pädagogik, und so beschloss

Vojko die erste Waldorfklasse in Äquatorialafrika mit vier Kindern im Januar 1990 zu eröffnen – vier Kinder, die vier verschiedene Sprachen sprachen! Eine neue Erfahrung für Vojko als Klassenlehrer. Man rückte in dem kleinen gemieteten Häuschen enger zusammen, und der bisherige Speiseraum wurde als Klassenzimmer hergerichtet. Helen Kimball, eine Waldorferzieherin aus Amerika, flog für sechs Monate ein und gab Lucy einen Schnelleinführungskurs als Waldorfkindergärtnerin.

Gleichzeitig wurde – mithilfe zweier kenianischer Väter unserer Kinder – ein Stück Land gefunden und eine Firma gegründet, Steiner Developments Ltd. Beide Väter waren mit deutschen Frauen verheiratet, hatten im Ausland gelebt und studiert und Kinder im Kindergartenalter. Vojko schöpfte durch sie große Hoffnung, allmählich eine tragende und tatkräftige kenianische Elternschaft gewinnen zu können. Sie machten ihn auf das Stück Land an der Massai Lodge Road aufmerksam, etwa fünfundzwanzig Kilometer außerhalb Nairobis und keine zehn Kilometer vom jetzigen Kindergarten entfernt, und rieten dem Schulvorstand zum Kauf. Sie wurden die Direktoren der neuen Firma Steiner Developments Ltd., die dem Schulvorstand unterstellt war und über die die Formalitäten eines Grundstückskaufes abgewickelt werden konnten.

Vojko schrieb immer längere und begeistertere Briefe: «Die zwanzig acres (acht Hektar) Grasland befinden sich auf halbem Weg in die Kitengela zu Nanis Nest, an der Massai Lodge Road gelegen, zweieinhalb Kilometer von der Hauptstraße entfernt. Es ist jungfräuliches Land mit Blick über den Nationalpark auf die Silhouette Nairobis im Norden und die Ngong Hills im Westen, über denen jeden Abend die Sonne untergeht. Zum Park hin sind auf der anderen Seite der Straße auch die Grundstücke an weiße Kenianer verkauft, aber weder eingezäunt noch bebaut. Ich fahre regelmäßig mit den Kindern hinaus und klettere mit ihnen durch die Schluchten. Dann spielen wir entlang des Flüsschens Mbagathi River. Die Massai-Hirten ziehen mit ihren Kühen an uns vorbei, nicht selten sehen wir Giraffen sich würdevoll von Busch zu Busch bewegen, und Antilopenherden heben witternd nach uns die Nase in den Wind. Die Stille, die Weite, der endlose Himmel sind berauschend, ja man ist wirklich wie bezaubert.»

Und: es war so günstig im Vergleich zu Grundstücken in dem beliebten Luxusvorort Karen. Die zwanzig acres sollten 160.000 Mark kosten, nur fünf acres in Karen kosteten dagegen 400.000 Mark. Gab es da überhaupt eine Wahl? Nein. Krauch und ich setzten nun in Deutschland alle Hebel in Bewegung, damit die Anzahlung geleistet und der Kaufvertrag unterschrieben werden konnte. Woher der Rest kommen sollte, war uns noch ein Rätsel, denn im November 1989 war die Mauer in Berlin gefallen. «Glasnost»[11] hielt Einzug in den sozialistischen Ländern, und mit der Öffnung des Ostens wurden zahlreiche Menschengruppen aktiv, um eine Waldorfschule in diesen Ländern zu gründen. Somit mussten die Geldtöpfe der verschiedenen waldorffreundlichen Stiftungen und die Einzelspenden der Waldorffreunde auf viele Initiativen verteilt werden. Ein Jonglieren mit vielen Bällen und ein rasender Aktionismus begannen.

Das Probejahr war um, die Zeichen standen gut. So brach ich unsere Zelte in Deutschland ab. Die Kollegen hatten schon mit meinem Weggang gerechnet, und der Satz auf ihrer Abschiedskarte, beginnend mit: «Es ist ein Jammer ...», ging mir sehr zu Herzen. Schöne, reiche Jahre habe ich dort verbringen dürfen, und viel verdanke ich dieser Schulgemeinschaft. Richtig herzzerreißend war aber der Elternabend, an dem ich meinen Abschied ankündigen musste. Als mehrere Mütter zu Taschentüchern griffen, war ich sprachlos vor Rührung. Am letzten Schultag sagte ich den achtunddreißig Schülern und Schülerinnen, dass sie für immer «meine» erste Klasse sein werden, ganz egal, wo sie sind und wo ich bin. Ich fühlte mich ihnen tief verbunden. Ein Nachfolger wurde gefunden, und ein anderer Kollege kaufte unsere Haushälfte ab. Mit wenigen Kisten Gepäck folgte ich im Sommer 1990 voll Spannung und auch ängstlicher Erwartung meinem Mann, um vorerst Lucy im Kindergarten zu unterstützen.

2. IN DER FREMDE

WENIG VERTRAUTES

Klirrende Fensterscheiben

Wenige Monate später. Vojko und ich wohnten im Kindergarten in Karen. Aufrecht saßen wir im Bett. Was war das? Klirrende Fensterscheiben, Männerstimmen und jetzt dieser Schrei? Unerbittlich und durchdringend schrie jemand wie eine Sirene in kurzen Abständen, unaufhörlich hintereinander denselben Ton. Autoreifen quietschten und bremsten, schnelle Schritte mehrerer Menschen waren zu hören, einige Wortwechsel, das Auto fuhr fort und Stille kehrte wieder ein. Im Haus nebenan, keine fünfzig Meter von uns entfernt, hatte eine raubende Gruppe von Männern versucht einzubrechen. Es stand seit Monaten leer, nur eine Kikuyufrau wohnte notdürftig darin, um darauf aufzupassen. Sie hatte geschrien, es war der Kikuyu-Hilfeschrei, um die Bande zu vertreiben. Wohl gleichzeitig hatte sie den Alarmknopf gedrückt, der innerhalb weniger Minuten ein Auto mit fünf Männern herbeirief; die Männer, ausgerüstet mit Helmen und Schlagstöcken, waren Angestellte einer der vielen Sicherheitsfirmen, die ihre Wagen in ganz Nairobi in gleichmäßigen Abständen stationiert hatten, stets in Bereitschaft, ihren Kunden zur Seite zu stehen. Es war zwei Uhr nachts, die übliche Zeit für Einbrüche, wie man uns später sagte. Bis heute hallt dieser Schrei in mir nach. Du liebe Güte, da hatten wir aber noch einmal Glück gehabt! Aber die nächtliche Ruhe war auf Wochen dahin. Einen Alarmknopf hatten wir zwar auch, aber in unserem naiven Übereifer hatten wir die doppelte Vergitterung vor den Fenstern abmontiert. Schnell konnten «sie», die Bösen, in unserem Häuschen sein und uns bedrohen. Vojko besorgte einen Rungu, eine traditionelle Massaiwaffe, eine Art Holzkeule zur Selbstverteidigung und legte sie neben das Bett, obwohl wir uns belehren ließen, dass bei einem Überfall das oberste Gebot war, sich nicht zur Wehr zu setzen. Das würde die Aggression der Einbrecher erst recht hervorrufen und meist schlimm enden, da sie ja in der Überzahl waren. Mehrere Beispiele zur Veranschaulichung wurden uns erzählt. Wir brachten weitere schwere Riegel an der Schlafzimmertür an und rückten das Bett weiter weg vom Fenster. All dies war ziemlich irrational, hatten wir doch nichts, was von Interesse sein könnte, wie Fernseher oder Hi-Fi-Anlage, und besaßen immer noch Eisenstangen vor den Fenstern, einen Alarmknopf im Schlafzimmer, der jeden Monat von der Firma getestet wurde. Es war der Schreck, der uns in den Gliedern saß, die Erfahrung von hautnaher Gewalt war uns neu. Alle paar Nächte hörten wir nun Sirenen in der näheren Umgebung – eine raubende Bande gehe um, bis sie geschnappt werde, hieß es, dann sei wieder Ruhe, bis die nächste Horde die Gegend unsicher mache.

Auf der Suche nach Freunden

Viel ging mir durch den Kopf in diesen Tagen, wenige Monate nach meiner Ankunft in Nairobi. Ich fühlte mich sehr allein. Gab es denn nichts Vertrautes hier, niemanden, mit dem ich mich anfreunden könnte? Wir besuchten Eltern, Nachbarn und einige Menschen, von denen wir gehört hatten, dass sie Interesse an einer alternativen Schule hätten. Waldorfpädagogik kannte man höchstens vom Hörensagen in der deutschen Gemeinschaft um die deutsche Schule[12] herum oder in alternativen Kreisen der englischen Gemeinschaft, mit denen wir aber erst viel später in Berührung kamen. Die ersten Begegnungen waren jedoch eher befremdend.

Lydiah, die deutsche Frau unseres Firmendirektors, hatte uns zum Abendessen eingeladen. Sie arbeitete als Diplomkauffrau für ein deutsches Straßenunternehmen und gehörte zu den sogenannten «Expatriats», Entsandte aus dem Ausland. Es wurde nur vom Feinsten aufgetischt, drei Gänge mit den dazu passenden Getränken aus einer üppigen Bar. Im Gespräch, das überwiegend aus einem Monolog der Hausfrau bestand, fiel der Satz: «Für Geld gehe ich überall hin auf der Welt.» Was sollte ich bloß darauf antworten? Wir hatten soeben unser Leben als «dinks» – double income, no kids[12] – aufgegeben, unser gemütliches Eigenheim in Deutschland verkauft und lebten nun zu zweit in einem Zimmerchen in einem Kindergarten, ohne jede Möglichkeit, Gäste einzuladen oder ein geselliges Privatleben zu führen, und verdienten gerade hundert Mark im Monat.

In unmittelbarer Nachbarschaft zu unserem Schulgrundstück an der Massai Lodge Road befand sich die Missionsstation Diguna e.V. («Die Gute Nachricht»), eine protestantische Glaubensrichtung. Diese Basisstation war eine deutschsprachige Insel. Die Missionare fuhren mit bestens ausgerüsteten Trucks aufs Land und bekehrten in den abgelegensten Winkeln die Einheimischen mit Musik und Predigten. Sie hatten Werkstätten, die jeden vor Neid erblassen ließen, unter anderem eine Schlosserei, eine Mechaniker- und eine Schreinerwerkstatt mit allen nur denkbaren Maschinen, eine eigene Stromversorgung durch eine Wasserturbine, und das gesamte Grundstück war mit geteerten Wegen ausgebaut. Ohne die afrikanischen Mitarbeiter hätte man glatt vergessen können, wo man war. Später sollte uns der Stationsleiter, der uns freundlich gesinnt war, zu einer großen Stütze werden, aber vorerst stießen wir auf verschlossene Türen. Auf unsere Anfrage, ob wir vielleicht fürs Zusägen einiger Bretter die Schreinerei in Anspruch nehmen dürften, sagte einer der überzeugtesten Mitarbeiter: «Tut mir leid, auch wenn ich es persönlich gerne täte, wir dürfen euch nicht unterstützen.» Hatten wir irgendetwas Bedrohliches an uns, nur weil wir uns zwar als Christen verstanden, aber keiner bestimmten Kirche angehörten?

Auf Einladung einer weißen kenianischen Kindergartenmutter gingen wir zu der Schulfeier einer angesehenen und teuren englischen Privatschule in unmittelbarer Nachbarschaft, der Banda School. Ihr Sohn besuchte diese Schule, und die kleine Clea würde sie wohl eines Tages auch besuchen. Zwischen den endlosen Varianten an Geländewägen fanden wir mit unserem alten VW-Bus auf dem Schulparkplatz auch noch ein Plätzchen. Fein gekleidete Damen und Herren, zum Teil hellhäutig, zum Teil von indischer Herkunft, versammelten sich plaudernd um das Sportfeld. Die Schüler in Uniform spielten Cricket. Gab es denn hier keine dunkelfarbigen Familien? Doch, da war ein kenianischer Vater – pardon, das war ja einer der Gärtner. Moira, unsere Kindergartenmutter, gesellte sich zu uns und stellte uns den einen oder anderen aus dieser Gesellschaft hinter vorgehaltener Hand vor. Alles angesehene weiße Siedler, Nachfahren derer, die es als Pioniere zu etwas gebracht und sich die Marktnischen in diesem Land geschickt zunutze gemacht hatten: Safariunternehmer, Händler, Großfarmer oder Ranchbesitzer. Eine eingeschworene Gemeinschaft. Wir staunten. Noch mehr staunten wir über die Schulgebühren von damals an die tausend Mark im Monat. Auch hier fanden wir keine Anknüpfungspunkte. Da musste man schon mindestens Golf spielen oder Mitglied in einem Club sein, um sich diesen Lebensstil leisten und ihn genießen zu können.

Erste Erfahrungen mit Angestellen

Hatte ich bisher in meinem Leben kaum Berührung mit afrikanischen Menschen gehabt, so war ich jetzt umso interessierter und offener, sie kennenzulernen. Unsere Angestellten waren vorerst diejenigen, die uns am nächsten standen. Doch auch diese Begegnungen waren anfangs sehr befremdend. Da war der Vorfall mit Jackton, dem Gärtner. Er hatte des Öfteren Gartenwerkzeug «verloren», auch arbeitete er nicht allzu gerne und zuverlässig. Also mussten wir ihm kündigen. Nicht kundig der Regeln und Gesetze, nahm Vojko etwas hilflos sein Kündigungsschreiben wieder an sich, das zu unterschreiben Jackton sich weigerte. Einige Tage später, als er ausziehen sollte, kam Jackton mit zwei Vertretern von der lokalen Gewerkschaft, um ein weiteres Gehalt zu fordern, denn er hatte die Kündigung ja nicht erhalten.

Und so sehr ich unsere Kindergärtnerin Lucy auch schätzte, irgendwie hatte sie es schwer, sich von mir etwas sagen zu lassen, als spürte sie, wie unangenehm es mir war, Chefin zu sein. Aber was tun, wenn sie regelmäßig zu spät kam? Was tun, wenn sie den Eltern falsche Auskünfte gab? Einmal machte ich den Fehler und korrigierte sie in aller Freundschaft in Anwesenheit einer anderen Mitarbeiterin. Wie eine Furie ging sie auf mich los und beschimpfte mich. Ein Nachbar und späterer Freund erklärte mir, dass es für einen Afrikaner viel schlimmer sei, das Gesicht zu verlieren, als etwas Falsches getan zu haben. Würde ich mit dieser anderen Mentalität je zurechtkommen?

Stadt und Gesellschaft

Im Stadtgewühl

Wenn wir mit unseren Kindergartenvor- und -nachbereitungen fertig waren, keine Konferenz- oder Elterngespräche anstanden, begleitete ich Vojko gerne auf seinen Stadtfahrten. Allein wagte ich kaum, mich mit unserem alten Auto fortzubewegen, konnte ich doch nie sicher sein, auch wirklich ans Ziel zu kommen. So etwas wie einen TÜV gab es nicht, dafür aber jede Menge unvorhersehbarer Schlaglöcher, bis zu einem halben Meter tief im Asphalt, die nur zu leicht einen Autoreifen zum

Platzen bringen konnten. Und die Unfallrate auf kenianischen Straßen brach alle Rekorde. In einer Woche gab es vier Todesfälle vor unserer Haustür, weil nach dem Planieren der Straße nicht rechtzeitig Bumps, kleine Straßenschwellen, angebracht worden waren. Autofahren bedeutete ein Risiko auf Leben und Tod.

Mit Vojko fühlte ich mich aber immer sicher. Er wusste sich immer irgendwie zu helfen und hatte viel weniger Berührungsängste mit den Menschen auf der Straße als ich. Ich war wesentlich verkrampfter und ängstlicher. Blieb unser Auto etwa mit einem platten Reifen liegen, scharten sich meist hilfsbereite Männer um uns und versicherten, sie seien erfahrene Mechaniker; dann machten sie sich eigenhändig am Werkzeugkoffer zu schaffen, und mir wurde mulmig zumute. Ahnte ich doch, dass es mit unerhörten Forderungen einerseits und belehrenden Vorhaltungen andererseits, also mit großem Geschrei oder gekränkten Mienen, enden würde, wenn man nicht von vornherein glasklare Vereinbarungen traf. Vojko hingegen ließ den einen oder anderen gelassen Hand anlegen und nahm gerne in Kauf, seinem Gegenüber in einem zu erwartenden Disput eine Lektion über Fairness zu erteilen.

Aus dem Villenvorort Karen kommend, fuhren wir auf der Langata Road stadteinwärts, an einer neu gebauten Siedlung von Reihenhäusern für die kenianische Mittelschicht vorbei, und sahen bereits in der Ferne die Wolkenkratzer des Zentrums von Nairobi langsam vor uns auftauchen. Die Vororte waren meist reich bepflanzte Villengegenden, selten gab es Wohnblocks und Reihenhäuser, überwiegend waren aber Barackensiedlungen zu sehen – die Slums. Das Zentrum Nairobis bestand dagegen aus Behörden, Bürohäusern, Geschäften, Börsen, Hotels, Supermärkten und Kinos. Viel gab es für uns zu besorgen und zu erledigen: im berühmten Nyayo House, in dem Visa beantragt und Aufenthaltserlaubnisse genehmigt wurden, im Jogoo House, das als Erziehungsministerium unter anderem auch für Schulregistrierungsfragen zuständig war, im Price Water House, das uns die Rechnungsprüfung machte – kostenlos, weil der Chef sein Kind bei uns hatte –, beim Rechtsanwalt, der für uns die Firmengründung einreichte und den Grundstückskauf auf eine rechtliche Grundlage stellte. Jeder hatte andere Gründe, warum man für ein Anliegen mindestens siebenmal persönlich erscheinen musste, sozusagen als freundliche Erinnerung. Und bitte, ja nicht die Geduld verlieren, wozu denn die Eile? «Haraka haraka haina baraka» (Eile, Eile bringt keinen Segen), das war das unausgesprochene Arbeits- und Lebensmotto aller Behörden. Oder gab es vielleicht noch einen anderen Grund? Erhoffte sich jemand sein Taschengeld durch uns aufzubessern? Ich hatte manchmal den Eindruck, dass wir wie eine gut genährte Milchkuh betrachtet wurden, deren Euter voll und prall ist und die nur danach schreit, gemolken zu werden. Waren die Behördengänge erledigt, machten wir uns auf zu den Einkäufen.

Ab und zu gingen wir auf den City-Markt, um Ware für unseren Handel zu erkunden. Auf dem Weg durch die belebten Straßen, an bettelnden Krüppeln und Müttern mit Kleinkindern vorbei, spürte ich plötzlich zwei eiskalte Fingerspitzen von hinten an meinem Hals. Ein Ruck und weg war sie – die dünne Goldkette. Mein Blick streifte nur noch am Rande den weglaufenden kleinen Jungen, der sicher nur wenige Schillinge für seinen Fang von einem Dealer erhalten würde. Wie konnte ich nur vergessen, sie vorher abzunehmen! Die Tasche fest unter den Arm geklemmt, ging es weiter. Auf dem Markt drängten sich die Touristen durch die engen Gässchen zwischen den Verkaufsbuden voll kunstfertig hergestelltem Allerlei: Körbchen, Täschchen, Schnitzereien, Trommeln, Steinfiguren, Ketten, endlose Variationen in allen Größen und Farbschattierungen wurden säuberlich und liebevoll feilgeboten. Von allen Seiten umgaben mich die Waren und umwogten mich die lockenden Stimmen der Verkäufer, bis mir ganz schwindelig war. Mit steinerner Miene hörte ich mir die Preise an, ging weiter, verfolgt von mindestens zwei Verkäufern, die sich selbst unterboten und mir das Ding nachtrugen, auf dem mein suchendes Auge eine Sekunde länger haften geblieben war. Wie sollte ich hier jemals ein Sortiment zusammenstellen können, das wir in größeren Mengen nach Deutschland schicken könnten, um über ehrenamtliche Verkäufe an Schulen einen Zuschuss zu erwirtschaften? Ein, wie mir schien, aussichtsloses Unterfangen. In dem nahe gelegenen indischen Restaurant Minar erholten wir uns bei einem köstlichen Buffet für damals umgerechnet fünf Mark.

Schnell noch in die beliebte Einkaufsstraße, die Biashara Street, Material für die Puppenwerkstatt kaufen. Es ist die Werkzeug- und Textilstraße der indischen Händler, die ihre schmalen Läden bis unter das Dach mit Tüll und Tand gefüllt haben. Was nicht in den vielen Schubläden und Regalen zu finden war, konnte ein braver schwarzer Laufbursche seinem an der Kasse sitzenden und mit schallender Stimme Anordnungen rufenden Chef sicher aus einem hinteren Kämmerlein bringen. In einem dieser Läden, die sich wie ein Ei dem anderen glichen, fand ich den begehrten Jerseystoff, der als Haut für unsere dunkelhäutigen Stoffpuppen dienen sollte. Nun noch Farbe zum Färben, Nähgarn und Stoff für die Kleidchen. Füllmaterial? Höchstens Schaumstoff – nein, dazu bräuchte ich Schafwolle. Schafwolle, die ich später über einen Mitarbeiter säckeweise aus der Wollverarbeitungsfabrik in Nakuru, zweihundert Kilometer nördlich von Nairobi, mit dem Matatu, einem Sammeltaxi, ankarren ließ.

Vergangenheit und Krise

Nach jedem Einkauf waren wir glücklich, unser Auto am Parkplatz wiederzufinden, und reihten uns zufrieden und stolz über die Errungenschaften in den abendlichen Stoßverkehr stadtauswärts auf die Langata Road ein. Wir fuhren am Zaun des Nationalparks entlang, links lag der Wilson Airport mit den Flying Doctors.[14] Für einen kurzen Moment gab die Bewaldung entlang des Zaunes den Blick über die Landschaftsstufe in die weite Ebene hinaus frei. Fast baumlos lag sie vor uns, die endlos wirkende Athi-Ebene, wie leichte Wellen reihten sich Streifen des Massai-Graslandes rhythmisch hintereinander in variierenden Gelb-Grün-Tönen, bis der Blick von der Hügelkette der Mua Hills am östlichen Horizont aufgefangen wurde – über allem die ewig scheinende Sonne. Ein Hauch zeitloses Afrika.

An den Mua Hills vorbei führt die geteerte, aber stets zerfressene und reparaturbedürftige Mombasa Road auf gut fünfhundert Kilometern die 1.600 Höhenmeter hinunter an die Küste zur ehemaligen Hauptstadt Kenias, nach Mombasa. Und mit ihr zusammen, sich ihr mal spielerisch nähernd, mal keck sich entfernend, die Bahngleise der legendären Zugstrecke Mombasa – Nairobi – Kampala. Von hier aus nahm die Erschließung Ostafrikas und die Gründung Nairobis ihren Anfang. Bis 1899 war Nairobi nur eine Wasserstelle für die Massai und für die wilden Tiere, die von den Athi-Ebenen mit den Regen- und Trockenzeiten in einem großen, rhythmischen Atem herein- und wieder hinauswanderten. Die Massai nannten die Gegend Nakusontelon, Anfang aller Schönheit, und den Bach Uaso Nairobi, kaltes Wasser. Nairobi blieb der Ort des kalten Wassers. Bis der leitende britische Ingenieur des Eisenbahnbautrupps der Linie Mombasa – Uganda inmitten der weiten Athi-Ebene ein Lager aufschlagen ließ. Trotz des schweren, schwarzen Bodens und der sumpfigen, moskitoverseuchten Umgebung war der Ort für die indischen Bauarbeiter und ihre britischen Herren ideal als Schaltzentrale der Planung und des Nachschubs für die gesamte Bahnlinie. Hier gab es neben der Wasserversorgung auch angenehme Temperaturen, und der beschwerliche Aufstieg ins Hochland stand noch bevor. Schnell wuchs Nairobi zu einer Zeltstadt, und schon um 1900 war es eine Stadt mit beachtlichen Gebäuden. Fünf Jahre später ersetzte sie Mombasa als Hauptstadt des Britischen Ostafrikanischen Protektorats.

Rechts von der Langata Road schweiften unsere Augen über die in einem flachen Tälchen eng zusammengepferchten Schlupflöcher der Kibera-Slumbewohner, ein graubrauner Flickenteppich von Abfallmaterial, notdürftig an- und ineinander vernagelt und verkeilt, mit Ächzen sich gegenseitig haltend und stützend. Ein Hauch zeitgenössisches Afrika? Ein Bild für die Krise Afrikas. Eine Frage – keine Scherzfrage: Warum sind alle Verkehrs- und Straßenschilder in Kenia durchlöchert? Weil sie sonst abmontiert und als Dachbedeckung in den Slums benutzt würden! Drei Millionen Menschen leben schätzungsweise in Nairobi, davon eine Million in Slums. Wie viele dieser überwiegend jungen Slumbewohner haben ihre großfamiliären Strukturen, die das Leben auf dem Land bestimmen und ein Überleben ermöglichen, verlassen, von der Metropole magisch angezogen, Reichtum, größere Chancen und bessere Lebensqualität erhoffend! Stattdessen wälzt sich Nairobi aus und wird zur lebensbedrohenden Beton-, Blech- und Müllöde.

In einem Slum leben bis zu 100.000 Menschen auf engstem Raum, ohne Wasser und Stromversorgung, ohne Abwasserentsorgung. Es sind stinkende Müllhalden mit Bretter- und Blechverschlägen; in der Regenzeit bleibt hier das Wasser stehen und mit ihm der schwimmende Unrat. Orte größter Hoffnungslosigkeit und höchster Kriminalitätsrate! Und auch die Aidsopfer nehmen zu: Vierhundert Aids-Tote täglich allein in Kenia und fast alle zwischen fünfzehn und fünfunddreißig Jahre alt – ein Aderlass der arbeitenden und ernährenden Bevölkerung! Ein erschreckendes Bild! Auf der einen Seite das zeitlose Afrika, auf der anderen Seite die Krise Afrikas – und wir betrachten, in unserem Auto sitzend, beide Seiten und fahren hilflos hindurch, wie an einem lebendigen Mahnmal vorbei. Und dies, sooft wir hineinfahren in die Großstadt und wieder hinausfahren zu unserer Schule!

Dies alles entwickelte sich in nur einhundert Jahren. Ganz grob gerechnet war Nairobi also etwa so alt wie die Waldorfpädagogik, die 1907 mit dem Büchlein «Die Erziehung des Kindes vom Gesichtspunkte der Geisteswissenschaft» von Rudolf Steiner ihren Anfang nahm, und die man in der europäischen Erziehungslandschaft durchaus als jung und neu betrachtet. Ich konnte mir nicht oft genug vor Augen führen, wie unglaublich jung und neu das Eindringen der Weißen an einem dieser ältesten Orte der Menschheitsgeschichte ist und in welch atemberaubender Geschwindigkeit die westliche Zivilisation hier solche Blüten getrieben, solche zweideutigen Früchte hervorgebracht hat.

Unwillkürlich kam mir der Vortrag von Meave Leakey in den Sinn, den wir kurz zuvor aus Anlass des jährlich von der Nairobi National Museum Society veranstalteten zehntägigen «Know Kenya»-Kurses besucht hatten. Als führende Paläontologin und Forscherin stellte sie anschaulich dar, wie sich die Menschheit über viele Millionen Jahre zu dem heutigen Entwicklungsstand herangebildet hat. Sehr sachlich, aber tief betroffen bemerkte sie dann, dass durch ihre Arbeit in ihr eine große Ehrfurcht vor dieser Entwicklung gewachsen sei und sie erschüttert vor der Tatsache stehe, dass der Mensch heute in der Lage ist, sich durch Missbrauch und Ausbeutung seiner Lebensgrundlage, der Erde, sozusagen in einer Weltsekunde auszulöschen.

Visionen einer zukünftigen Gesellschaft

Die Menschen, die diese Metropole in den ersten hundert Jahren prägten, lebten von Anfang an getrennt voneinander: die englischen Kolonialbeamten und Siedler, die indischen Kulis, die sich bald zu Händlern wandelten, und die – in der Ebene und auf dem Hochland beheimateten – Kikuyu, Massai und Kamba. Das tun sie weitgehend auch heute noch, reflektierte ich nachdenklich und erinnerte mich an meinen Besuch an der Banda School. Waren es jedoch früher die unterschiedliche Kultur mit ihren Klassen und Ständen, die Nationalität und die Religionszugehörigkeit, welche die Menschengruppen voneinander trennten und auch einen schützenden Rahmen bildeten, so kamen bald als verbindende und trennende Faktoren Bildung und Wohlstand hinzu. Man lebte wohl noch in der Gemeinschaft, in die man hineingeboren wurde, aber man löste sich auch immer mehr aus ihr heraus, um neue Solidargemeinschaften unter den Reichen und Mächtigen bzw. den Armen und Ohnmächtigen zu bilden.

Das Leben in Nairobi spiegelt wie auf kleinstem Raum, was sich weltweit als Entwicklung abzeichnete. Einerseits rücken die verschiedenen Kulturen und Nationalitäten näher zusammen, kommen miteinander in Berührung, andererseits klaffen Reich und Arm immer weiter auseinander. Der Lebensstil weniger Wohlhabender und vieler Armer spielte sich vor unseren Augen ab.

Und was war unsere Vision einer Schule? Kinder aus allen Schichten und ethnischen Gruppen unter einem Dach zu vereinigen? Eine Schule als Abbild der lokalen Bevölkerungsvielfalt möglich zu machen? Wenn Kinder gemeinsam lernen und miteinander aufwachsen, können aus den gewobenen Herzensbanden, dem Interesse aneinander und dem Verständnis füreinander neue soziale Fähigkeiten und soziale Lösungen entstehen. Das war unsere Vision einer Schule als nachhaltige Entwicklungshilfe. Aber wie viele Menschen hatten aktives Interesse an Lösungen? Interesse vielleicht, aber auch den Mut, einen Schritt ins Neue und Ungewisse zu wagen und alte Sicherheiten aufzugeben? Ganz abgesehen von den vielen, vielen, die nur ums Überleben kämpfen!

In zwei Welten zuhause

Doch es gab Menschen, die es wagten, ihre vertraute und sichere Welt zu verlassen und sich mit dem Anderen und Fremden zu verbinden. Nach und nach lernte ich einige davon kennen und schätzen, ja bewundern. Meist waren es europäische und afrikanische Männer und Frauen, die es wagten, eine partnerschaftliche Verbindung einzugehen. Sie waren in keiner der Welten ganz zuhause und stellten sich wie Brückenbauer in die Gesellschaft hinein, Pioniere einer neuen Gemeinschaft jenseits aller herkömmlichen Bande.

Jutta zum Beispiel, eine deutsche Mutter in unserem Kindergarten. Sie war Germanistin und lebte mit ihrem kenianischen Mann, einen Biologen, ihren beiden Söhnen und einer verwaisten Nichte des Mannes als Pflegetochter in Langata. Sie wollten ihre Kinder nicht auf die Deutsche Schule geben, aber auch nicht auf eine rein kenianische. Bei uns fand sie eine Art kulturelle Kombination. Jutta war eine Lebenskünstlerin. Als Deutschlehrerin am Goethe-Institut fing sie an, danach konnte sie einige Jahre für eine deutsche Entwicklungshilfeorganisation arbeiten, dann wieder als lokale Sekretärin. Ohne Sicherheiten meisterte sie ihr Leben mit knappen finanziellen Mitteln, immer bereit, sich in die Umstände zu fügen und anzupassen. Sie hatte einen Kreis ähnlich gestellter Freundinnen um sich, die alle mit Kenianern verheiratet waren. Gemeinsam teilten sie ein Schicksal und manch Freud und Leid, die mit einer gemischten Ehe einhergehen.

Auch die gebürtige Engländerin Susan mit kenianischem Pass war so eine Frau. Sie lernte ihren Mann, einen Kikuyu, bei seinem Studium in England kennen. Sie heirateten, und sie folgte ihm nach Kenia. Sie lernte seine Sprache und sprach mit ihren drei gemeinsamen Kindern Kikuyu als erste Muttersprache, Englisch als zweite. Als einzige weiße Frau wohnte sie in einem Vorort Nairobis, Zaun an Zaun mit lauter Einheimischen, und lebte von dem lokalen Gehalt ihres Mannes, der als Buchhalter etwa dreihundert Mark im Monat verdiente. Auf einem kleinen Stückchen Land hatten sie sich ein Holzhaus gebaut, ohne fließend Wasser. Das Regenwasser wurde vom Dach in mehreren Tonnen aufgefangen. Sie baute Mais und Bohnen an und züchtete Hühner, kleidete sich auf dem öffentlichen Markt ein, kochte, was es vor Ort gab, und lebte das sparsame und spartanische Leben einer Kikuyufrau, ohne Autos und Komfort – mit einem Unterschied: Sie pflegte die europäische Musik und Literatur. Sie hatten ein altes Piano, und die Kinder lernten ein Instrument. Sie sangen und musizierten regelmäßig. In Antiquariaten trieb Susan alle klassischen englischen Kinder- und Jugendbücher auf, die sie eifrig mit ihren Kindern las.

Bald schon verdiente sie einen Teil dazu, erst als Kindergärtnerin, später als Lehrerin an kenianischen Schulen, meist als einzige Weiße unter ihren Kollegen. An Heimflüge nach England war nicht zu denken, denn das Geld war immer mehr als knapp, und jeder Schilling floss in die Erziehung der Kinder. Ich bewunderte sie maßlos ob ihrer Bescheidenheit und Bedürfnislosigkeit und ihrer Fähigkeit, aus allem das Beste zu machen. Sie hatte immer etwas, in dem ihr Herz steckte, beispielsweise ihre Hühnerzucht! Mit welcher Liebe, Hingabe und welchem Ideenreichtum hütete und pflegte sie diese! Ihr heranwachsender Sohn züchtete bald Enten dazu und verkaufte sie zu Weihnachten an asiatische Läden. Welche Freude über diesen Nebenverdienst, der zu Weihnachten besonders gelegen kam! Später sollte Susan meine Kollegin an der Nairobi Waldorf School werden.

Land und Leute

Eine etwas andere Mount Kenya-Besteigung

Neben den Begegnungen und Erkundungen rund um Nairobi wollten wir gerne möglichst viel von dem wunderschönen Land und seinen Menschen kennenlernen, aus persönlichen wie beruflichen Gründen. Jede Ferienzeit nutzten wir zum Reisen. Eines unserer ersten Ziele war der Mount Kenya.

Als Studenten waren wir mehrmals alpin unterwegs gewesen, sowohl mit Tourenskiern als auch mit schweren Rucksäcken im Sommer. Obwohl das einige Jahre zurücklag, fühlten wir uns durchaus in der Lage, den Mount Kenya mit seinen 5.199 Metern Höhe zu überqueren. Aber nicht so wie die normalen Touristen bitteschön, mit Führer und Trägern, die einen mit dem Jeep bis über die Baumgrenze auf 3.000 Meter hochkarren. Nein, wenn schon, dann richtig. Und das hieß: alles auf dem eigenen Rücken tragen, von Zelt bis zum Kocher und Proviant für vier Tage, Aufstieg vom Fuß des Berges an, ohne jegliche Hilfe. Wir wählten als Aufstieg die längere, aber einsamere Ostroute von Chogoria und wollten am Gipfel vorbei über die meistbegangene Westroute wieder absteigen. Mit einem kleinen Peugeot-Sammeltaxi fuhren wir zur Basisstation. Es war etwa vier Uhr nachmittags, als wir losstapften, auf der erdigen Straße durch den Regenwald, fünfunddreißig Kilometer bis zu den Selbstversorgerhütten, den Mount Meru Bandas, auf dreitausend Meter Höhe, die uns Obdach geben würden. Rechts und links nichts als ein undurchdringlicher, dunkler, leicht feuchter Blättervorhang bis hoch hinauf über unsere Köpfe. Nur ein schmaler Streifen Himmel blieb über uns sichtbar. Fremde Vogellaute erfüllten die Luft. Knackende Äste ließen uns aufhorchen, und als wir dampfende Elefantenhaufen auf dem Weg sahen, blickten wir uns sorgfältig um. Büffel, Elefanten oder auch Leoparden sollten hier unterwegs sein, und wie leicht kann man sie überraschen und erschrecken! Um sieben Uhr würde es dunkel sein, das wussten wir, und so suchten wir rechtzeitig ein günstiges Fleckchen. Umsonst, es gab nirgends eine Ausweiche oder Einbuchtung. Direkt am Weg mussten wir das kleine Zelt aufschlagen und uns notdürftig zur Ruhe legen, von einem recht unheimlichen Nachtkonzert begleitet.

Am nächsten Tag zog sich der Weg ins Endlose vor uns hin, Kilometer um Kilometer schnauften wir uns aufwärts, der Kopfdruck nahm mit jedem Höhenmeter stetig zu. Der Wald verwandelte sich in Bambusdickicht zu beiden Seiten, durchbrochen von engen, dunklen Gängen, den Büffelstraßen, in die man sich auf keinen Fall hineinwagen sollte. An vereinzelten Baumriesen schwangen sich die Colobusaffen über unseren Köpfen von Ast zu Ast. Das Dickicht lichtete sich und gab bald den Blick frei auf die Hochmoore und die Heidelandschaft. Hohe Grasbüschel, vereinzelte knorrige Olivenbäume mit leicht schwingenden Lianen und Flechten, auf- und absteigende Nebelschwaden und Wolkenfetzen zeichneten eine Landschaft aus Urzeiten. Auftauchende Dinosaurier hätten wohl das Bild stimmig ergänzt. Zwischendurch öffnete sich der Blick auf die zackigen Felsengipfel des Berges, noch weit, weit über uns. Da Vojko heftige Kopfschmerzen hatte, quartierten wir uns sogleich in eine der Selbstversorgerhütten ein und ruhten uns aus. Trotz Schlafsack und mehrerer Wolldecken fing ich bald an, vor Kälte zu schlottern. Heißes Wasser in unseren Aluflaschen diente zusätzlich als Wärmequelle. Doch was war das? Plötzlich fingen die Holzwände mit Unterbrechungen an zu zittern und zu beben. Aufgeschreckt spähte ich durch das kleine Fenster der Hütte. Ein riesiger schwarzer Rücken wurde direkt unter mir sichtbar – ein Büffel kratzte sich an der Hüttenwand das Fell!

Am nächsten Tag ging es zeitig weiter ans Ende dieser Hochebene und hinauf durch karges, steiniges Gebiet. Die einzigartigen Riesenlobelien und -senecien (Riesenkreuzkraut), die eine Höhe von über vier Metern erreichen können, zierten den Wegrand und dienten als Schattenspender in den kurzen Pausen. An gewaltigen, domartigen Schluchten, Klüften und Felsformationen vorbei, erreichten wir schließlich unser nächstes Ziel, eine winzige Blechhütte, einer Garage ähnelnd, die Mintos Hut. Die eine Seite war quer durch zwei übereinanderliegende Holzpritschen unterteilt, auf die man sich nebeneinanderlegte, solange der Platz reichte. Die andere Hälfte der Blechhütte gab Platz für zwei Holzbänke und einen Holztisch, an dem die jeweiligen Übernachtungsgäste nacheinander ihr Abendessen auf mitgebrachten Gaskochern köchelten und einnahmen. Zu guter Letzt waren dann die Träger dran, die bis spät in die Nacht ihr mitgebrachtes Ziegenbein garten und sich daran zu schaffen machten. Abgesehen von den Gerüchen und Geräuschen war es hauptsächlich die Kälte, die mich nicht schlafen ließ. Heizte mein Körper tagsüber durch die Anstrengung und Höhe auf, so konnte er die nächtlichen Minusgrade nicht recht ausgleichen.

Durch bereifte Gräser, an morgendlich besonnten kleinen

Seen vorbei, wurde unser Weg am dritten Tag zunehmend steiniger und felsiger. Bald sahen wir nur noch kleine Steinhäufchen als Wegmarkierungen und suchten die Bestätigung auf unserer Karte. Jeder Schritt ein tiefer Atemzug. Die Luft wurde zunehmend dünner und Vojkos Kopfdruck stärker und stärker. Nach vielen Stunden sollten wir den Grat linkerhand unterhalb der aufragenden Gipfel überqueren und auf der anderen Seite an einem Steilhang entlang zur Austrian Hut gelangen. Doch an dem Grat gab es mehrere Möglichkeiten, in verschiedene Bergfalten einzusteigen. Hier müsste es weitergehen, meinten wir und begannen abzusteigen. Nein, das konnte nicht der richtige Weg sein, wir verloren zu viele Höhenmeter! Ein zweiter Blick auf die Karte bestätigte unsere Ahnung, und so ging es wieder zurück zum Sattel hinauf. Spätestens jetzt waren unsere Nerven äußerst angespannt, und die Kräfte verließen uns. Was wäre gewesen, hätten wir keine gute Sicht gehabt, sondern die üblichen Wolkenfetzen um den Berggipfel herum? Wie konnten wir uns nur so leichtsinnig auf unsere eigenen Kräfte verlassen, unkundig der Gefahren, die dieser gewaltige Bergriese, der Sitz des Kikuyu-Gottes, barg! Am Steilhang entlang überfiel mich auch noch leichter Schwindel. Völlig erschöpft in der leeren, kalten und unwirtlichen Austrian Hut angekommen, trafen wir einen einheimischen Rettungsdienstmitarbeiter. Seine Geschichten ließen uns im Nachhinein noch einmal erschauern. Oft wurde er mit seinen Kollegen gerufen, um Verschollene zu suchen und Tote zu bergen.

Der Gipfel des Point Lenana war längst in Wolken. Wir hätten in der Austrian Hut übernachten müssen, um vor Sonnenaufgang die letzten zweihundert Höhenmeter zum Gipfel zu überwinden. Doch in Anbetracht unseres recht jämmerlichen Zustandes beschlossen wir, noch am selben Abend zum großen belebten Mackinder Camp abzusteigen, das keine zwei Stunden bergab lag. Ein Bett mit Matratze und windgeschützte Räume waren uns die Anstrengung dorthin wert. Am nächsten Tag ging es stundenlang, über Pfützen springend, die Regenseite des Berges hinunter. Etwas neidisch, aber auch stolz überholten wir die «gemütlichen» Wandertrupps mit ihren unzähligen Trägern. Wieder waren es gewaltige, mächtige Eindrücke, die wir in uns aufnehmen und mitnehmen durften, aber dass alles gut gegangen war, war mehr als Glück. Leichtsinnig und uns selbst überschätzend waren wir die Mount Kenya-Besteigung angegangen – dieselbe Haltung, mit der wir uns auf das Unternehmen Schulgründung in Kenia eingelassen hatten? Mit dem nächssten Matatu fuhren wir durch das schöne Land der Kikuyu nach Nairobi zurück, erschöpft und glücklich hingen wir unseren vielen Gedanken nach. Nie werde ich vergessen, wie wir uns zu Hause duschten, uns fein kleideten und in eines der edelsten Restaurants im Serena Hotel zum Essen gingen. Der Kontrast war umwerfend.

In den Norden des Landes

Nicht lange danach sollte es für eine Woche in den Norden gehen. Wir wollten im eigenen Auto zum Lake Turkana fahren und mehrere Zwischenstationen einlegen. Der VW-Bus wurde mit Lebensmitteln und Campingutensilien gut bestückt, dünne Matratzen, im hinteren Bereich ausgebreitet, waren unsere Betten. Herrlich – die Fahrt auf dem von ausländischen Straßenfirmen gebauten Highway nach Norden hinaus, die am Rift entlang hinunter nach Nakuru und schließlich über Eldoret nach Uganda führt. Wir verließen die Straße bei Eldoret und fuhren weiter in den Norden über den Marich Pass zum Lake Turkana. Dies ist ein attraktives Safariziel durch Wüstenlandschaften in karge und bizarre Gegenden. Üblich war es, in größeren Gesellschaften auf gut ausgerüsteten Trucks im Konvoi an das Ostufer des Sees zu fahren. Diese Route wurde als besonders schön, aber auch gefährlich bezeichnet. Immer wieder wurden Wagen überfallen und ausgeraubt. Wir beschlossen darum, die etwas belebtere Route ans Westufer ohne Konvoi zu wagen und auf dem Weg einen Abstecher in die Cherangani Hills zu machen. Die erste Station war der Lake Bogoria mit seinen heißen Geysiren und den Flamingos, die in großen Scharen friedlich im knöcheltiefen Seeufer, auf einem Bein stehend, nach den Algen pickten und leise gurrende Geräusche von sich gaben. Im Abendlicht erhoben sich einzelne Gruppen und zogen flügelschlagend über unsere Köpfe hinweg. Es wurde schnell dunkel, und bald zogen wir uns in unseren Bus zurück und versuchten, es uns gemütlich zu machen. Unter den großen, dichten Bäumen war es stockfinster, und um uns herum begann ein unheimliches Leben. Diese unzähligen Laute, dieses Rascheln und Knistern! Wieder bewunderte ich die mutigen, naturverbundenen Menschen, die es liebten, sich hier im Freien ihr Lager zu richten. Als Münchner Großstadtkind war das für mich undenkbar. Wir schliefen in unserem VW-Bus. Etwas zerknittert machten wir uns anderntags unser Frühstück, nahmen die frische Morgenstimmung tief in uns auf und tuckerten gemächlich am See entlang zurück auf die Hauptstraße, als wir linkerhand, zwei Meter von uns entfernt, im Dickicht die glühenden Augen eines Leoparden erspähten – gerade hatten wir hier noch gemütlich beim Frühstück gesessen.

Die nächste Nacht verbrachten wir an einem ausgetrockneten Flussbett, zu Füßen der Cherangani Hills, am Tor zu der vor uns liegenden Halbwüste, etwa zweihundert Kilometer vom Lake Turkana entfernt. Wir wollten uns noch die Füße vertreten und fanden einen Weg leicht bergan in die bewaldeten Hügel hinein, an Wiesen und kleinen Feldern vorbei. Immer wieder sah man Frauen bei der Arbeit. Mehrere bestellten gemeinsam und füreinander ihre Felder. In der Gemeinschaft ging die Arbeit leichter von der Hand, und singen konnte man auch noch dabei. Kinder zogen lachend an uns vorbei. Da die Menschen hier selten Besuch von Fremden bekamen, geschweige denn von Weißen, fand sich im nächsten Dorf gleich der Bürgermeister ein und hieß uns willkommen. Freundlich und stolz zeigte er uns die Dorfschule und den Dorfladen. Auf unsere Frage hin erzählte er, dass sie hier immer noch die alte Ordnung aufrechterhalten und das Land je nach Bedarf vergeben. Alles Land war Gemeinschaftseigentum. Heiratete ein Paar, so bekam es von der Gemeinde ein Stück Land zugewiesen, so groß, wie sie es allein bewirtschaften konnten. So hatten alle genug zum Leben. Alles machte einen einfachen und bescheidenen Eindruck, es war schön und strahlte Kraft und Zufriedenheit aus.

Wem gehören Grund und Boden?

Dies war anders als das, was ich bei Jomo Kenyatta über Landbesitz und Landvergabe bei den Kikuyu gelesen hatte. Wahrscheinlich wurde es von Stamm zu Stamm unterschiedlich gehandhabt. Kenyatta schreibt, dass die Kikuyu die Erde als die Mutter des Stammes betrachteten. Man lebte auf ihr, von ihr und mit ihr. Man ehrte und achtete die Erde und das Land als das Heiligste von allem, was auf und in ihr lebte. Trotzdem wurde sie als Eigentum Einzelner gepflegt und verwaltet, auch die Teile, die dann gemeinschaftlich genutzt wurden. Kenyatta betont dies immer wieder, besonders um der Rechtfertigung der Kolonialherren entgegenzutreten, die behaupten, dass sie sich nur «freies» Land genommen hätten. Es gab aber kein «freies» Land im Kikuyu-Gebiet, so Kenyatta, alles Land war rechtmäßig erworben worden und im Besitz von Familienoberhäuptern, auch wenn es gemeinschaftlich als Weidegründe oder als Wald genutzt worden war. Wieder spricht daraus die große Verantwortung, die jeder nach seinen Möglichkeiten und seiner Stellung übernahm, nicht nur für die Großfamilie, sondern auch für das Gemeinwohl des Stammes. An der Größe des Besitzes, der Familie und dem verantwortlichen Umgang damit wurde ja, wie schon erwähnt, das «Gewicht» des Einzelnen in der Gemeinschaft gemessen. Jeder Sohn bekam also zu Lebzeiten seines Vaters genug Land für sich und seine neu gegründete Familie zum Bestellen und Bebauen. Sollte das Land nicht reichen, so waren die Brüder des Vaters «in der Pflicht». Oder die Männer seiner Altersgruppe, das heißt diejenigen, mit denen der Vater gemeinsam beschnitten worden war. Denn diese Gruppe fühlte sich durch tiefe Bande, gleichwertig den familiären Blutsbanden, miteinander verbunden.

Feindselige Fremde

Unsere Reise in die Halbwüste hinein wurde zunehmend trostloser. Vereinzelt sahen wir nur Ziegen- und Kamelherden mit ihren Hirten oder einzelne dunkle, magere Gestalten, meist nackt, durch das trockene Land ziehen. Die Gesichter schienen verschlossen. Eine Frau stand am Straßenrand und gab uns Handzeichen, wir sollten halten. Sie wollte ein Stück Weges mitgenommen werden. Kein Lächeln, kein Augenkontakt. Herb und ausgemergelt, fast feindselig saß sie auf dem hinteren Sitz. Mir wurde immer mulmiger zumute. Was tun wir hier? Wir schluckten die Kilometer und unser Tank literweise Benzin in einer Gegend, wo man, wenn es hoch kommt, einmal am Tag ein paar Schluck Milch zu trinken hatte. Unsere Fahrt kostete so viel, wie eine ganze Familie nicht in Jahren zum Leben hat. Und wozu? Aus reiner Neugierde? Nein, das machte keinen Sinn. Nie wieder werde ich mich in so eine arme Gegend verirren, das nahm ich mir damals fest vor. Hier hatte ich nichts zu suchen und war zu Recht unerwünscht. Es sollte aber noch schlimmer kommen.

Gegen Abend gelangten wir an den Lake Turkana. Das Auto am Hotelparkplatz abgestellt, gingen wir in die menschenleere Lodge. Ein heißer Wind blies durch die unverglasten Verandafenster herein und wirbelte die Tischdecken durcheinander. Kellner liefen eilfertig mit unseren Getränken herbei. Bevor wir zum Ufer spazieren gehen wollten, holten wir unsere Kopfbedeckungen aus dem Auto und entdeckten, dass durch das halb offene vordere Seitenfenster jemand unser Batterieaufladegerät aus dem Auto entwendet hatte. Sogleich gaben wir im Hotel Bescheid, falls es irgendwo gefunden wurde. Am Seeufer machten sich einige einheimische Fischer zu schaffen, von Kindern umringt. Diese Kinder waren nur Haut und Knochen. Keine leuchtenden Augen, kein Lachen erklang. Feindselig wurden wir ignoriert, so, als wären wir Luft. Wäre es uns auf anderen Reisen, wenn ganze Schwärme von Kindern freudig schreiend hinter uns herliefen, oft lieb gewesen, nicht bemerkt zu werden, hier war es uns unheimlich.

Zurück in der Lodge, war der District Officer dieser Gegend mit seinem Gefolge erschienen. Stolz überreichte er uns unser Ladegerät. Hotelmitarbeiter hatten die Kunde vom Diebstahl sofort ins nächste Dorf gebracht, und die Diebe wurden gefunden, denn ein so fremdartiges Gerät fiel sofort auf. Im Nebenzimmer hörten wir eigenartige Geräusche, ein Schauer lief mir über den Rücken. Die Diebe müsse man sofort bestrafen, erklärte der District Officer, sonst nehme die Kriminalität überhand. Vornübergebeugt mussten sie sich nach dem Takt eines auf sie niedergehenden Stockes im Kreis drehen. Wie lange, erfuhr ich nicht, aber in mir fing sich auch alles zu drehen an, mir wurde richtig übel. Bitter bereute ich, hierher gekommen zu sein, und wollte so schnell wie möglich wieder zurück.

Das war jedoch leichter gesagt als getan. Zum ersten Mal seit Wochen regnete es in dieser Nacht, und anderntags war das Flussbett, das wir durchqueren mussten, voll Wasser. Die großen Geländewagen der Missionare passierten es ohne größere Probleme, doch wir mussten mehrere Stunden warten, bis wir es wagen konnten, durch die Fluten zu fahren. Endlose Stunden saßen wir harrend im Auto mit endlos vielen platten Kindernasen, die neugierig und schweigend von außen an die Scheiben gedrückt wurden. Sie zu öffnen, wagten wir trotz Hitze nicht mehr, da dann unzählige Hände und Arme unverfroren hereingelangt und alle Knöpfe und Schalter bedient hätten. Ein gewisser Zorn ob meiner Hilflosigkeit stieg in mir auf. Plötzlich hatte sich die Situation wie umgekehrt: Nicht ich war frei und mobil, ein neugieriger, souveräner Betrachter fremden Daseins, nein, ich war festgenagelt und wurde neugierig und ziemlich erbarmungslos begafft und mein Eigentum begrabscht. Was für eine heilsame Erfahrung! Wie müssen sich die Einheimischen fühlen, wenn die Touristen, meist in bester Absicht, über ihre Heimat herfallen! Keine Ecke des Landes bleibt vor den fremden Augen sicher, die hinter den gewaltigen Fernrohren und Kameras, unter dem hochgeklappten Dach der zügig fahrenden, Staub aufwirbelnden Safaribusse, das Objekt ihrer Neugierde anvisieren, es ohne zu fragen ablichten, mit nach Hause nehmen, vervielfältigen und herumzeigen. Ein Teil ihrer Persönlichkeit wird ihnen im Abbild gestohlen, so sagen die Massai und wehren sich bis heute mannhaft gegen diese menschlichen Übergriffe. Zügig machten wir uns auf den Rückweg nach Nairobi, die Lust auf Safaris war mir vorerst vergangen.

Während ich im Auto saß und durch diese unberührten Landschaften fuhr, kam ich bald wieder auf andere Gedanken. Ich freute mich auf die Rückkehr und die Arbeit, die auf uns wartete, vor allem auf das neue Schulgrundstück und das Verwirklichen all unserer Pläne. So kehrte bald eine euphorische Stimmung wieder zurück. Die Freiheit, mit der wir arbeiten konnten, war fantastisch. Wir mussten nicht jede kleine Entscheidung mit zwanzig Kollegen absprechen und abstimmen, Wir konnten wirklich nach eigenem Gutdünken planen, schalten und walten, dachte ich – herrlich!

Und das Stück Land, das die Schule gekauft hatte, war so umwerfend schön. Dieser Ort schien mir ein genialer Griff des Schicksals. Einerseits war er gerade etwa vierzig Minuten mit dem Auto von der größten Metropole Ostafrikas entfernt, in Reichweite aller Zivilisation, Technik und moderner Errungenschaften, über Nairobi mit der restlichen Welt verbunden. Andererseits war er auf der südlichen, offenen Seite des Nairobi National Parks inmitten alten Nomadenlandes gelegen, im Schoße des alten Afrikas, keine zwanzig Kilometer entfernt von dem einzigartigen afrikanischen Grabenbruch, der uns nach Norden mit dem Roten Meer und nach Süden mit Südafrika verband. Der Spiritus loci, der Geist des Ortes, begeisterte mich. Er schien mir in jeder Hinsicht gehaltvoll und symbolträchtig. Das Gelände lag im Einzugsgebiet Nairobis als einer Stadt größter gesellschaftlicher Gegensätze und Unterschiede und hatte gleichzeitig durch seine Lage eine Verbindung zum alten, archaischen und ehrwürdigen Afrika. Ein Ort, der Vergangenheit und Zukunft, Arm und Reich, Schwarz und Weiß verbinden könnte. Der Alltag brachte mich bald wieder auf den Boden der Tatsachen und Notwendigkeiten – und dennoch, solche Visionen und Hoffnungen gaben mir Kraft.

Schule und Umgebung

Ein Freiluftwohnzimmer

Sooft wir konnten, fuhren wir die wenigen Kilometer hinaus ins Massai-Grasland zu unserem erst vor Kurzem erworbenen Schulgrundstück. Auf der Magadi Road ging es südlich stadtauswärts Richtung Lake Magadi, einem Salzsee im Rift Valley. Wir fuhren weiter, links der Zaun, der den Nairobi National Park westlich begrenzt, rechts führten Zufahrtsstraßen zu den Häusern der Bewohner von Karen, wo alles grün und licht bewaldet war. Kaum hatten wir die Banda School rechts liegen lassen, fiel die Straße an der Mbagathi Schwelle steil vor uns ab, und die Weiten des Graslandes lagen vor unseren Füßen. Die Ngong Hills ragten majestätisch schräg rechts vor uns auf, und bei besonders klarer Luft konnte man in der Ferne den schneebedeckten Gipfel des Kilimandscharo sehen. An dieser Schwelle begegneten sich die trockenen Weiden der Massai-Nomaden und das fruchtbare Hochland der Kikuyu-Bauern. Zwei gegensätzliche Landschaftstypen trafen hier zusammen, und der Nairobi

National Park verband sie beide mit seinem vielfältigen Tierleben im Atem der Jahreszeiten. Dem Straßenlauf folgend, überquerten wir das Flüsschen Mbagathi und bogen nach etwa hundert Metern kurz vor dem vorgelagerten Ort Ongata Rongai links ab auf die holprige Massai Lodge Road. Der Flusslauf des Mbagathi bildete die natürliche südliche Begrenzung des Nationalparks, und kein Zaun hinderte die wilden Tiere daran, ihren wandernden Instinkten zu folgen.

Am Anfang war die Massai Lodge Road noch zu beiden Seiten bewohnt. Sie war nach dem Safari Club Hotel, der Massai Lodge, benannt, das nach acht Kilometern, am Ende der Straße lag, direkt am Südeingang des Nationalparks. Der erste staubige Kilometer führte uns immer durch ein an der Straße entstandenes Dorf mit Verkaufsständen und kleinen Freiluftwerkstätten, spielenden Kindern, plaudernden Männern und geschäftigen Frauen. Man schaukelte sich gemächlich über «Bumps» und ausgewaschene Wasserrinnen vorwärts und sah zu beiden Seiten kleine eingezäunte Steinhäuser, einfache Holzverschläge als notdürftige Unterkünfte oder hufeisenförmig angelegte Gebäude, aus mehreren Einzelzimmern bestehend. Für umgerechnet etwa zwanzig bis dreißig Mark konnte man sich so ein Räumchen mieten und sich ein Plumpsklo und eine einfache Waschgelegenheit im Innenhof mit den anderen teilen. Hier wohnten manche Hausangestellte einer wohlhabenderen Familie oder Arbeiter eines kenianischen mittelständischen Unternehmens aus dem nahen Städtchen Ongata Rongai. Eigentümer dieser Häuser und Grundstücke waren meist Mittelschichtkenianer, die es zu etwas gebracht hatten. Ein Ausläufer dieses Dorfes, abseits der Straße, bestand jedoch eher aus Bretterverschlägen und hatte die Struktur eines kleinen Slums. Hier werde «Shanga» gebrannt, hieß es, der illegale Schnaps der Kenianer, und hier träfen sich zwielichtige Gestalten, hieß es weiter, die ihren reichen Auftraggebern im Industriegebiet gestohlene Ware zubrachten. Hier würden auch Einbrüche und Überfälle geplant, und manch rachedurstiger Angestellte verkaufe Informationen oder finde Kumpanen für seine dunklen Vorhaben.

Jedes Mal, wenn wir zur Hauptstraße wollten oder wieder nach Hause, mussten wir durch dieses belebte Dorf fahren. Ich fühlte mich immer ein wenig als Eindringling und Fremdkörper. Ich kam mir vor, als würde ich durch das Wohnzimmer einer großen Familie fahren. Aber auch zu Fuß war mir nicht unbedingt wohler, auch wenn die Menschen keinen Anlass dazu gaben und mir immer freundlich und respektvoll begegneten. Aber ich gehörte nicht dazu, ich war eben eine Msungu, eine Weiße, und lebte ein anderes Leben. Ich war eine Fremde mit für sie undurchschaubaren Geldquellen, aus denen ich scheinbar unbegrenzt schöpfen konnte. Ich hatte dadurch Möglichkeiten, die für keinen von ihnen erreichbar waren. Ich hatte Sicherheiten, die für sie undenkbar waren. Wenn ich krank wurde, konnte ich zum Doktor gehen oder in ein Krankenhaus, ich konnte nach Hause fliegen, um Freunde und Familie zu besuchen, an die Küste fahren, um Urlaub zu machen, konnte ein Auto unterhalten und in einem feinen Restaurant essen und hatte immer Arbeit und Einkommen. Beneidet wurde man darum nicht unbedingt, aber benutzt wurde man doch gerne, man «bediente» sich bei uns, und das ganz ohne schlechtes Gewissen. Es war mehr ein Spiel, bei dem man nicht erwischt werden durfte. Dann hatte alles seine Richtigkeit. Von welchem Recht leitet man denn Besitz ab? Was da ist, gehört jedem, der es brauchen kann. Das schienen ihre Blicke sagen zu wollen. Je nach Charakter nahm diese Einstellung die verschiedensten Formen an.

Einmal hatten wir einen Schrank beim Dorfschreiner bestellt, anbezahlt und eine Bleistiftskizze dazu gezeichnet. Als der Schrank fertig war, fehlten Türen und Schubläden. Daraufhin angesprochen, zeigte mir der Schreiner die Skizze, auf der alle Griffe und Knöpfe fein säuberlich ausradiert worden waren. Für meine Extrawünsche sollte ich bitteschön extra bezahlen.

Mitten in Afrika

Auf dieser Massai Lodge Road, entlang des Südrandes des Nairobi National Parks, gerade schon außerhalb der Stadtgrenze, ging es hinter dem Dorf, im Schritttempo schaukelnd, das Flusstal des Kandisi-Flüsschens hinab und gemächlich wieder bergauf. Der Kandisi kommt von den Ngong Hills und mündet wenige Meter später in den Mbagathi. Linker Hand lag die Missionsstation Diguna, rechts zeigten Straßenschilder den Weg in die Kitengela an, den westlichen Teil der Athi-Ebene. Geradeaus ging es immer Richtung Osten entlang des Parks zur Schule und weiter zur Lodge. Auf dem schmalen Streifen Land zwischen der Massai Lodge Road und dem Flüsschen Mbagathi bis zum Straßenende am Parkeingang hatten sich bis jetzt nur vier alteingesessene Familien angesiedelt, eingebürgerte ehemalige Engländer, jetzt weiße Kenianer. Ganz versteckt lagen ihre Häuser meist an einer markanten felsigen Biegung des Mbagathis mit Blick auf den Park; Tag und Nacht konnte man hier den geheimnisvollen Lauten Afrikas lauschen, ganz hingegeben seinem Zauber. Zwar waren die Grundstücke dazwischen schon unterteilt und größtenteils verkauft, aber noch nicht umzäunt und bebaut. Als Zufahrtsstraße zum Park war die Massai Lodge Road nach der Abzweigung in die Kitengela eine Art Sackgasse, und nur die Lodgefahrzeuge und die wenigen stabilen Geländewägen der Privatanlieger verirrten sich hierher. Da waren wir, auf dem ebenen und offenen Gelände, einem sogenannten freien Korridor der zwischen der Athi-Ebene und dem Nationalpark ein- und auswandernden wilden Tiere. Rechter Hand lagen die acht Hektar Land für unsere zukünftige Rudolf Steiner School Nairobi.

Von Weitem sahen wir schon Josefs alten Landrover an der Südostecke des Grundstücks stehen. Hier sollte das erste Gebäude entstehen, den Sonnenaufgang im Rücken und mit dem Blick zum Sonnenuntergang, auf die Ngong Hills, die dem Auge in diesen Weiten einen Halt und Ruhepunkt gaben. Unser Auto holperte über die Grasnarben. Josef war gerade dabei, mit einigen Arbeitern die Grundrisse des ersten Allzweckgebäudes abzustecken. Josef war eines Tages, kurz vor meiner Ankunft in Kenia, im Kindergarten erschienen. Als Vater einer Waldorfschülerin aus Deutschland habe er unser Schild an der Straße gesehen und wolle nur mal sehen, was die «Waldorfs» in Kenia so machen. Er sei auf Erholung nach einer schweren Lebenskrise und überlege, ob er nicht ganz bleiben sollte. Da er keine Aufenthaltsgenehmigung habe, müsse er halt alle drei Monate über die Grenze nach Tansania und einmal im Jahr nach Deutschland fliegen. Finanziell sei er durch Vermietungen in Deutschland soweit versorgt und unabhängig. Als ehemaliger Architekturstudent, erfahrener Heimwerker und Hobbymechaniker könne er uns vielleicht behilflich sein. Und ob! Soeben war der Kaufvertrag für das zukünftige Schulgelände unterschrieben worden und sollte bebaut werden. Gegen Kost und Logis war Josef bereit, den ersten Schulbau zu leiten und zu überwachen, da wir ja noch in Karen/Langata wohnten: «Aber in aller Freiheit, bitteschön, keine festen Arbeitszeiten usw.» Josef war in dieser Situation ein absoluter Glückstreffer, da er auch auf keinen Verdienst angewiesen war und sich bereits als afrikatauglich und äußerst tüchtig erwiesen hatte. Dass er einen etwas anderen Lebensstil pflegte, sollte uns nicht kümmern. Schließlich gab es in Kenia genug geniale Pioniere und eigenbrötlerische Sonderlinge. In den Diskotheken war Josef bald bekannt wie ein bunter Hund, und zuweilen kam es auch zu Schlägereien. Afrikanische Schönheiten wusste er sehr wohl zu schätzen und dass da ein Weißer gerne nachts in den leeren Straßen der Stadt ausgiebig Rollschuh fuhr, machte wohl auch die Runde. «Hakuna matata» – kein Problem für uns.

«Wie geht's voran, Josef?» – «Danke, gut», antwortete er und fuhr fort: «Über Jimmy, einen Kenianer im Dorf, sind heute fünf weitere Arbeiter gekommen, die jetzt am Zaun arbeiten. Sie wollen hundert kenianische Schillinge am Tag (also etwa drei Mark). Das Material dazu habe ich gestern in Ongata Rongai besorgt. Die drei ‹Graber› für die Baumlöcher arbeiten fleißig und selbstständig. Sie schaffen drei große Löcher am Tag, bis zu einem Kubikmeter groß, und bekommen für jedes fünfzig Schillinge. Aber nachmessen muss ich schon und das eine oder andere nachgraben lassen. Der Boden ist wahnsinnig hart, kaum zu glauben, dass sie bei der stechenden Sonne tagsüber so schwer arbeiten können. Wichtig ist vor allem, dass vor der Regenzeit der Anfahrtsweg zur Baustelle fertig wird, sonst werden die anliefernden Lastwagen und auch unsere Wagen stecken bleiben. Zwei Fahrtrinnen müssen bis zum Fels ausgegraben und mit Quarrychips – Steinabfälle beim Behauen von Steinen – aufgefüllt werden. Alles andere hat keinen Sinn. Diese Erde schluckt die Steine, und wir müssten nach jeder Regenzeit tonnenweise auffüllen. Aber für diese Aktion brauchen wir einen richtigen Arbeitertrupp. Wenn ich später bei einer Baufirma in Ongata Rongai die Quarrychips bestelle, werde ich mich nach weiteren Arbeitern erkundigen. Vor allem benötigen wir auch Schaufeln und Hacken. Unsere Zeichnungen für das erste Allzweckgebäude habe ich auch weiter verfeinert. Wollt ihr mal sehen?»

Während wir uns in seine professionellen Zeichnungen vertieften, saßen auf einem Berg angelieferter, grob behauener grauer Natursteine drei Arbeiter und meißelten sie zurecht, sodass man sie zu Hausmauern verbauen konnte. Vojko half Josef bei den Besorgungen und Bestellungen. Er musste sich rechtzeitig um die passenden Beträge zum Bezahlen der Arbeiter und der Materialien kümmern. Kamen und gingen auch die meisten «Casuals» (Tagelöhner je nach Projekt und Auftrag), so blieb doch der ein oder andere unserer Baustelle treu.

Maliseli zum Beispiel fiel uns bald auf. Er war nicht mal 1,60 Meter groß, sehnig und drahtig von Gestalt und hatte eine absolute Vorliebe für übergroße Sonnenbrillen und skurrile Kopfbedeckungen, die alle paar Wochen wechselten. Er war nicht nur fleißig und geschickt, sondern schien jede Arbeit mit Freude zu auszuführen. Auch schwere Arbeit machte ihm anscheinend nicht das Geringste aus. Immer hatte er ein verschmitztes Lächeln parat und beantwortete fast alle Fragen mit einem breiten Grinsen und freundlichen «Yeees», ob er sie verstanden hatte oder nicht. Oder tat er nur so? Seine englischsprachigen Antworten waren jedenfalls für uns anfangs ziemlich unverständlich, aber aus unerfindlichen Gründen funktionierte die Kommunikation immer. Er tat, was man von ihm erwartete, und das bestens. Im Unterschied zu vielen anderen schaltete er auch seinen Verstand bei der Arbeit ein, ja es schien, als liebe er die Arbeit, und so bekam er über die Jahre immer mehr Verantwortung übertragen, bis er schließlich zum Farmvorsteher wurde. Ich glaube, Maliseli hatte damals, als er uns kennenlernte, beschlossen, uns zu mögen und bei uns zu bleiben. Auch bei ihm ging über die Jahre mal etwas aus der Farm «verloren», wenn seine Frau wieder einmal ins Krankenhaus musste. Das eine oder andere heftige Wort vom Chef muss auch ihn getroffen haben, aber letztlich hatte er sich aus tiefstem Herzen mit uns verbunden. Und so wie er blieb nach und nach der eine oder andere Arbeiter einfach bei uns und fügte sich in den wachsenden Betrieb ein, fand seinen Platz, an dem er dann bleiben sollte, fast wie angewachsen, ein dienender Teil der Gemeinschaft. Bis sich unsere Gemeinschaft so gebildet hatte, tauchten jedoch viele braune Gesichter auf und verschwanden wieder.

Wenn Josef auch einen ausgebildeten kenianischen Maurer, einen Fundi, aus dem Dorf zur Hand hatte, musste er doch immer bestens informiert sein über Preise und Mengen. Baustellen waren äußerst beliebte und praktische Orte, sich sein eigenes kleines Häuschen parallel zu bauen – irgendwo auf dem Land. Jede Lieferung musste kontrolliert und überprüft werden. War es auch die Qualität der Steine, die bestellt und bezahlt worden war? Kontrolle, Kontrolle, Kontrolle von morgens bis abends, Material und geleistete Arbeit. Warum hast du den Lichtschalter nicht unten an der Treppe angebracht, sondern auf halbem Weg? Warum ist jede Treppe unterschiedlich hoch? Aufwärts fließt doch kein Wasser ab, verstehst du? Ein bücherfüllendes Thema und nächtefüllender

Gesprächsstoff für die, die in Kenia bauen. Der Stationsleiter der Missionsstation Diguna wurde für Josef und später auch für Vojko eine nie versiegende Quelle an Rat und Information.

Den Bau des ersten Mehrzweckgebäudes anzuleiten war das eine, das ansehnliche Gelände zu nutzen und zu gestalten war das andere. Der Gedanke, nach englischem Vorbild ausgedehnte Sportfelder anzulegen, auf denen alle Schüler jeden Nachmittag stundenlang unter äquatorialer Sonne verschiedene Teamsportarten trainierten, schien uns absurd. Sinnvoller dünkte es uns, sich bei einheimischen Landwirten umzuhören, was sie mit so einem Stück Land als Schulgrundstück machen würden. Der erste Kontakt kam über Joan und Matthias, die beiden Vorstandsmitglieder unseres Schulvereins, zustande.

Rat bei Farmern

In England hatten Joan und Matthias als biologisch-dynamische Farmer und Dozenten des «Rural Development Programs» am Emerson College in East-Sussex den Kikuyu-Teilnehmer John Njoroge und seine Frau Mary aus Kenia kennengelernt. John berichtete von der Sackgasse, in die die Landwirtschaft in Kenia geraten war und dass er versuchen wolle, die organische Anbauweise zu verbreiten. Joan und Matthias waren bereit, ihn für fünf Jahre zu unterstützen und die Organisation KIOF (Kenyan Institute for Organic Farming) in seinem Heimatort Kabete, einem westlich von Nairobi gelegenen Vorort, aufzubauen.

Joan und Matthias luden uns ein, sie zu besuchen, um die Arbeit Njoroges kennenzulernen. Eines Tages fuhren wir also an der Innenstadt Nairobis vorbei durch die Villenvororte Muthaiga und Runda, vorbei an der deutschen Schule und den UN-Headquarters, ins hügelige, fruchtbare Vorland der Kikuyu. Große Tee- und Kaffeeplantagen waren längst anstelle vieler kleiner Farmen entstanden. Noch unter den Kolonialherren waren die einheimischen Farmer dort weitgehend vertrieben worden. Die kenianische Regierung nahm später die Devisen für den Kaffee- und Teeexport gerne weiter entgegen und zwang die Kleinbauern, ihre Felder mit diesen einnahmeträchtigen Pflanzen zu bestücken. Als der Marktpreis für Kaffe und Tee fiel und die Einnahmen ausblieben, waren viele einst wohlhabende Familien ruiniert. Abgesehen davon, dass viele Kleinbauern für den Bau von Plantagen und Großfarmen ihr Land lassen mussten, wurde die kenianische Anbaukultur durch das Gesetz von Eigentum an Grund und Boden ins Herz getroffen und von ihrer Stammeskultur losgelöst. Innerhalb der Stammesordnung war dafür gesorgt worden, dass alle genug Land hatten, das sie bestellen konnten. Hatte der Vater nicht genug für alle seine Kinder, so halfen Verwandte und Zugehörige seiner Altersgruppe. Es war genug Land für alle da. Jetzt aber konnten neue Familien nicht mehr unbebautes Land besiedeln. Die Ein-Familien-Farmen mussten auf die Kinder verteilt werden. Bei acht Kindern konnten vielleicht zwei davon mit ihren neuen Familien knapp leben, die anderen mussten wegziehen und ihr Glück in den wachsenden Städten versuchen. Einzelne fanden Arbeit als Gärtner, Kellner, Hausboys, Wachleute, bestenfalls als Fahrer, die anderen waren arbeitslos und ohne Einkommen. Die Kleinbauern mussten mit ihrem Stückchen Land nun auch für das Schulgeld von wenigstens einem Kind aufkommen, also Überschusserträge erzielen und verkaufen. Das führte mehr und mehr zu Monokulturen von Mais und Bohnen, einseitiger Ernährung und Verarmung des Bodens. Die Düngerindustrie fand einen neuen Markt. Not und Armut verbreiteten sich, wo einst paradiesische Zustände geherrscht hatten.

Als John Njoroge aus England zurückkehrte und das kenianische Institut für organischen Anbau, kurz KIOF, gründete, legte er als Erstes einen Schaugarten an und lud die Bauern aus der Umgebung zu Informations- und Einführungsveranstaltungen ein. Ein Schwerpunkt sollte aber die Arbeit mit den Bauern vor

Ort sein, wobei ihm Joan und Matthias halfen, bis er einheimische Mitarbeiter ausgebildet hatte. Dies alles wurde aber von der Nachbarschaft zunächst eher skeptisch beäugt, hatte man doch schon genug Neuerungen mitgemacht, die in ein Desaster geführt hatten. Mit Hingabe und Geduld versuchten Njoroge und seine Kollegen die Bauern eines Besseren zu belehren: Effektive Bewässerungsmethoden, Kompostdüngung, Double Digging – eine Grabtechnik, die den Boden besonders lockerte –, gezielte Fruchtfolge, all dies verbesserte die Erde, und die Erträge stiegen. Wir durften einige Gemüsegärten besichtigen und wurden Zeugen einer Verwandlung, die bei den Bauern wieder Hoffnung weckt. Ja, dies sollten unsere Schüler unbedingt lernen, beschlossen wir.

Der Stellenwert der Landwirtschaft war im modernen Kenia auf das unterste Niveau gesunken. Die White Collar-Kultur («Kultur der weißen Krägen») war erstrebenswert geworden, nicht aber, sich die Hände schmutzig zu machen. Dabei war die fruchtbare Erde das kostbarste Gut Afrikas, abgesehen von den begehrten Bodenschätzen an Gold, Kupfer und Diamanten in Zentral- und Südafrika. All das unbebaute Land schreit förmlich danach, genutzt zu werden. Hunger in Afrika wäre nicht nötig.

Bäume, Brunnen, Sonne

In den wenigsten kenianischen Schulen befand sich ein Schulgarten und wenn, dann war es eine beliebte disziplinarische Maßnahme geworden, Schüler mit Gartenarbeit zu bestrafen. Wir wollten diese Arbeit wieder aufwerten und sie ins Zentrum unseres Bemühens stellen.

Auf unserem Schulgrundstück wurde darum sofort ein schattenspendender, grasbedeckter Schuppen gebaut und darunter ein Aushub für den Kompost gegraben, das Herz einer jeden Farm. Kunstvoll wurden Kuhmist, Küchen- und Gartenabfälle so geschichtet, dass durch Astwerk und gröbere Gartenabfälle kleine

Hohlräume entstanden, durch die der Sauerstoff ungehindert den Verwandlungsprozess unterstützen konnte. Von oben wurde dieses Schichtwerk dann gewässert und gut feucht gehalten. Auf Rat der Fachleute steckten wir zwei oder drei dickere Äste an verschiedenen Stellen hinein. Fühlte sich das Stockende heiß an, so war der magische Prozess voll in Gang, und nach etwa zwei Wochen konnte der Haufen in einen benachbarten Aushub kopfüber umgeschichtet werden. Nach weiteren zwei Wochen war das «Gold der Farm» fertig. Sorgfältig den einzelnen Pflanzen und Gemüsebeeten beigefügt, bewirkte es wahre Wunder.

Das Wichtigste waren zunächst schattenspendende Bäume. Dazu mussten in unserer schweren, lehmhaltigen Erde jeweils ein Kubikmeter große Löcher ausgegraben werden, die mit einer Mischung aus Kompost, roter und schwarzer Erde gefüllt wurden. Die Löcher zu graben war äußerst beschwerlich, das schafften nur die Einheimischen. Die lockere und fruchtbare rote Erde wurde mit Lastwagen angefahren, aber der Kompost? Woher sollten wir all den Kompost bekommen? Ein Hausieren um Küchenabfälle bei Gemüsehändlern und Großküchen begann, bis wir schließlich selbst genug Abfall erzeugten. Welche Bäume in welcher Anordnung und Reihenfolge zu pflanzen waren, all das Know-how musste ich erfragen und erkunden. Doch diese Arbeit erfüllte mich mit großer Freude. Damals wusste ich noch nicht, wie viele Misserfolge und Niederlagen ich würde einstecken müssen. Schließlich war es jungfräuliche Erde, die bisher von keines Menschen Hand berührt, nur von Tieren und einzelnen Nomaden begangen worden war. Land urbar machen nennt man das, und zwar ohne gesicherte Wasserquelle. Letzteres war eindeutig das Hauptproblem. Erfahrene Pioniere, wie beispielsweise die Missionare von Diguna, wählten Land für ihre Stationen danach aus, ob zugängliches Wasser in der Nähe war. Unerfahrene wie wir hatten dieser Tatsache viel zu wenig Beachtung geschenkt.

Die Wasserversorgung beschäftigte uns deshalb fortwährend all die Jahre hindurch. Mit einem Eselkarren holten wir täglich eine Tonne Wasser von der Missionsstation Diguna. Dies reichte jedoch bei Weitem nicht aus. Auch das Regenwasser, das wir einmal über die Gebäudedächer würden auffangen können, würde trotz sparsamster Umgangsweise längst nicht genügen. Und Stadtwasser mit einem Tanker zu bestellen wäre auf Dauer viel zu kostspielig gewesen. Sollte unsere Farm wirklich gedeihen, so brauchten wir einen eigenen Brunnen. Einen Brunnen zu bohren kostete aber etwa fünfzigtausend Mark! Der Wasserspiegel war einhundertfünfzig Meter tief, ganz abgesehen davon, dass wir keine Genehmigung bekommen hätten. Achthundert Meter Abstand zum nächsten Brunnen war dafür die Bedingung. Doch unser Massai-Nachbar Ole Pascha, der alles umliegende Land besaß, hatte einen ungenutzten Brunnen an seiner kleinen Hausfarm, direkt neben dem Schulgrundstück. Mit Ole einigten wir uns, eine Windradpumpe zu besorgen und das Wasser gemeinsam zu nutzen. Windrad, Zwischentanks, Leitungen und Solarpumpen im Haus sorgten jedoch immer wieder für Pannen und Ausfälle. Dazu kam, dass es zwei bis drei Monate im Jahr, von Juli bis September, auch nicht genug Wind gab. Wie oft musste das Wasser für die Toilettenspülung in Eimern zu allen Toiletten getragen werden, denn Plumpsklos waren in Schulbauten nicht erlaubt! Jeder Tropfen Wasser wurde wie die größte Kostbarkeit behandelt und nacheinander mehrfach in Behältern aufgefangen und genutzt. Jeder offene Wasserhahn löste hektische Reaktionen bei uns aus, selbst in den ersten Tagen während unserer Deutschlandbesuche verfolgte uns immer noch diese Sorge.

Das Abwassersystem musste auch gut durchdacht sein, sollte nicht alle drei Monate der städtische Tanker zum Leeren kommen müssen. Mit diesem Projekt hatten wir jedoch Glück. Ein Dreikammersystem in einem unterirdischen Abwassertank bewährte sich bestens. Das Wasser regenerierte sich von Kammer zu Kammer, lief von selbst über und floss sauber hinaus in den umliegenden Garten. Als viel später die berühmte, umweltbewusste und zukunftsorientierte Landschaftsgestalterin Dee Raymer bei uns zu Besuch war, lobte sie unser System.

Auch die Stromversorgung kostete uns anfangs einige Mühe. Einen Generator, wie es unter den Siedlern üblich war, wollten wir nicht anschaffen. Dafür machten wir uns mit Solarenergie kundig. Doch durfte Sparsamkeit in der Anschaffung nicht an vorderster Stelle stehen, sonst würde man die meisten Abende bei Kerzenlicht zubringen. In den Monaten Juli und August gab es weder genug Wind fürs Windrad noch genug Sonne für die Solarpaneelen, und der tägliche wachsame Blick auf die Anzeigenadel der Batterien wurde routinemäßig eingeplant, wenn man nicht plötzlich im Dunkeln sitzen wollte. Jahrelang hatten wir abends nicht genug Licht zum Lesen und Arbeiten, sodass wir viel später beim Bau unseres eigenen Hauses auf die Investition einer angemessenen Solarstation besonders viel Wert legten. Alles andere ist sehr kräftezehrend. Dass Solarpaneelen, so wie alles Kostbare, am besten vernagelt und vergittert sein sollten, mussten wir drei Jahre später erfahren, als eine Gruppe Männer eines Nachts über unserem Schlafzimmer, nur durch dünne Dachziegeln von uns getrennt, sich zu schaffen machten – und weg waren sie, die Paneelen. Aber das ist eine eigene Geschichte.

Ein weiterer Dauerbrenner unter den Gesprächsthemen war das Telefon, fast wie die berühmten Unterhaltungen über das Wetter. «Geht euer Telefon im Moment?» – «Nein, seit drei Tagen ist es wieder ‹out of order›.» Einen Telefonanschluss an der Schule in der Massai Lodge Road zu bekommen dauerte etwa fünf Jahre. Drei Jahre waren wir Schulgründer und Headmaster ohne Telefonverbindung!! Jedes Telefonat musste von der Stadt aus getätigt werden, bis wir uns 1994 schweren Herzens für die gigantische Summe von dreitausend Mark eines der ersten Mobiltelefone leisteten. Heute hat jeder in Kenia, der etwas auf sich hält, ein Handy zu international üblichen Preisen. Inzwischen gibt es fast eine Million Mobilnetzkunden, aber nur zweihunderttausend Festleitungen. Zu der Zeit gab es in ganz Afrika nur so viele Telefonanschlüsse wie allein in Manhattan!

Doch noch war alles ganz am Anfang, als wir voller Zuversicht und Schaffensfreude planten, erkundeten, besorgten und überprüften, korrigierten, uns ärgerten, uns wunderten, diskutierten und uns sorgten. Jedes Werkzeug, jeder kleinste Nagel musste angeschafft werden, jede Zaunstange, jeder Fensterrahmen in Auftrag gegeben, jedes Baumloch auf die gewünschten Maße hin überprüft werden. Und alles hatte seine Haken, seinen in sich verborgenen Widerwillen, so schien es mir oft. Hatte ein Fundi die Anzahlung zwar entgegengenommen, aber den Auftrag nur schlampig erfüllt, musste man die minderwertige Ware so oft zurückbringen, bis sie brauchbar war. Unser Budget ließ uns keinen Spielraum, doch der Zeitplan musste auch dringend eingehalten werden, wollten wir nicht am Ende des Schuljahres ohne Klassenzimmer dastehen. So arbeiteten und bauten wir immer unter immensem Druck, dirigiert von lauter Notwendigkeiten.

Autos im Busch

Zum Glück hatte unser alter VW-Bus alle Strapazen bisher gut durchgehalten. Nun war eine Generalüberholung des Motors fällig. Josef, unser Allround-Genie, machte sich drei Tage daran zu schaffen. Der Motor wurde komplett ausgebaut, gereinigt, manches Teil ersetzt und wieder eingebaut. An diesen drei Tagen wurde Josef von uns versorgt, verwöhnt und umschmeichelt.

Die Autos spielen in Kenia eine große Rolle, wenn man nicht in dicht gedrängten Matatus und Kleinbussen, wie die Einheimischen, reisen will. Autos kosten sehr viel Geld und noch viel mehr Nerven. Durch die Zollgebühren ist die Überführung oder Anschaffung sehr teuer, ebenso teuer sind die Ersatzteile. Einen guten Mechaniker zu finden ist die Sehnsucht eines jeden Autobesitzers, er hat fast den Stellenwert einer guten Ehefrau. Ich habe Vojko oft bewundert ob seiner Geduld und des unermüdlichen Bemühens, diese alten Autos für uns privat, aber überwiegend für den Schulbetrieb am Laufen zu halten. Die kenianischen Straßen sind mit wenigen Ausnahmen in einem verheerenden Zustand, und der Verschleiß der Wagen ist enorm. Die bereits erwähnten Schlaglöcher und die nach jeder Regenzeit ausgewaschenen Staubstraßen ruinieren jedes Auto, das kein Geländewagen ist, in kürzester Zeit. Jeder Werkstattbesuch hinterlässt fragwürdige Spuren unter der Motorhaube, sodass man eigentlich jedes kleinste Teil seines Autos kennen sollte, wollte man nicht Gefahr laufen, dass es nach und nach in allen Einzelteilen komplett ausgetauscht wird. Viele Autogeschichten sollten unsere Jahre in Kenia noch beleben, erheitern und zu etlichen grauen Haaren beitragen.

Schmunzelnd erinnere ich mich an eine Autofahrt zum Amboseli National Park am Fuße des Kilimandscharo. Wir wählten eine wenig befahrene Staubstraße, die von der Mombasa Road nach Süden abbog. Weit und breit nichts als trockenes, ebenes Grasland. Die Straße führte immer geradeaus auf den Bergriesen zu. Plötzlich ging es durch eine kleine Senke, die uns erdig und nass entgegenglänzte. Unser fünfundzwanzig Jahre alter Jeep blieb im Sumpf stecken. Nichts konnte ihn dazu bewegen, sich aus dem Schlammloch wieder herauszubewegen. Wir standen damals zu viert barfuß, knöcheltief im Schlamm, schoben und stöhnten. Nichts. Wir platzierten zusammengetragene Steine und Gestrüpp vor die Räder und noch die Fußmatten dazu. Nichts. Alle Überredungskünste scheiterten. Weder Schatten noch neugierige Blicke, soweit wir sehen konnten. Jetzt eine Flasche Mineralwasser in die Hand, und wir hätten sicher einen Preis für Werbefotografie gewonnen. Da wurde in der Ferne eine kleine Staubwolke sichtbar, die sich uns, größer werdend, näherte – ein Reisebus. Er stoppte, sechzehn Männer sprangen heraus, erkannten die Lage mit einem Blick, stellten sich um den Jeep und hoben ihn buchstäblich über die Erde heraus auf trockenes Land. Ein größerer Geldschein verschwand in ihren Händen und der Bus mitsamt seiner Mannschaft dazu.

Dieser kleine Vorfall schien mir bildhaft vor Augen führen zu wollen, wie das Leben hier in Afrika zu meistern ist. Kommt man in Situationen, in denen man sich nicht mehr zu helfen weiß, in denen man machtlos ist – und in gewisser Hinsicht ist man es in Afrika immer –, kann man sicher sein: Irgendwo um die Ecke wartet Hilfe, irgendwie aus dem Nichts kommt eine Lösung. Aber natürlich nicht sofort und auf der Stelle, nein, man muss sich vorher schon ein wenig in Geduld und Gelassenheit üben. Das Leben ist viel weniger plan- und berechenbar, dafür aber äußerst lebendig und voller Einfälle und Zufälle. Und der kleine Vorfall schien dabei selbst herzhaft und schelmisch zu lachen. Die Afrikaner sind mit dieser Übung groß geworden. Sie haben die Lektion mit der Muttermilch tief in sich aufgenommen und leben in dieser Schicksalsergebenheit und inneren Sicherheit wie der Fisch im Wasser, heiter und zufrieden. Ich dagegen erlebte mich in Kenia in meinem Tatendrang und in meiner Schaffensfreude nur gebremst. Ich konnte sozusagen nicht normal gehen und laufen wie in Deutschland, sondern fühlte mich, wie in hüfttiefem Wasser gegen den Strom watend, vorwärts bewegen. Schaute ich dann, um im Bild zu bleiben, angestrengt und frustriert dem fröhlichen Treiben der Fische um mich zu, fühlte ich mich wie ausgestoßen aus dem Paradies, das sich mein afrikanischer Menschenbruder noch erhalten hatte. Ohne Besitztümer und ohne Versicherungen leben die Afrikaner sorglos und sind in ihrer Seelenruhe kaum zu erschüttern. Nicht, dass sie keinen Mangel und kein Leid kennen würden, ganz im Gegenteil. Aber sie können es tragen und ertragen in gelassener Duldsamkeit und Ergebenheit. Was für eine Seelengröße in der nackten Ohnmacht!

Unwillkürlich kam mir die Weltkarte in Erinnerung: Groß und mächtig liegt er da, der Kontinent, ruhig und unerschütterlich und ganz zentral. Welche Rolle nimmt er ein? Was möchte er uns sagen, uns, die wir uns wie um ihn herumlagern und ihn weitgehend ignorieren, «ausblenden», wie Journalisten schreiben?

Ein Jahr ist vergangen

Ein paradiesisches Plätzchen

Mein erstes Jahr in Kenia ging im Juli 1991 dem Ende zu. Nach der Sommerpause erwarteten wir eine erfahrene holländische Kindergärtnerin, die Lucy für ein Jahr zur Seite stehen sollte. Die kleine Schulklasse, Vojko und ich würden dann in das fast fertiggestellte erste Gebäude auf dem Schulgrundstück in der Massai Lodge Road ziehen. Ich freute mich darauf. Doch vorher ging es noch an die Küste, an den Indischen Ozean zum Entspannen.

Juli und August waren die kühlsten Monate im Jahr, sowohl an der Küste als auch in Nairobi. Für uns war es die angenehmste Jahreszeit, um an den Indischen Ozean zu fahren, da es bei einer durchschnittlichen Temperatur von tags achtundzwanzig und nachts zwanzig Grad immer noch warm genug zum Baden und Schnorcheln war, aber nicht zu schwül, um auch etwas zu lesen.

Wir fanden ein Plätzchen, besser gesagt «unser» Plätzchen, an der Küste, denn noch viele, viele Male sollten wir dort unvergessliche Ferientage verbringen. Es lag eine halbe Autostunde südlich von Mombasa am Tiwi Beach und hieß Maweni Beach Cottages. Zwei angrenzende Nachbarn, Sand Island und Capricchio, vermieteten ebenfalls kleine Selbstversorgerhäuschen. Das nördlich angrenzende Gebiet war wildes, felsiges Küstenland, südlich lagen wenig benutzte Privatgrundstücke. Wir teilten uns den Strand mit den wenigen Gästen, die wie wir in Ostafrika tätig waren. Reine Touristen gab es hier nicht. Leicht erhöht lagen die Häuschen auf dem Grundstück verteilt, jedes etwas anders gebaut, jedes mit Bäumen und Sträuchern so angelegt, dass man niemandem unerwünscht begegnen musste. Der Blick schweifte über ein blühendes Meer von Bougainvilleahecken und eine Palmenwiese hinweg aufs offene, wogende Meer. Nicht selten sahen wir Delfine vor dem Riff. Das Riff war etwa hundert Meter vorgelagert und bei Ebbe begehbar, bei Flut brandete das Meer darüber hinweg, in die geschützte Bucht herein. Bis auf die Seeigel, die sich zwischen Riff und Strand angesiedelt hatten, gab es nichts zu fürchten in dieser großen, natürlichen Badewanne. Ein Paradies für Groß und Klein. Die Sonnen- und Vollmondaufgänge bleiben unvergesslich. Einzelne Korallenköpfe waren Heimat für zahlreiche Fische aller Art, die wir, gemütlich im Wasser liegend, mit Schnorchelbrille beobachten konnten. Folgten wir den Spuren der einheimischen Fischer, die mit Harpunen loszogen, konnten wir dem Meer noch manches Geheimnis ablocken. Krabben und Tintenfische versteckten sich in den Felsklüften, Seesterne in allen leuchtenden Farben waren gleich daneben. Hier konnten wir uns wahrlich erholen und hatten Zeit und Muße zum Nachdenken. Wenn nicht hier, wo sonst?

Profitieren und Pionieren

Bis jetzt war ich in meinem Leben immer in wohlgeordnete Verhältnisse gekommen, hatte mich sozusagen an den Früchten der Arbeit anderer gelabt. Als Nesthäkchen der Familie hatte ich das finanzielle und berufliche Ringen meiner Eltern nur noch am Rande mitbekommen und keine Ahnung, wie lange sie jeden Pfennig mehrmals umdrehen mussten.

Als frischgebackene Abiturientin zog ich, dem Alter entsprechend selbstbewusst und siegessicher, zum Studium an die Pädagogische Hochschule nach Esslingen, in die ersehnte Freiheit. Musste ich auch sparsam leben, so konnte ich doch ein unbesorgtes Studentenleben führen. Meine Schulzeit am Gymnasium hatte mich nie sonderlich berührt, und auf meine vielen Fragen nach Sinn und Sein fand ich bei meinen älteren Brüdern, die sich mit östlichen Weisheiten und Anthroposophie[15] beschäftigten, Antworten. Mit reinem Wissen, ohne Zusammenhang zum Menschsein und zum Leben, konnte ich wenig anfangen. Bald war mir klar, dass ich ans Seminar für Waldorfpädagogik gehen und Waldorflehrerin werden wollte, aber für die Lehrerlaubnis in Bayern brauchte ich das Staatsexamen, und so war ein staatliches Studium unabdingbar. Doch kaum hatte ich drei Semester studiert, wusste ich, dass ich nicht weiterhin stundenlang über den Begriff des Glücks bei Platon diskutieren wollte. Ich wollte wissen, wie Seele und Geist zusammenhängen und wie sie funktionierten, wie ein Kind sich entwickelt und dem Alter entsprechend unterstützt werden kann. Also beschloss ich, das Studium nach drei Semestern zu beenden. Es folgten drei intensive und in jeder Hinsicht reiche Jahre am Anthroposophischen Studienseminar und am Lehrerseminar für Waldorfpädagogik in Stuttgart. Natürlich gab ich dadurch viele Sicherheiten auf, vor allem die Beamtenlaufbahn war ein für alle Mal, sehr zum Leidwesen meiner Mutter, dahin. Dafür lernte ich die interessantesten Dozenten und geisteswissenschaftlichen Forscher kennen. Und ich lernte vor allem, selbstständig zu denken und über verborgene Zusammenhänge zu staunen.

Danach ging ich als Lehrerin fünf Jahre ins Ruhrgebiet und kam wieder in ein Umfeld, das in höchstem Maße bereitet war. Diesmal durfte ich mich in das Umfeld großer Sozialreformer stellen, die sich um einen anderen Umgang mit Geld bemühten und die GLS-Bank[16] in Bochum leiteten. Wir nahmen teil an dem Projekt Bausparen für andere, in dem wir als Hauseigentümergemeinschaft beschlossen, das Eigentum nicht als Spekulationsobjekt zu betrachten, sondern nur als eigenen Lebensraum, solange man darin wohnte. Nach dem Auszug würde der Besitz ohne Gewinn verkauft werden. Auch lernte ich von großen Pädagogen und Künstlern, was es heißt, künstlerisch zu unterrichten.

So! Und jetzt saß ich also hier in Kenia und war ganz und gar auf mich gestellt. Ich folgte dem Ruf, mich einer völlig neuen und umfassenden Aufgabe in einem Niemandsland auf diesem Gebiet zu stellen. Natürlich wollte ich immer schon meine eigenen Ideen verwirklichen und mich daran erproben. Natürlich wollte ich immer schon die weite Welt kennenlernen, aber so radikal war das doch nicht gemeint gewesen! Doch alles Jammern und Seufzen half nichts. Es galt, Pionier zu werden.

Pionier! Aus welchem Holz musste man da geschnitzt sein? Welche Kräfte und Fähigkeiten musste man haben? Das fragte ich mich und ließ verschiedene Begegnungen vor meinen Augen Revue passieren.

Nani Croze, die Schulinitiatorin, war eine Gründer- und Pioniernatur. Sie hatte Fantasie und die Kraft, im Busch eine große Glaswerkstatt mit Bleiverglasung und Buntglas-Tiffany-Glastechnik aufzubauen, sie stellte Glasperlen her, Betonglas, Glasmosaiken, und ihr Sohn erweiterte das Spektrum mit einer Glasbläserei. Nani hatte anfangs überall in der Stadt Recyclingbehälter aufgestellt, in denen sie Abfallglas sammelte, das sie später in ihrer Werkstatt verwertete. Später fing sie an, gebrauchte Bier- und Coladosen zu sammeln und aufgeschnitten als Dachbedeckung wiederzuverwerten. Ihre Fantasie kannte keine Grenzen. Sie beschäftigte fünfzig Menschen und bildete auch Menschen aus. Ein leuchtendes Beispiel für Innovation, Mut und Geschäftstüchtigkeit. Sie hatte eine große Leidenschaft für Tiere, für die Kunst und für den Busch.

Oder die 1996 verstorbene Ruth Schaffner, die drei Jahre im Vereinsvorstand unserer Schule war. Auch sie kam im hohen Alter von sechzig Jahren mit ihrem westafrikanischen Mann aus freien Stücken nach Kenia. Nach einem sehr bewegten Leben, als Deutsche in New York groß geworden, lebte sie als Fotografin und Frau eines Malers zehn Jahre in Paris und landete schließlich als Witwe in Los Angeles. Dort gründete und führte sie mit Erfolg eine Kunstgalerie. Als sie diese verkauft hatte, zog sie nach Kenia, um mit diesem Geld in Ostafrika Künstler zu entdecken und zu fördern! Kurz vor ihrem Tod erzählte sie mir, dass ihr jetzt doch das Geld ausgegangen sei, obwohl sie gehofft hatte, es würde gerade bis zu ihrem Tode reichen. Sie war eine

Unternehmerin mit großer Kunst- und Menschenkenntnis. Sie gründete und leitete die Watatu Gallery im Herzen Nairobis, die erste und größte Kunstgalerie, die regelmäßig Ausstellungen abhielt und erfolgreich die Presse und Öffentlichkeit mit einbezog, Kataloge herausgab und vor allem junge Künstler förderte. Waren vor ihrem Wirken in Nairobi in internationalen Katalogen keine ostafrikanischen Künstler vertreten, so zogen nun einige davon in die Weltszene ein! Einhundertfünfzig ostafrikanische Künstler wurden von ihr gefördert. All das erzählte sie auf meine Anfrage und belegte es mit Zeitungsartikeln und Kunstkatalogen. Sie war eine Freundin der Waldorferziehung – aber nicht des malerischen Ansatzes, wie sie uns ausdrücklich mitteilte! Sie brachte ein Pflegekind, John, zu uns und kümmerte sich darum, dass über ihren Tod hinaus für seine Schulgebühren gesorgt wurde. Auch sie war eine Frau, die ich zutiefst schätzte und bewunderte. Sie hatte eine große Leidenschaft für Kunst und für das verborgene künstlerische Potenzial in jedem Menschen.

Dann wieder las ich eines der Bücher der ersten europäischen Siedler und Farmer, gegen welche Widerstände sie sich ihren Lebensraum erobern mussten. Welche Mühsal und welche Opfer nahmen sie auf sich, bis sie schließlich ihr Heim gebaut, ihr Land erfolgreich bestellt und sich einen Lebensunterhalt erkämpft hatten! Inzwischen zählen ihre Villen und Gartenanlagen zu den schönsten, sind ihre Farmen und Feriendomizile an den herrlichsten Plätzen Kenias. Ihre Kinder besuchen die besten und teuersten Privatschulen – Schulen, die selbst im Vergleich mit den Privatschulen in England bestens abschneiden. Sie wachsen in einer Welt der Privatflugzeuge und Geländewägen auf. Schießen, Tiefseefischen, Golfen, Polo, Rallyefahren und abenteuerliche Safaris sind gängige Hobbys, vor Kurzem auch noch Großwildjagden. Sie lieben den Busch, die Wildnis, die Tiere und das abenteuerliche Leben auf großem Fuß. Das waren ihre Leidenschaften und ihre Triebfedern.

Zu den Pionieren gehören auch große Tierforscher und

-schützer. Sie zählen die Vogelarten am Lake Naivasha, ziehen erfolgreich Elefantenwaisen auf, setzen sich gegen Wilderer ein, beobachten die letzten freilebenden Schimpansenherden und informieren die Umweltschützer weltweit. Sie sind zum Teil die stärkste Lobby Kenias für wilde Tiere und Umwelt. Sie helfen sich gegenseitig, gehören zusammen und halten die Stellung in einem Land voll politischer Ungewissheit, auf einem Kontinent ohne Zukunft, im Parlament nur durch einen weißen Abgeordneten vertreten.

Mut musste man haben als Pionier, das war keine Frage. Eine Vision musste man auch haben, ein Ziel, mit dem man leidenschaftlich verbunden war. Und auf dem Weg dorthin musste man jede Menge Durchhaltevermögen beweisen, keine Mühsal und keine Opfer scheuen. Dazu brauchte man aber auch Kraft, äußere und innere Kraft, vor allem aber innere, nämlich Glaubenskraft. Den Glauben an sich und an die Idee der Sache, um Scheitern und eigene Fehler auszuhalten. Die äußere Freiheit musste in Deckung kommen mit errungener innerer Freiheit, denn man kann sich auf niemanden und nichts stützen, auf keine Meinung, keine Autorität, keinen Lehrer. Die Verantwortung für jede Entscheidung trägt man selbst. Mir wurde ganz schwindelig bei dieser Bestandaufnahme. Und dennoch: Ist nicht jeder Mensch auf diese Weise Pionier? Pionier einer neuen Freiheit und eines neuen Selbstverständnisses? Treffen nicht alle diese Eigenschaften auf jeden modernen Menschen zu, der seinem eigenen, inneren Stern folgt, ganz egal wohin?

Eine schwerwiegende Entscheidung

Viele Gedanken gingen mir durch den Kopf. Immer wieder versuchte ich zu verstehen, was sich durch meinen Umzug nach Afrika mit mir und in mir abspielte. Dieses erste Jahr in Kenia hatte mich sehr gefordert. Am meisten litt ich unter der menschlichen Isolation. Ich vermisste meine Freunde, Kollegen, Verwandte, Gesprächspartner und meine vertraute Umgebung. Ich kämpfte mit aufsteigenden Depressionen. Zum Glück war Vojko da. Aber wie weit konnte er mir all das Vertraute und Nährende ersetzen? Er stellte sich ganz in den Strudel der Anforderungen und kam auch selber an seine Grenzen. Er fing zusehends an zu rotieren, und ich glaubte wahrzunehmen, wie er immer gereizter reagierte. Wir waren nicht wachsam genug, darauf zu achten, dass eine persönliche Beziehung neben der geschäftlichen gepflegt werden will und dass man sehr achtsam mit den eigenen Bedürfnissen umgehen sollte. Zu sehr wurden wir vom Alltag gefangen genommen, der uns in seinem Bann hielt. Äußere Pflichten und Notwendigkeiten hatten immer Vorrang.

Genau ein Jahr vorher, vor meiner endgültigen Abreise nach Afrika, in München, konnte ich meine Tränen nicht aufhalten. Eine Ahnung überkam mich damals, dass dunkle Wolken an meinem Lebenshorizont heraufziehen würden. Was hatte ich mit Afrika zu tun? Meine spontane Reaktion auf die Anfrage von Krauch war, wie ich schon schilderte: «Das wäre vielleicht etwas für meinen Mann.» Vojko hatte als Student in Kamerun an einem pädagogischen Projekt teilgenommen. Danach hatten wir uns in dem Nachbesprechungsseminar an der Pädagogischen Hochschule zum ersten Mal getroffen. Ich selbst hatte bis dahin keinen bewussten Bezug zu Afrika und musste sogar auf der Karte nachsehen, wo Kenia genau lag. Vojko aber kam in Kenia an und fühlte sich wohl. Das Klima tat ihm gut – er war seither frei von seinen rheumatischen Schüben. Das allein war Grund genug, hier zu bleiben. Denn Morbus Bechterew ist keine Krankheit zum Spaßen, da sie Schub für Schub zu einer Versteifung und Verkrümmung der Wirbelsäule führt. Die Ärzte sind hilflos und können nur mildern, nicht heilen – herbe Aussichten für sein Alter.

«Am besten freunde ich mich mit der Tatsache an, dass wir länger in Kenia leben werden», dachte ich schmunzelnd. Die Aufgabe war groß genug, um uns eine Weile zu beschäftigen, und wir waren ein ideales und gut eingespieltes Team. Meist hatten wir eine ähnliche Sicht der Dinge und konnten uns schnell einigen. Wir waren beide tatkräftig, eifrig und konnten uns ganz einer Sache hingeben. Wir waren auch flexibel, was die persönlichen Bedürfnisse anging, und konnten uns einer Situation anpassen. Das war die Stärke unserer Beziehung. Ja, die Entscheidung, mich mit Vojko zu verbinden, fiel damals, als wir vor Jahren in den italienischen Alpen bergwandernd manche Herausforderung meisterten und uns als Team bewährten. Ob wir aber wirklich als Mann und Frau zusammengehörten, darüber hatte ich – trotz warmer Gefühle – lange meine Zweifel. Gegen leise Einwände meiner inneren Stimme hatte ich Vojko vor sechs Jahren geheiratet. Wie recht sie damals hatte, diese innere Stimme, wurde mir erst viele Jahre später klar. Vorerst hatten wir hier in Afrika etwas gemeinsam zu erledigen.

Von dem Verkauf unseres Hausanteils in Deutschland hatten wir Geld auf dem Konto. Sollten wir vielleicht hier investieren? Vojko meinte, er habe ein wunderschönes Stückchen Land entdeckt, keinen Kilometer östlich der Schule gelegen. Einzelne alte, hochgewachsene Crotonbäume[17] gruppierten sich darauf um eine frei gelegene Felsplatte, die in der Regenzeit die Impalas zum Salzschlecken anlockte. Es lag erhöht, mit freiem Blick in alle Richtungen, und reichte im Norden zum Park hin zur Massai Lodge Road hinunter, einen kleinen jahreszeitlichen Fluss mit einschließend. Mein Herz lachte. Das klang gut. Sobald es etwas zum Planen, Träumen und Hoffen gab, wurde meine Bedrückung wieder weggeblasen.

3. AUFBAU UND KRISE

Ein ungewisser Anfang

Umzug an die Schule

Kaum zurück von der Küste, zogen wir im August 1991 in das erste Schulgebäude an der Massai Lodge Road um. Mit unseren eigenen Siebensachen, die sorgfältig im VW-Bus verstaut wurden – wir hatten nur ein Bett, einen Tisch und zwei Stühle –, tuckerten wir vom gemieteten Kindergartenhäuschen feierlich auf «unser» Schulgrundstück, zu «unserem» selbst erstellten Mehrzweckhaus. Wir freuten uns wie kleine Kinder und versuchten zu ignorieren, dass es weder fließendes Wasser noch Strom gab und dass das graue Steingebäude noch eher einer Baustelle als einem Haus glich. Stattdessen sahen wir diesen herrlichen weiten Himmel, das freundlich flutende Morgenlicht, das wogende hohe Gras des weiten Landes und fühlten uns vom Leben reich beschenkt. Das doppelstöckige Haus war spiegelbildlich angelegt, hatte zu ebener Erde die Küche und zwei jeweils dreißig Quadratmeter große, längliche Räume zu beiden Seiten. Sie waren so versetzt, dass sie nach Osten bzw. nach Westen mit je einer Veranda verbunden waren. Von beiden Veranden hatte man Zugang zu den Räumen. Zwischen den Räumen waren zwei Toiletten mit Waschmöglichkeit, die man jeweils von einem der Räume und von einer Veranda aus erreichen konnte. Die Räume darüber sollten über Leitern von innen und über Holztreppen von außen zugänglich sein. So würden die in sich abgeschlossenen Räume vielseitig nutzbar sein, ebenerdig überwiegend als Klassenräume und unter dem Dach privat oder als Schlafräume für die späteren Internatskinder.

Wir bezogen zwei Räume mit eigener Toilette unterm Dach – welch ein Luxus! Auf einer außen angelegten Holzleiter, die man nachts wie eine Zugbrücke einziehen konnte, ging es auf und ab, hinunter meist mit leeren Eimern und hinauf mit vollen, die aus einem unterirdischen Regenauffangtank unter der Küche gespeist wurden. Bis zur nächsten Regenzeit musste ein Tanker aus der Stadt den Auffangtank mit gekauftem Stadtwasser füllen. Später sollte über einen Hochtank außerhalb des Hauses genug Druck erzeugt werden, um das Wasser aus den Leitungen fließen zu lassen. Ums Haus herum lag noch jede Menge Bauschutt, die Veranden waren noch nicht gepflastert, die vom Bau aufgebrochene und aufgewühlte schwarze Erde war ums Haus herum schutzlos der Sonne ausgesetzt. Gleich neben dem Haus standen Materialien für den Bau von vier kleinen «Rondavels» bereit, runden Ein-Raum-Hüttchen für Gäste und Mitarbeiter. Die zweihundert, vor der letzten Regenzeit im April gepflanzten kleinen Bäumchen ragten dünn und vom Wind zerzaust aus dem Boden, jedes einzelne war mit kunstvoll verknüpftem und verschlungenem Stacheldraht vor den Tieren geschützt. Noch war der Maschendrahtzaun ums Grundstück nicht fertig, aber dafür waren schon Hunderte von Setzlingen gepflanzt, die zu einer dornigen immergrünen Hecke heranwachsen sollten. Die Szenerie sah noch ziemlich trostlos aus.

Die Nachbarn meldeten wieder einmal erhöhte Alarmbereitschaft in der Nacht. Bei zweien hatte man versucht einzubrechen. Nun, bei uns war wirklich nichts zu holen, und dennoch beruhigte es uns, nachts einen mutigen «Krieger» vor der Tür Wache halten zu wissen: Unser erster «watchman» – Nachtwächter – war ein bildschöner Samburu-Jüngling, der einem mit den Massai verwandten Stamm aus dem Norden Kenias angehörte. Dank seines Nebelhorns konnte er tatsächlich einige dubiose Nachtgestalten verjagen. Doch einen eingefleischten Nomaden hält es nicht lange an einem Ort. So war er bald wieder über alle Berge.

Pläne schmieden

Konnte man auch abends bei Kerzenlicht nicht viel sehen, so schmiedeten wir doch gerne und ausführlich Pläne. Wider Erwarten hatte Ole Pascha, der Besitzer des umliegenden Landes, sogleich eingewilligt, uns das Stück Land, das Vojko auf einem Spaziergang etwa achthundert Meter östlich des Schulgrundstückes für uns entdeckt hatte, zu verkaufen. In einer für kenianische Verhältnisse atemberaubenden Geschwindigkeit wurde es abgesteckt, vermessen und der Kaufvertrag notariell unterschrieben. Schon konnte ich anfangen, mir über die Gestalt unseres zukünftigen privaten Hauses Gedanken zu machen. Wann gebaut werden sollte, stand noch ganz offen. Vorerst musste die Schule zweckmäßig und funktionsgerecht auf- und ausgebaut werden. Da wir außerhalb der Stadtgrenze Nairobis waren, unterstanden wir nicht den strengen Schulbauregeln des City-Councils – zum Glück. Danach mussten zum Beispiel alle Wege zwischen Gebäuden und Räumen überdacht und jede Menge Toiletten für Männer und Frauen, Jungen und Mädchen mit Wasserspülung gebaut werden. Dennoch sollten wir einen Gesamtbauplan erstellen, der den Bedürfnissen einer Schule gerecht würde, damit einer späteren Registrierung durch die Schulbehörde nichts im Wege stünde. Vom Schulvorstand und den interessierten Eltern abgesegnet, wurde schließlich beschlossen: Die für eine Grundschule benötigten acht Klassenräume und ein Zusatzraum mit Toiletten und unterirdischen Regenwassertanks sollten nach und nach in drei leicht gerundeten, ebenerdigen Gebäuden erstellt werden. Sie sollten so angeordnet werden, dass dazwischen ein Pausenhof entstand und jeder Klassenraum nach außen einen eigenen kleinen Schulgarten hatte. Das erste Gebäude sollte möglichst bald in Angriff genommen werden.

Geplant war auch, dass unsere Schule bis zur achten Klasse Jahr für Jahr mit einer neuen nachkommenden Jahrgangsstufe wachsen würde und die Schüler dann erst auf eine weiterführende

Schule ihrer Wahl wechselten. Dies war ein ehrgeiziges Ziel, hieß es doch, dass wir kenianischen Kinder ermöglichen wollten, in die Oberstufe des kenianischen 8-4-4-Systems einzusteigen, mit allen dazu nötigen Prüfungen, und den anderen Kindern den Eintritt in eine ausländische Schule, je nach Wunsch der Eltern. Wie das konkret zu bewerkstelligen war, wussten wir damals jedoch nicht.

Mit solchen Plänen im Kopf wurden Vojkos Schüler am ersten Schultag im September begrüßt und der neue Klassenraum feierlich eingeweiht. Unser kenianischer Schulkoch, ein Schülervater, zauberte auf einer improvisierten Kochstelle unter freiem Himmel – die Schulküche war ja auch noch nicht fertig – jede Menge Pfannkuchen, und die wenigen Eltern sangen und rezitierten mit uns für die Kinder, trotz Wind und Staub, aus voller Kehle. Auf die rechte Begeisterung kam es eben an, nicht wahr?

Ein Tauziehen mit der Bank

Der Alltag begann. Die verschiedenen Räume wurden gestrichen und lasiert, ein kleines Büro- und Gästeräumchen eingerichtet und die Schulküche fertiggestellt, die Veranden wurden gepflastert und überdacht. Für Januar waren zwei Internatskinder angemeldet worden, also mussten zwei Räume als Internatsräume hergerichtet werden. Und so gab es um den Unterricht der acht Kinder herum ein geschäftiges Werkeln und Treiben. Eines Tages bekamen wir unerwarteten Besuch.

Ein Bankangestellter lief mit Papier und Stift übers Gelände und sah sich alles genau an. Auf unser Nachfragen erklärte er, dass seine Bank das Grundstück schätzen lassen wolle, um es zu verkaufen. Der Voreigentümer hatte auf das Grundstück einen Kredit aufgenommen, und die Bank besaß nun die Grundbucheintragung als Pfand. Wir waren wie vom Blitz getroffen und glaubten unseren Ohren nicht zu trauen. Als das Schulgrundstück angezahlt und der Kaufvertrag unterschrieben worden war, wussten wir nicht, dass der deutsche Eigentümer bereits die Grundbucheintragung gegen einen Kredit bei der Bank hinterlegt hatte. Ein innerer Film lief vor unseren Augen ab: Auszug aus der Schule, alles Geld verloren und vertan – was würden die Freunde im Ausland dazu sagen? Was für eine dilettantische Schulführung! Man konnte uns nicht vertrauen! Die ganze erste Waldorfschulgründung in Äquatorialafrika wäre geplatzt, auf wer weiß wie lange Zeit! Es folgten schlaflose Nächte, viele Rechtsanwaltsbesuche, Gerichtsvorladungen und eine dreijährige Ungewissheit, wie die Sache ausgehen würde. Unsere Nerven wurden ziemlich strapaziert, denn die Bank rückte die Grundbucheintragung einfach nicht heraus. «Aussitzen» war also unsere Devise, und sie führte schließlich nach drei Jahren zum Erfolg. Ein kenianischer Rechtsanwalt half uns bei den Verhandlungen ganz außerordentlich, sodass Vojko jedes Mal bereichert von den Besuchen bei ihm zurückkam. Er war beeindruckt von dessen freundlicher, diplomatischer und dennoch stolzer und konsequenter Art, mit Menschen und Konflikten umzugehen.

Freunde und Finanzen

Hinter der Bühne

Der Schulbetrieb lief natürlich trotz allem weiter. Gleichzeitig wurde gebaut und weiter investiert. Woher das Geld dazu kam, war jeden Monat eine spannende Frage. Überlebensnotwendig war deshalb die Pflege eines internationalen Freundeskreises. Nicht nur die meisten Investitionsgelder kamen nämlich aus Europa, vor allem aus Deutschland, sondern auch Patenschaftsgelder und die Einnahmen über den Handel mit kenianischen Kunsthandwerkartikeln. Letzterer deckte einen

Großteil unserer laufenden Kosten in den ersten Jahren ab. Für all diese Freunde wurden regelmäßig Berichte geschrieben, ein Jahresheftchen auf Deutsch und Englisch angefertigt und viele Fotos geschossen. Zu den wichtigsten Sponsoren zählten der «Daraja-Verein» – auf Kiswaheli «Brücke», von Eltern meiner ehemaligen Klasse im Ruhrgebiet aufgebaut und betrieben, der später von einer starken Gruppe abgelöst wurde, die sich in Frankfurt um Krauch gebildet hatte und den Förderverein der Rudolf Steiner Schule Nairobi gründete. Die Bewegung «Freunde der Erziehungskunst», eine internationale Spendenorganisation, stand uns stets treu und hilfreich zur Seite, auch der Entwicklungshilfefonds der Treuhandstelle Bochum. Auch wurde «Sanduko ya ndege»[18] von Freunden in Dänemark gegründet. Natürlich gab es auch viele Einzelspender und zahlreiche Paten. So wie die Einnahmen über den Handel wegen allgemeiner Marktsättigung allmählich abnahmen, so nahmen die Patenschaftsgelder über den Entwicklungshilfefonds durch den Einsatz unseres guten Freundes Walter Burkart zu. Internationale Konferenzen in Dornach (Schweiz) wurden besucht und die Kontakte zum Zentrum der Waldorfbewegung gepflegt. In unserer isolierten Lage war diese Anbindung besonders wichtig.

Jedes Jahr ging ich in einer der Schulferien auf Reisen in Deutschland, Holland, Dänemark, Schweiz, später auch in die USA, um zu berichten und Freunde zu gewinnen. Vor allem mussten wir ehrenamtliche Verkäufer für unseren kleinen Handel finden. Jeder Erstverkauf auf einem Weihnachtsbasar einer Waldorfschule brachte in den ersten Jahren etwa zweitausend Mark Umsatz, zwei Drittel davon waren Gewinn. Bei fünfzehn bis zwanzig Schulen kam dabei schon eine beträchtliche Summe zusammen. Auch wurde unsere Arbeit über die Verkäufe bekannt. Diese Reisen waren eine schöne Bereicherung für mich, aber Erholung war es kaum, denn nebenbei mussten viele verschiedene Dinge besorgt und erledigt werden. Wir reisten immer mit Zusatzgepäck zwischen fünfzig und siebzig Kilogramm zurück nach Kenia, über das wir mit den Fluggesellschaften verhandeln mussten. Darüber hinaus durften wir uns begleitet wissen von Krauch, der jedes Jahr zu Besuch kam, mitunter mit seiner Frau oder mit Edwin Hübner, einem befreundeten Kollegen aus Frankfurt.

Händel um den Handel

Für unseren kleinen Dritte-Welt-Handel wurde einmal im Jahr vor Ort eingekauft. Auch hierbei galt es wieder, den lokalen Markt zu erforschen. Welche Produkte würden sich gut verkaufen lassen und gleichzeitig guten Gewinn abwerfen? Denn nicht das Leben einer Familie musste davon finanziert werden, sondern die Existenz einer ganzen Schule stand auf dem Spiel. Ist gute Qualität bei einer Großbestellung gewährleistet, oder läuft man Gefahr, eine Menge Ausschuss zu bekommen? Würde man von diesen Artikeln nachbestellen können? Ließen sie sich gut verschicken, oder waren sie zu schwer oder gar zerbrechlich?

Zum Glück fand ich bald auf dem City-Markt «meine» Mama Njeri, eine Kikuyu-Händlerin. Sie wusste ihre Energie unermüdlich und gelassen einzusetzen, um zu leben und genügend Gewinn zu machen, denn sie musste allein ihre fünf Kinder in Nairobi großziehen. Sie hatte einen kleinen Stand mit Mitbringseln – am «blauen Markt», so genannt, weil er aus Hunderten von blau angestrichenen Holzbuden bestand. Sie reiste tief ins Hinterland, um günstig gute Ware zu bekommen, stellte auch das eine oder andere Schmuckstück selbst her und wusste immer zur rechten Zeit, was die Kundschaft gerade suchte und wie viel sie bereit war zu bezahlen. So gewann sie mich mit unserem Handel als treue Kundin und auch andere in Kalifornien und Japan. Ich war immer wieder erstaunt, wie sie das nur machte. Selbst nach dem für all die Hunderte von Händlern und kleinen Kunstmaklern schrecklichen Einbruch, als die Regierung den «blauen Markt» über Nacht niederreißen und abbrennen ließ, fand sie schnell wieder eine kleine provisorische Bleibe. Es dauerte kein Jahr, und Mama Njeri war wieder mittendrin in einem kleinen Stand auf der anderen Seite des City-Marktes.

Allmählich fanden sich neben dem Einkauf bei meiner Mama Njeri einige andere Kleinkunsthandwerker, die in Frage kamen. Die Bestellung wurde gemacht, die Ware im günstigsten Fall abgeholt – oft mit beträchtlicher Verspätung –, zu Hause ausgepackt und auf die Qualität hin geprüft, schlechte Ware wieder zurückgebracht und verrechnet, die gute Ware einzeln verpackt und beschriftet, Listen geführt und schließlich alle Papiere für die Fracht fertiggemacht. Natürlich brauchte man für all dies eine Firma und eine ordentliche Buchführung, die jährlich vom Rechnungsprüfer bestätigt wurde. Wie unendlich viel Kleinkram und Bürokram war damit verbunden, bis endlich die zweihundert Kilogramm am Flughafen übergeben waren! Danach begann die Arbeit für unsere deutschen Freunde.

Puppen und mehr

Einen beträchtlichen Teil der Ware stellten die Produkte aus der eigenen Schulwerkstatt. Von Anfang an hatte ich Milkah, eine junge kenianische Näherin, an der Schule eingestellt, die mit mir Stoffpuppen entwickelte, von denen sie jeden Monat sechzig Stück herstellte. Ein ganz bestimmter Trikotstoff als Puppenhaut wurde gebraucht, den es nur bei einem bestimmten Textilwarenhändler in der Biashara Street gab. Bei jedem Einkauf bangte ich, ob er ihn noch hatte. Der Stoff wurde auf ein schönes Mokkabraun eingefärbt und dann verarbeitet. Nach und nach kamen zwei weitere Mitarbeiter hinzu, die Stoffgiraffen und Stoffelefanten herstellten, wieder nach wochenlanger Entwicklung eines Modells.

Schwierig war immer wieder, den Qualitätsstandard zu halten.

In Kenia sind gerade Nähte «nicht soooo wichtig». Dass der Faden möglichst dieselbe Farbe haben sollte wie der Stoff, ist auch nicht unbedingt einsehbar, und ob nun exakt vernäht wird oder nicht, das hat auch im Moment keine direkt sichtbaren Folgen. Warum schauen einen die Augen der Puppen aber nicht an? Wo schauen die denn hin? Schlafen oder träumen sie oder haben sie alle einen Silberblick? Die Antworten auf diese Fragen waren aber ganz entscheidend für den Verkaufserfolg, und so steckte ich höchstpersönlich die Augen einer jeden Puppe mit Stecknadeln vor. Schließlich stellten wir zweihundertzehn Artikel jeden Monat her, für die Material eingekauft werden musste, die gelagert, verschickt und von Freunden verkauft wurden. Da keine Händlerlöhne bezahlt zu werden brauchten, brachte uns diese Produktion zuletzt etwa viertausend Mark Gewinn jeden Monat. Milkah und ihr Team waren selig. Sie freuten sich nicht nur über ihren vergleichsweise guten Verdienst, sondern auch über den Anklang, den ihre Arbeit fand, über unseren Verkaufserfolg zugunsten der Schule.

Vor Ort wurde auch Fund Raising gemacht, aber leider mit sehr mäßigem Erfolg und mit einem eher symbolischen Charakter, denn hier fehlte uns der Kontakt zur wohlhabenden Schicht. Auf unserem jährlichen Schulsommerfest wurden Tombolas und Auktionen veranstaltet, und die Deutsche Botschaft gab uns wohlwollende Geschenke zur Eröffnung. Vielleicht kamen auch über Nanis Ehemann und Schulvorstandsmitglied, Frank, und seine Beziehungen als Rotary-Clubmitglied einmal tausend Mark der Schule zugute. Das war's aber auch schon.

PÄDAGOGISCHE FRAGEN

Das Ringen der Lehrer

All diese Aktivitäten wurden neben dem laufenden Schulbetrieb mit viel Mühe und allen nur denkbaren Fehlschlägen zum Trotz aufgebaut. Inzwischen war es Januar 1992 – zum letzten Mal begannen wir das Schuljahr im Januar, bevor wir auf Wunsch der Eltern das Schuljahr wie alle internationalen Schulen im September anfingen. Eine weitere erste Klasse mit fünf Kindern war hinzugekommen, die ich unterrichtete. Eine kenianische Kollegin wurde als Internatsmutter und Handarbeitslehrerin eingestellt und ein Kiswahelilehrer als Teilzeitkraft gefunden. Unseren alten Kindergarten an der Magadi Road betreute für ein Jahr eine holländische Kollegin. Neben der kenianischen Kindergartengehilfin Lucy kam eine weitere Kenianerin, Rose, hinzu. Gemeinsam mit den Kindergärtnerinnen bildeten wir bereits ein kleines Kollegium, das sich, wie die meisten Waldorfkollegen weltweit, jeden Donnerstag zur Lehrerkonferenz traf. Neben unzähligen praktischen und organisatorischen Tagesordnungspunkten studierten wir menschenkundliche Themen, besprachen einzelne Schüler, diskutierten Lehrplan- und Schulabschlussfragen und vieles mehr. Wir versuchten auch, uns künstlerisch zu betätigen, und baten die einheimischen Kollegen, uns ihre Lieder beizubringen, ihre Geschichten zu erzählen.

Sie fanden unseren enthusiastischen Versuch der Kollegiumsbildung und des internen Studiums wohl interessant, konnten aber eigentlich nur mit dem geselligen Aspekt etwas anfangen. Die kenianischen Kolleginnen hatten zwar ein gutes Gespür für die Kinder, sie waren aber jung und unerfahren und aus ihrer eigenen Schulzeit nicht gewohnt, sich aktiv einzubringen, einen Text zu hinterfragen und zu diskutieren. So blieb unser Bemühen meist ein Gespräch zwischen uns drei ausländischen «Experten» – auf Dauer ein ziemlich ermüdendes Unterfangen. Dazu kam, dass wir unter einem vielseitigen pädagogisch-öffentlichen Druck standen. Mussten wir doch zeigen und beweisen, dass unsere Schüler gut lernten und sich bestens entwickelten. Es gab ja in Kenia bisher kein leuchtendes Vorbild an Waldorferziehung, wie in Mitteleuropa, Nord- und Südamerika.

Das hieß auch, dass wir uns eigentlich nicht an den in anderen Ländern bewährten Waldorflehrplan anlehnen konnten, sondern die für Kenia richtige Ausgestaltung finden mussten. Denn anders als bei anderen Schulsystemen gibt es für die Waldorfpädagogik keinen vorgeschriebenen und allgemein gültigen Lehrplan. Es existieren zwar eine gründlich ausgearbeitete Menschenkunde und fortlaufende Forschungsergebnisse auf dem Felde der Entwicklung des Kindes, aber die Umsetzung davon im Unterricht, in den einzelnen Schulen und Klassenzimmern ist in die Verantwortung eines jeden Kollegiums und jeden Lehrers gestellt. Aufgrund der Einsicht der einzelnen Lehrerpersönlichkeit in die konkreten Verhältnisse von Ort und Zeit, der individuellen Klassengemeinschaft und die Kraft seiner Fantasie wird der Lehrplan immer neu geschöpft und entwickelt. In Deutschland kann man dabei als Lehrer auf die Erfahrung der Kollegen zurückgreifen und bekommt viel Unterstützung durch das Kollegium, durch Fortbildungen und Literatur. So wurden Lehrpläne ausgearbeitet, die aber stets hinterfragt und umgestaltet werden müssen. In diesem Lehrplan wird beispielsweise auch der Erzählstoff der verschiedenen Jahrgänge vorgeschlagen. Der inneren Entwicklung und dem inneren Bedürfnis des Kindes entsprechend, werden in der ersten Klasse Märchen erzählt, in der zweiten Fabeln und Legenden, in der dritten Klasse der Erzählstoff des Alten Testamentes, danach die germanische Mythologie, dann die griechische Mythologie und später Biografisches.

Für uns begann nun aber die Frage: Welche Märchen sollten wir in Kenia erzählen? Welche Fabeln und Legenden? Welche

Mythologien? Und wie sehen die entsprechenden Geschichtsepochen aus? Lernen kenianische Kinder anders als englische und deutsche? Wie müssen die Jahreszeiten und die Jahresfeste gestaltet werden? Welches Liedgut sollten wir anlegen? Und vieles mehr. Dies allein wäre Arbeit genug, einen Lehrer nur für diese Forschungsaufgabe freizustellen. Wir mussten hier Kompromisse machen und hoffen, dass im Laufe der Jahre und mit wachsendem Kollegium diese Fragen reifen und immer bessere Lösungen gefunden würden.

Weder Winter noch Sommer

Wichtig war uns, den Jahreslauf mit den Kindern zu gestalten. In allen Kulturen spielten Feste und Rituale eine große Rolle. So auch im alten Afrika. Doch die prägnanten Jahreszeiten Mitteleuropas fehlen in Kenia, wo die nur wenig schwankenden Temperaturen und der gleichbleibende Tageslauf eine monotone, etwas einschläfernde Wirkung aufs Gemüt hat. Tag für Tag geht in diesen äquatorialen Breitengraden morgens um sieben Uhr die Sonne auf, sanft aber zügig, stimmungsvoll den Tag begrüßend. Gegen Mittag steigt sie mit zunehmender Stärke und Schärfe zum Zenit auf. Den Spaziergänger umgibt dann ein gleißendes Licht. Am frühen Abend neigt sie sich und spendet wieder ein angenehmes, freundliches Licht. Die Landschaft wird weicher und schattenreicher, der Himmel ist oft mit feinen Wolken durchzogen. Die Sonne verabschiedet sich mit einem betörenden Farbenspiel und in aller Eile um sieben Uhr abends. Ein überwältigender Sternenhimmel übernimmt die Herrschaft für die nächsten zwölf Stunden, und die Sternbilder ziehen ruhig über den Zenit. Obwohl ich die Wärme und das Licht sehr genoss, so fehlten mir doch die langen, gemütlichen, heimeligen Winterabende, das allmähliche Auftauen der Glieder nach einem frostigen Schlittennachmittag, das Schlendern und Promenieren an lauen Sommerabenden, also gerade der Wechsel. Dieses unendliche Gleichmaß brachte eine gewisse Lethargie mit sich, eine innere Schwere und Unbeweglichkeit. Und doch entdeckten wir feine Gliederungen in diesem Ewig-Gleichen.

Das Vorbereiten von Jahresfesten, das gemeinsame rituelle Feiern und das Ausklingen der besonderen Stimmungen kräftigen und vertiefen das Gefühlsleben der Kinder. Für Kenia mussten wir die Jahresfeste den dort herrschenden Jahreszeiten ablauschen. Der Jahreslauf gliedert sich in eine große und eine kleine Regenzeit, eine lange, heiße und eine kurze, moderate Trockenzeit. Die Temperaturen sind recht unterschiedlich, je nachdem, auf welcher Höhe man sich befindet. Nairobi liegt auf 1.600 Meter Höhe und hat eine maximale durchschnittliche Tagestemperatur von sechsundzwanzig Grad Celsius im März und eine minimale Nachttemperatur von neun Grad Celsius im Juli. An der Küste in Mombasa dagegen sind die Temperaturen durchschnittlich acht bis zehn Grad höher. Mit dem Ostervollmond kommt meist die heiß ersehnte Regenzeit mit einem dramatischen Auftakt. Nach der langen, heißen, staubigen Trockenheit, die einen selbst dürr und trocken zu machen scheint, ballen sich, meist in der Karwoche, heftige Gewitter zusammen. Einmal beobachtete ich, wie drei Gewitter gleichzeitig von verschiedenen Seiten auf uns zukamen, die Wolkentürme wurden von nicht enden wollenden Blitzadern zornig durchzuckt und von dröhnendem Donnergetöse untermalt – ein gewaltiges Schauspiel! Das Prasseln der Regenfälle gleicht einem Sturzbach, und innerhalb der nächsten drei Tage ist die Landschaft von zartem, frischem Grasgrün überzogen. Die Natur führte uns Tod und neues Leben vor Augen, was wir in einem freudigen, fröhlichen Osterfest widerklingen ließen.

Die nächsten zwei bis drei Monate sind durchsetzt mit nächtlichen Schauern. Die Wiesen und Wege sind immer wieder überflutet, die ausgetrockneten Bäche schwellen an, die Tümpel füllen sich, ein enormes Wachstum wird angeregt. Der Juli und der August sind kühl, trüb und bewölkt, aber kaum ein Tag ist ganz ohne

Sonne. Hier hinein legten wir das Fest der Elemente. Mit allen Kindern fuhren wir zum südlichen Fuß der Ngong Hills und liefen eine gemütliche Strecke den sanften Bergrücken bergauf. Zu unserer Linken lag das Rift Valley mit einzelnen Vulkanen groß und majestätisch vor uns, zur Rechten das flache, weite Nairobivorland. Nichts als Weite und über uns der freie Himmel. Ein leichter Wind umspielte uns. Um ein Feuer herum wurde getanzt und gesungen, und unsere mitgebrachten flatternden «Bohnensäckchen» ließen wir um die Wette fliegen. Die selbstgebastelten, mit Bohnen gefüllten und mit Krepppapierstreifen verzierten Stoffsäckchen werden dabei an kurzen Schnürchen befestigt, mit denen man die kleinen Geschosse vor dem Werfen ein paarmal in der Luft kreisen lässt. So gewinnen die Säckchen an Fliehkraft und fliegen auch bei kleineren Kindern erstaunlich weit. Neugierige Massai-Hirten, die unser Bemühen grinsend beobachteten, ließen die ihnen gereichten Säckchen fliegen wie das tapfere Schneiderlein seinen Vogel, und staunende Blicke folgten ihnen.

Im September bringen dann die Winde allmählich Wolken. Gigantische Wolkenriesen türmen sich bedrohlich am Himmel auf. Gleichzeitig kommen aus den Weiten die Tiere in den Park gezogen und versammeln sich dort, um auf den Regen zu warten. Auch wir versammelten uns mit den Kindern im Park und picknickten auf einem dafür vorgesehenen Platz. Um uns herum grasten Antilopen; Giraffen und Zebras ließen sich nicht aus der Ruhe bringen und kamen langsam näher. Ein bisschen Mut mussten die Kinder schon aufbringen, und so machten wir verschiedene kleine, spielerische Mutproben dazu. Dies war unser Michaelifest. Passende Lieder, Verse und Tänze waren immer Teil unserer kleinen Zeremonien.

Im Oktober erweckt die kleine Regenzeit die Erde zu neuem Leben und reinigt die Lüfte, denn im Dezember stellt sich allmählich das besondere Weihnachtslicht ein, das alle Farben steigert und intensiviert. Es wächst und blüht, und die Natur scheint sich zu überbieten. Wirklich konnte man von einem Tag zum anderen fragen: «Hast du es bemerkt? Das Licht? Es ist das besondere Licht gekommen.» Das wurde dann gefeiert und mit den dort üblichen christlichen Vorbereitungen für Weihnachten verwoben.

Im Januar wird die Sonne zunehmend härter, gleißend und unerbittlich und lässt das Grasland immer trockener und staubiger werden. Die Zeit scheint stillzustehen. Vor jedem vorbeifahrenden Auto muss man sich in Acht nehmen, um nicht von der mitziehenden Staubwolke ganz eingehüllt zu werden. Abends sind die Haare braun-rötlich eingepudert. Die Sehnsucht nach Regen wächst – ein Ausharren und Warten auf den Ostervollmond. So rundet sich das Jahr.

Aus Liebe zur Erde

Wie erwähnt, erschien es uns wichtig, den Schülern die Liebe zu ihrer afrikanischen Erde zu erhalten und zu sie pflegen. Jeden Morgen, noch vor Unterrichtsbeginn, versammelten wir uns mit allen Lehrern und Schülern und betätigten uns eine halbe Stunde auf der Farm und in der Schulküche. In kleinen Grüppchen ackerten, säten, pflegten, wässerten und ernteten wir bei stets heiterem, klarem Himmel und Sonnenschein. Ein wunderbarer Auftakt des Tages. Zugleich sollten die Kinder allmählich vertraut gemacht werden mit organischen Anbaumethoden. Ein Unterfangen, das uns alle viel Kraft und Schweiß kostete, aber – wie wir später hörten – einen großen Eindruck auf die ganze kenianische Nachbarschaft machte. Die Kenianer lieben ihre Tiere, ihren Mais, ihre Bohnen, aber sie können keinen Unterhalt mehr daraus ziehen. So wurden die Landarbeiten mehr und mehr zu einem arbeitsintensiven Hobby. Dass weiße Menschen sich damit abmühten, war darüber hinaus ein ungewöhnlicher Anblick!

Vom Boden her hatten wir es mit besagter «Black Cotton Soil» zu tun, einer lehmhaltigen, schwarzen Erde, die sich in der

Trockenzeit zu einer betonharten Masse zusammenzieht, sodass überall Risse entstehen. In der Regenzeit saugt sie sich voll Wasser und verwandelt die Wege, Beete und Äcker in Sumpflandschaften. Jedes Paar Gummistiefel wurde mindestens ein Kilo schwerer, und vor den verschiedenen Räumen türmten sich Berge von Matsch und Schuhen. In den Räumen begann ein wochenlanger Kampf gegen die Vererdung der Fliesenböden. Unsere ausländischen Gäste bewegten sich wie Menschen, die sich in alte Kaugummis gesetzt hatten und nun vergeblich versuchten, die klebrige Masse loszuwerden. Einzige Rettung: Humor!

Andere, in organischem Anbau ausgebildete kenianische Farmer, die auch zugreifen und sich die Mühe machen wollten, auf jungfräulicher Black Cotton Soil und in dem regenarmen Massai-Grasland ohne Bewässerungsanlage eine Farm aufzubauen, schien es nicht zu geben. Es war Knochenarbeit! An eine zupackende Mitarbeit meinerseits war gar nicht zu denken, ich hatte einfach die physischen Kräfte nicht. Dafür setzte ich mich mit den verschiedenen stickstoffbindenden Sträuchern auseinander, die man mit den unterschiedlichen Bewässerungsmethoden immer wieder dazwischen pflanzt. Das israelische Tröpfchen-Schlauch-System hat sich dabei zum Teil bewährt. Von erhöht angebrachten, mit Wasser gefüllten Eimern floss das Wasser in jeweils zwei, mit kleinen Löchern versehenen Schläuchen, die sich durch das Beet schlängeln und nach und nach die Erdoberfläche benetzen. Auch mit Wasser gefüllte Flaschen, die man mit dem Hals nach unten direkt an die zu bewässernde Pflanze in die Erde steckt, erwies sich als eine sinnvolle Methode. Ich war offen für jede Information oder suchte nach Materialien über die verschiedenen Bewässerungssysteme. Das wenigste funktionierte jedoch auf Anhieb, weil die nachfüllenden Wassereimer verstopften, die Löcher in den Schläuchen verklebten, die Schläuche rissen und die willigen Angestellten und Arbeiter nicht gewohnt waren mitzudenken, sondern nur auszuführen. Wollte ich Erfolg sehen, musste ich selbst täglich die Kontrollgänge übernehmen, bis sich später geeignete kenianische Farmmanager fanden.

Die Pflege der Kühe musste auch gelernt sein, um örtliche Krankheiten wie East Coast Fever[19] rechtzeitig zu erkennen und richtig zu behandeln. Einmal mussten wir die Hilfe einer Massai-Nachbarin in Anspruch nehmen. Sie half unserer durch East Coast Fever geschwächten Kuh, die nicht mehr aufstehen konnte, durch spezielle Massagen und Behandlungen mit heißen Eisenstäben wieder auf die Beine.

Dazu kamen die natürlichen Feinde der Landwirtschaft in Form einer Kuhantilope, die Nacht für Nacht über den zwei Meter hohen Zaun sprang und sich an dem frischen Grün labte, die Wildschweine, die ihren Weg unter allen Zäunen hindurch fanden und leidenschaftlich in den Feldern wühlten und buddelten oder die Affen, die sich in nahen Bäumen versammelten und einen günstigen Augenblick abwarten, um die Farm zu überfallen. Einmal wurde eine Raupenplage erwartet, die sich stündlich von Westen her unserer Gegend näherte und bei der die Raupen in kürzester Zeit alles, was noch grün war, abfraßen; etwa zehn Raupen kamen auf eine Fläche von zwanzig Quadratzentimeter und vernichteten die Ernte einer Regenzeit. Eines Nachts war ein einzelner hungriger Löwe auf Jagd und hatte sich den Schulesel auserkoren, der mit einer Bisswunde davonkam, da der Schulnachtwächter rechtzeitig eingreifen konnte.

Einmal, als wir zwar schon einen Zaun hatten, aber noch kein Tor, wurden wir nachts von unserem Nachtwächter geweckt – ein Nashorn labte sich an unserem Mais. Die auf dem Schulgrundstück lebenden Mitarbeiter hielten sich in respektvollem Abstand und versuchten durch allerlei Geräusche, Schlagen auf Blecheimer und Ähnlichem, den Eindringling zu verjagen. Umsonst. Vojko sprang in den alten Jeep und fuhr damit durchs Feld, das zögernde Nashorn langsam vor sich her zum Ausgang treibend. Am nächsten Abend wurde die Einfahrt notdürftig verbarrikadiert. Eine Woche später graste dasselbe Nashorn tagsüber friedlich zwischen dem Schulzaun und Ole Paschas Häuschen. Die Parkrangers wurden gerufen, und zu unser aller großen Überraschung hörte das gefährliche Tier auf den Namen Sammy, als es ihrem Ruf folgte. Er war als verwaistes Nashornbaby in Daphne Sheldricks[20] Tierpflege- und Aufzuchtheim am Park gebracht worden und später in die Wildnis reintegriert worden. Kein Wunder also, dass es so zahm und menschenfreundlich war.

All diese «Extras», neben dem reinen Lernstoff, wurden von den Eltern und Nachbarn mit leichter Verwunderung, aber auch mit großem Interesse verfolgt. Bald wusste man über uns ein wenig Bescheid, und schon tauchten neue Eltern auf.

Eltern und Schüler

Familie Kungu

Ich werde nie vergessen, wie ich mir eines Tages auf der Schulfarm die neu gepflanzten Bäumchen ansah und eine Stimme rufen hörte. Auf der anderen Seite des Zaunes stand eine Kenianerin mit Kopftuch und einem kleinen Sohn an der Hand, ihre Finger am Maschendraht eingehakt. In sehr einfachem, gebrochenem Englisch teilte sie mir ihr Interesse an der Schule für ihren kleinen Sohn Benson Kungu mit, der in die zweite Klasse gehe und sehr unglücklich sei. Er war anfangs einer der besseren Schüler, fiel dann aber in kürzester Zeit in das letzte Viertel der Klassenrangliste zurück. Er stotterte nur noch und zog sich ganz zurück. Die Mutter war eine einfache, aber sehr tüchtige Frau und Benson ihr siebtes und jüngstes Kind. Sie schaute sich die Schule kurz an, und als sie hörte, dass die Schulgebühren individuell besprochen werden könnten, je nach Möglichkeiten der Eltern, war sie zufrieden und hatte ihren Entschluss schon gefasst: Das ist eine gute Schule für mein Kind. Nun wollte sie noch ihren Mann zu uns schicken. Wenige Tage später stand Mr. Kungu vor der Tür, ein hagerer und sehr ehrwürdig erscheinender Kikuyu-Buchhalter in uraltem, zerschlissenem Anzug. Auch er fasste irgendwie Vertrauen zu uns – woher nur? Unsere Schulbaustelle konnte es jedenfalls nicht sein, die Hintergründe unseres Erziehungsansatzes auch nicht. Und doch musste er instinktiv fühlen, dass er es hier mit unerschütterlichen Idealisten zu tun hatte, die es ehrlich und ernst meinten und alles einsetzten, um den Kindern zu helfen.

Kungu war ein weiser Herr und hatte schon sehr viel in seinem Leben erlebt. Er hätte sicherlich ein Buch über die Entwicklung Nairobis im 20. Jahrhundert schreiben können. Was haben wir gelacht, als er und seine Frau viel später auf unserer Farm einmal unsere Abendgäste waren und Kungu anfing zu erzählen! Jedes einzelne Ereignis wurde mit einer Jahreszahl belegt, so genau und akkurat wie ein Geschichtslexikon. Dabei wurde seine Zunge durch ein paar Bierchen immer gelöster, und seine humorige Erzählfreude nahm kein Ende. Was für ein Original! Seine Mutter musste ungefähr 105 Jahre alt sein, denn es gab sichere Hinweise, dass sie schon 1888 gelebt hatte.

Mr. Kungu sollte als Schulbeitrag seine buchhalterischen Fähigkeiten einbringen. Mit ihm zog Ordnung in unsere Zahlen ein, allerdings auf eine Weise, die für jeden Laien ein Buch mit sieben Siegeln blieb. Bald war er unentbehrlich, und da er pensioniert war und genügend Zeit hatte, sah man ihn schließlich täglich auf der Staubstraße langsamen Schrittes zur Schule kommen und im Schulbüro sitzen. Mit stoischer Ruhe, eisern und eifrig, erklärte er uns seine Zahlen immer wieder und wieder, bis wir aufgaben und nur noch nickten. Hauptsache, die Rechnungsprüfer konnten damit etwas anfangen. Kungu wurde ein Teil der Schule und ein Teil unseres kenianischen Lebens. Uns treu ergeben, machte er später auch unsere private Buchhaltung und die unserer diversen Aktivitäten. Da wir finanziell zu kämpfen hatten, tat er es für ein kleines Entgelt. Ich denke, wir sind in seiner Schuld geblieben. Mr.

Kungu war einer der wenigen starken und ehrlichen Charaktere, denen wir immer vertrauen konnten. Vielleicht war es das, was unsere Beziehung so stark machte und die Schullaufbahn seines Sohnes letztlich so erfolgreich.

Benson kam und war glücklich. Wir ließen ihn ganz ruhig und friedlich in seiner Bank sitzen und «störten» ihn kaum, denn er war ganz Auge und ganz Ohr, aber eben auch ganz stumm. Er hatte diesen tiefen, warmen und träumenden Blick, der alles aufnahm. Alles schien jedoch in endlose Seelentiefen zu sinken, um nie wieder in Erscheinung zu treten, nie wieder erinnert zu werden. Natürlich legten wir großen Wert auf Gedächtnispflege durch Rezitieren, Nacherzählen von Geschichten und Wiederholen des Gelernten, aber das geschah täglich in der Klassengemeinschaft und nicht über Prüfungen und Noten. Das Heraufholen der Lerninhalte geschah auch durch Zuhören. So lernen sensible und träumende Kinder wie Benson am besten und am nachhaltigsten ohne Druck und ohne Angst zu versagen. Jahre später lösten wir Vojkos Klasse nach dem sechsten Schuljahr auf. Der Grund war zwar, dass wir nicht genügend Lehrer fanden, aber wir konnten aus der Not eine Tugend machen, denn auf diese Weise wurden unsere Schüler durch den frühzeitigen Wechsel ins kenianische System besser auf die Prüfungen am Ende der achten Klasse vorbereitet, von deren Ergebnis die Aufnahme in eine weiterführende Schule abhing. Benson fand einen Platz in einer kenianischen Schule, obwohl er die Aufnahmeprüfung kaum bestand. Von Trimester zu Trimester konnte er sich immer besser in dieses ihm so fremde Lernsystem einfügen und war bald wieder im ersten Drittel der Klassenrangliste. Dies ist eine erstaunliche Leistung. Anscheinend vermochte er in dem druck- und angstfreien Rahmen unserer Schule Kräfte zu sammeln, die schließlich zum Tragen kommen konnten. Benson besucht heute ein College für Buchhaltung, möchte aber danach Bauingenieur werden. Er steht hier stellvertretend für einige andere Schüler, die als Spätentwickler im kenianischen Schulsystem ausgesondert worden wären.

Ruth und Theresa

Ein anderes Mal kam eine ältere weiße, zarte Dame – die schon erwähnte deutschstämmige Kosmopolitin Ruth Schaffner – in Begleitung einer ugandischen Frau, ihres Fahrers und eines siebenjährigen, sehr dunkelhäutigen Knabens an die Schule. Frau Schaffner fragte mit ihrer dunklen, etwas rauchigen Stimme, ob sie John, den Sohn ihrer Hausangestellten und ihres Stiefsohns, der sich jedoch aus der Verantwortung gezogen habe, auf unsere Schule geben könne? Er sei allerdings etwas schwierig, da er bisher wenig mit Kindern zu tun gehabt hatte, sondern fast ausschließlich mit Tieren. Er sei nicht besonders umgänglich. Sie persönlich werde für die Schulgebühren aufkommen. Ja, über Waldorfpädagogik wisse sie Bescheid, schon als Heranwachsende habe sie, als sie in Manhattan lebte, Kontakt zu dem Gründerkreis der New York Waldorf School gehabt. Sie sei durchaus davon überzeugt, nur den malerischen Ansatz finde sie völlig unkünstlerisch und dilettantisch. Da gebe es doch ganz andere Kunstpädagogen wie beispielsweise Theresa Musoke, die Ugan-derin, die sie hier mitgebracht habe. Sie biete samstags Malen für Kinder an, und Johnny zaubere unter ihren Augen die schönsten Bilder hervor. Wir horchten auf und statteten Theresa bald einen Besuch ab, ein Besuch mit langfristigen Folgen. Sie wurde freie Mitarbeiterin unserer Schule und später auch Patentante unseres Sohnes. Theresa Musoke ist eine begnadete Pädagogin und eine wunderbar moderne, emanzipierte Frau. Sie erinnerte mich ein wenig an Whoopie Goldberg[21]. Wir konnten sie gewinnen, an unserer Schule projektweise mit den Kindern zu arbeiten. Sie kam mit Kisten, Schachteln und Tüten, gefüllt mit «wertvollem» Abfallmaterial, und im Nu hatte sie um sich eine Schar kreativer Schüler. In ihrer Gegenwart verwandelten sich alle Kinder in kleine Künstler.

Zurück zu Ruth. Sie zog uns sofort in ihren Bann. Was für eine feine Lady mit einer enormen Autorität! Sie war die Gründerin und Chefin der Gallery Watatu[22] und machte künstlerische Talente in der Region ausfindig. Sie hatte feines rötliches Haar, einen zarten Teint und grüne Augen. Ihr Auftreten war warm und zugleich reserviert, Respekt fordernd und auch leicht wehmütig. Was musste sie schon alles erlebt haben! Wie liebte und schätzte ich ihre offene und direkte Art, wenn sie später als Vorstandsmitglied auf den Vorstandssitzungen die Gerüchte und kritischen Punkte unverblümt ansprach und uns dadurch Gelegenheit gab, den oft einseitigen und emotionalen Beiträgen anderer Mitglieder der Runde entgegenzutreten. Wie sehr haben wir sie nach ihrem unerwartet plötzlichen Ableben im Jahre 1995 vermisst, kurz bevor eine Evaluierung, eine Art Einschätzung, der Schule stattfand. Es kamen drei Kollegen aus dem Ausland, die in wenigen Tagen zu einem umfassenden Bild über unsere Schule kommen sollten und die manches Intrigenspiel anfangs nicht durchschauten. Davon aber später.

John war ein sehr ruhiger und verschlossener Knabe und über acht Jahre bei uns. Er kam in meine Klasse, die von unseren Nachfolgern als erste Klasse der Schule bis zum achten Schuljahr geführt wurde. In der achten Klasse wurden die Schüler an den Nachmittagen von einem kenianischen Kollegen auf die Prüfungen vorbereitet, die sie dann als externe Schüler in einer kenianischen Schule ablegen mussten. Von der ersten bis zum Ende der achten Klasse hatte John kaum einen Tag gefehlt. Durch sein Kommen wurden wir angeregt, ein Wocheninternat einzurichten, weil er einen sehr weiten Schulweg hatte. Von Montag bis Freitag blieben er und später weitere Schüler an der Schule und wurden von einer kenianischen Pädagogin und einer Praktikantin aus Deutschland in eigens dafür eingerichteten Räumlichkeiten betreut. War John ohne die Schule nicht zu denken, so konnte man sich die Schule eigentlich ohne ihn auch nicht vorstellen – ohne ihn und Gladys, die zusammen mit ihm eingeschult wurde, ebenfalls im Wocheninternat blieb und mit ihm die Schule verließ.

Gladys war wie John die Tochter einer Hausangestellten. Die

Hausherrin war Engländerin und hatte ihre jüngere Tochter drei Jahre in unserem Kindergarten, bevor sie wieder zurück in ihre Heimat ging. Sie brachte uns Gladys und übernahm freundlicherweise einen Teil der Schulgebühren über all die Jahre.

Eine Familie aus Karen

Zu den mutigen Pionieren der Waldorfpädagogik in Kenia gehört auf jeden Fall noch eine andere außergewöhnliche Mutter, Helen, von Geburt Kikuyu. Sie war studierte Soziologin und ihr Mann Abgeordneter im Parlament. Beide waren tüchtige Geschäftsleute im Vertrieb von Mineralwasser und Terracotta-Waren. Sie gehörten zu den wenigen Kikuyus, die in dem überwiegend weißen Villenviertel Karen wohnten und einen sehr westlichen Lebensstil führten, der in keinster Weise aufgesetzt oder nachgeahmt wirkte, sondern, wie man so schön sagt, «genuin», authentisch war. Helen hatte einen modernen Stil und Geschmack, eine sehr freie und offene Denkweise; sie war eine absolut emanzipierte Frau. Dabei hatte sie die sanfte und diplomatische Art einer echten Kenianerin, nie die Konfrontation suchend und jede Bloßstellung vermeidend. In Kombination mit Ruth Schaffner war Helen als Vorstandsmitglied wunderbar ausgleichend und beruhigend, ohne Ruth war es für sie aber oft schwer, Position zu beziehen.

Vojko hatte sie schon bald nach der Gründung des Kindergartens kennengelernt, und Helen war beeindruckt von seinen pädagogischen Prinzipien. Etwas abwartend kam sie in regelmäßigen Abständen vorbei und verfolgte interessiert die Entwicklung. Endlich war es so weit, dass sie mit dem Unterricht an der englischen Privatschule für ihren Erstgeborenen nicht mehr zufrieden war. Wanyoike passte in diesen Drill nicht recht hinein. Er war ein gemüthaftes, phlegmatisches Kind, das seine Kräfte erst nach und nach freisetzte. Dass er über große innere Potenziale verfügte, war nicht zu übersehen. Warum sollte dieses Kind zu etwas gezwungen werden, wofür es noch nicht reif war? Helen hatte einen freien und gesunden Blick für ihren Sohn und das Selbstvertrauen und den Mut, einen ganz anderen, neuen Weg zu wagen. Von dieser Art Kenianer trafen wir leider nur sehr wenige, darum sei sie hier besonders erwähnt. Später kam auch Wanyoikes drei Jahre jüngerer Bruder Njoroge in unsere Schule. Beide wechselten schließlich erfolgreich ins englische Schulsystem, Wanyoike 1996, als Vojko seine sechste Klasse aufgrund von Lehrermangel auflösen musste, und Njoroge einige Jahre später.

Eine Familie von den Athi Plains

Und da war auch noch Franziska. Schon sehr früh kamen ihre Eltern interessiert vorbei, um sich die Schule anzusehen. Die Mutter war gebürtige weiße Kenianerin, kannte und liebte den Busch und das Kämpfen und Ringen eines Pioniers, eines weißen Siedlers. Franziskas Vater war Deutscher, kam aber aus Südafrika und war in Kenia als Biologe tätig. Er beriet Großranchbesitzer, wie sie ihren Wildbestand erhalten und sich dennoch einen Lebensunterhalt durch gezieltes Schießen und Verkaufen des Fleisches sichern könnten, wie ehemals die Jäger mit ihren Jagdgebieten. Die Familie lebte selbst auf einer privaten Ranch mit Hunderten von Hektar Land zur Miete, etwa dreißig km südöstlich von Nairobi. Über ihre Besuche und Beziehungen zu Deutschland waren sie mit der Waldorferziehung vage bekannt und suchten diese Alternative für ihre Tochter. In den ersten Jahren zogen sie es jedoch vor, Franziska mit dem Sohn des Ranchbesitzers zu Hause zu unterrichten, bevor sie zu uns kam.

Auch mit diesen Menschen begegnete uns wieder eine neue, uns fremde Welt. Als wir einmal bei Franziskas Eltern auf Besuch waren, wurden wir auch von dem Eigentümer der Ranch eingeladen, in seinem Haus vorbeizuschauen. Wir fuhren über die Weiten der Ranch – alles offenes Massai-Grasland –, durch Antilopenherden und weidende Giraffen auf ein großes, eindrucksvolles Haus zu, das mit Blick über die afrikanischen Weiten und zu den in der Ferne liegenden Ngong Hills in malerischer Umgebung lag. Um das Haus herum fanden sich gepflegte Blumenbeete, grüner, mit Wassersprenklern getränkter Kikuyugras-Rasen und vor der Veranda ein mit großen Sisalpflanzen natürlich eingezäunter Pool. Es war einer dieser paradiesisch schönen Orte, an denen man tief durchatmet, die Schönheit einsaugt und selbstvergessen staunt. Leicht überwältigt von diesen Eindrücken fanden wir den Weg zur Terrassentür, die einladend offen stand. Erst als ich etwa einen Meter davorstand, bemerkte ich einen ausgewachsenen und – lebendigen! – Geparden mitten im Eingang liegen und sich sonnen. Für einen Moment blieb mir die Luft weg. Doch da kamen schon die Hausherren und baten uns lächelnd, ruhig an ihm vorbei hereinzukommen. Die Gepardin sei ihnen als Neugeborenes zugelaufen und ihnen, inzwischen wild lebend, treu geblieben.

Das war also die Umgebung, aus der Franziska kam. Die Eltern ihrer Mutter hatten sich als Ferienort und späteren Wohnsitz ein Stück Land in einer noch vollkommen unerschlossenen Gegend Kenias gesucht, in den Julo Hills. Den Berichten zu Folge mussten sie die Straße dorthin über einige Kilometer selbst bauen, um auch in der Regenzeit einen Zugang zu haben, ganz abgesehen von einer vorerst vorsintflutlichen Wasser- und Stromversorgung. Das Wasser wurde in großen, aufgespannten Planen gesammelt. Aber es war eben unberührtes Land. Das Leuchten in den Augen und die Leidenschaft in der Stimme, als die Mutter uns davon erzählte, waren mir damals noch vollkommen unverständlich. Franziska kam schließlich in Vojkos damalige dritte / vierte Klasse und wechselte nach deren Auflösung in die Deutsche Schule.

Solche Elternbesuche waren für uns nie Arbeit, sondern immer eine willkommene und belebende Abwechslung in unserem Alltag, boten sie doch die Gelegenheit, Kenia immer besser kennenzulernen und Kontakte zu knüpfen. Zu diesen eher privaten Besuchen kam aber noch die richtige Elternarbeit mit Einführungsveranstaltungen, Klassenelterntreffen, Tagen der offenen Tür und den gemeinsamen Festen hinzu.

WO BLEIBEN DIE KINDER?

Afrikanische Idylle

Im September 1992 – drei Jahre nach Eröffnung unseres ersten Kindergartens – kam eine weitere erste Klasse mit vier Kindern hinzu, die meiner bisherigen, jetzt zweiten Klasse angegliedert wurde. Der Kindergarten an der Magadi Road wurde aufgelöst und zog an die Schule um, weil dadurch Mietkosten eingespart werden konnten. Unglücklicherweise fiel dieser Umzug in eine Phase, in der gerade die erste starke, tragende Gruppe von Kindern unseres Kindergartens schulreif wurde, die Eltern aber längst beschlossen hatten, ihre Sprösslinge in angesehene, gut etablierte Schulen zu geben. Gleichzeitig gingen einige Eltern in ihr Heimatland zurück, weil ihr Arbeitsvertrag in Kenia abgelaufen war. So blieben von den über zwanzig Kindergartenkindern acht, die mit uns den neuen Kindergarten bei der Schule an der Massai Lodge Road eröffneten. Außer einem kleinen finnischen Knaben waren alle Kinder kenianisch und auf Patenschaftsgelder angewiesen. Dies war ein herber Schlag.

Neue Eltern wollten ihre Kinder nicht in unsere herrliche afrikanische Idylle hinausbringen. Selbst unserem Schulbus wollten sie sie nicht anvertrauen. Dort, an der Magadi Road, hatten sie ihre Kinder auf dem Weg zur Arbeit vorbeifahren können und in für ihr Empfinden geordneten Verhältnissen abgesetzt. Das war ihnen viel lieber gewesen. Wir mussten bald einsehen, dass das Abbiegen von der geteerten Magadi Road in die staubige Massai Lodge Road eine große Hemmschwelle darstellte. Es war für viele Eltern eine unsichtbare, fast magische Grenze, von der wir beim Kauf des Grundstücks nichts geahnt hatten. Die geteerte Straße bedeutete errungene Zivilisation, jenseits davon begann der Busch, für Einzelne eine Attraktion oder Heimat, für viele aber Vergangenheit oder Fremde. Und dennoch, langfristig gesehen war es sicher die richtige Entscheidung, besonders hinsichtlich unseres knapp bemessenen Budgets und der begrenzten Fund Raising-Möglichkeiten und auch aus pädagogischen Gesichtspunkten. Eine Schulfarm in diesem Umfang wäre im Stadtgebiet Nairobis nicht machbar gewesen.

Das zweite Standbein in der Stadt

Nun gab es einzelne interessierte Eltern, die nach einem Waldorfkindergarten in der Stadt fragten, der später weitere Schüler für die Schule «liefern» sollte, was wiederum wegen besagter magischer Grenze illusorisch war, denn kein einziges Kind aus unserem Stadtkindergarten hat später unsere «Landschule» besucht. Doch wir folgten den Bitten und suchten zeitgleich mit der Auflösung unseres ersten Kindergartens an der Magadi Road, im September 1992, ein passendes Häuschen mit Garten in Stadtnähe. In Kileleshwa,[23] einem Stadtteil westlich der City, wurde etwas angeboten. Man konnte von unserer Schule aus in etwa vierzig Autominuten, über den an Kolonialzeiten erinnernden Marktplatz von Karen und die Ngong Road stadteinwärts an der Pferderennbahn vorbei, dorthin gelangen oder über die Langata Road auf dem Uhuru Highway, die Innenstadt rechts liegen lassend, am Casino vorbei. Kileleshwa liegt kurz vor Westlands, dem beliebten Vorort für weiße Fachkräfte, mit bestausgestatteten Supermärkten und nach westlichem Maßstab eingerichteten Einkaufszentren. Trotz der Nähe zur Stadt überwiegen in Kileleshwa die Villen und Einfamilienhäuser mit großzügigen Gartenanlagen, auch wenn immer mehr Reihenhäuser, Appartements und Wohnkomplexe entstehen. Mittendrin liegt der berühmte Arboretum-Park, ein öffentlicher botanischer Garten mit seltenen tropischen Bäumen und Gewächsen.

Von hier aus bogen wir in die Laikipia Road, eingesäumt von hochgewachsenen Jakarandabäumen, die im Oktober mit ihren zarten, kleinen Blüten die Vororte in einen helllila Traum verwandeln und den Boden unter sich für kurze Zeit in samtene Blütenteppiche verzaubern. Wir standen vor dem Tor unseres zukünftigen Stadt-Waldorfkindergartens. Die Zufahrt führte leicht bergab zu einem ebenerdigen Häuschen. Das grüne Blechdach schien unter dem viele Meter hohen ausgewachsenen Baumbestand des Grundstückes fast zu verschwinden: Es gab Jakarandabäume, rosa blühender Bombax mit seiner stacheligen, grauen Elefantenborke, Avocadobäume und ein Mangobaum mit dem vielfingrigen, seidig glänzenden, intensiv grünen Blattwerk, dazu noch allerlei baumhohe europäische Zimmerpflanzen wie den Christstern und den intensiv duftenden Trompetenbaum. Der Garten war ein blühendes Paradies und die Lage ideal und von allen Seiten gut zu erreichen. Für damals fünfhundert Mark konnten wir das Häuschen mieten. Das war eine große Summe neben Wasser-, Strom- und Sicherheitsabgaben, die Monat für Monat aufzubringen waren. Ganz abgesehen von den Investitionen und der vielen Arbeit, die anstand. Es mussten – wie schon zuvor für die Schule – die Möbel, Spiel- und Unterrichtsmaterialien gefunden und beschafft werden. Den Schreinern musste man erklären, dass die Tische, Stühle und Bänke genau so und so aussehen sollten, aber nicht zu teuer sein dürften, denn wir waren schließlich ein Wohltätigkeitsverein ohne Geld. Wir brauchten Wachsmalblöcke, Märchenwolle, Seidenpapier und jede Menge einfaches, schönes Spielzeug, dazu lokale Naturmaterialien, gutes Papier, Wasserfarben. Auch hier musste viel gesucht werden – ein Bemühen, für das uns schlicht und einfach die Zeit fehlte. Wieder mussten wir vertrauen, dass nach und nach der Fundus wachsen werde. Hätten wir geahnt, dass wir fast zwei Jahre lang in diesem Kindergarten nicht mehr als vier Kinder haben würden, hätten wir das Unternehmen niemals gewagt.

Große Fragen und Zweifel begannen uns zu plagen. Hatten uns nicht «alte» ebenso wie mögliche «zukünftige» Eltern zu diesem Schritt geraten? Wo blieben sie nun? Hatte man uns nicht damals auch zum Kauf des Schulgrundstücks geraten? Und jetzt schien es für die meisten – vor allem zahlungsfähigen – Eltern völlig abwegig, ihre Kinder «so weit» außerhalb Nairobis auf eine Schule zu geben, obwohl angesehene teure Schulen nur wenige Kilometer «näher» lagen.

Waren wir nicht auf die Anfrage einer Gruppe von Eltern überhaupt erst nach Kenia gekommen? Wo waren sie nun, bitteschön? Bitterkeit stieg bei solchen Gedanken auf. Wir fühlten uns gewissermaßen aufs Kreuz gelegt. In einem Bericht vor Freunden sagte ich einmal: «Ich komme mir vor, als würde jemand nach mir rufen, und wenn ich nach dem Rufer suche, finde ich ihn nicht.» Es waren neben der Isolation, der großen Verantwortung und der Arbeitsbelastung hauptsächlich die Sinnfrage, der mangelnde Erfolg und die spärliche Anerkennung, die mich quälten.

Freude mit den Kindern

Doch zum Glück gab es die schöne, erfüllende Arbeit mit den – wenn auch wenigen, so doch dankbaren – Kindern draußen in unserer Landschule. Pünktlich um acht Uhr morgens kam die immer strahlende Pauline, unsere kenianische Schulbusfahrerin, in einem altertümlichen Vehikel, einem ausgedienten alten Sammeltaxi, durch das Schultor gefahren. «Rainbowflyer, rainbowflyer», riefen die Internatskinder ihm entgegen und begrüßten freudig ihre aussteigenden Klassenkameraden. Bunte Streifen zierten den Bus, weshalb er von den Kindern auf Deutsch «Regenbogenflieger» getauft wurde.

Die Kindergartenkinder mit eingerechnet, waren nun rund fünfundzwanzig Kinder versammelt, davon etwa drei hellhäutige und fünf weitere «nusu nusu», was auf Kiswaheli «halb halb» heißt, also Mischlingskinder. Knapp ein Drittel der Eltern konnten für ihre Kinder Schulgeld aufbringen, für die anderen mussten wir Patenschaftsgelder finden. Aus finanziellen Gründen haben wir niemals Kinder zurückgewiesen.

Ein Tag im November 1992 war ein besonderer Tag. Unsere ersten beiden Milchkühe waren mit einem Pick-up, einem kleinen Ladewagen, zu uns gebracht worden. Die Internatskinder hatten sie schon am Vorabend bestaunt, nun ging der ganze Kindertross zu dem kleinen Stall und begutachtete die neuen Mitglieder unserer Gemeinschaft. «Maua» und «Baraka», Blume und Glück, sollten sie heißen, beschlossen sie. Jetzt erst hatten wir eine richtige Schulfarm, jetzt erst waren wir sozusagen vollzählig. Bei der Arbeitseinteilung der morgendlichen Farmarbeit gab es einen Konflikt: Alle wollten die Ehre haben, den ersten Stallmist auszukehren. Später hat sich die Begeisterung über diese Arbeit etwas gelegt. Nachdem die Entscheidung gefallen war, zogen die anderen Gruppen von je vier Kindern und einem Erwachsenen murrend ab in die Küche, um Linsen für das Mittagessen auszusortieren und die Beete für die beginnende Regenzeit zu bereiten. Nach einer halben Stunde erscholl ein Gong, das Zeichen, sich die Hände zu waschen und in die Klassenzimmer zu gehen.

Nach dem Morgenspruch wurde gesungen, rezitiert und geflötet, und allerlei rhythmische Übungen wurden gemacht, bevor der Unterrichtsstoff des Vortages wiederholt und daran anknüpfend Neues eingeführt wurde. Im Unterschied zu meinen Schülern in Deutschland machte diesen Kindern Wiederholung gar nichts aus, im Gegenteil, sie schienen es zu lieben, immer und immer wieder dasselbe zu machen. Derselbe Spruch, dasselbe Lied, derselbe Ablauf – sie wurden weder zappelig, noch störten sie. Es machte sich eher ein Wohlgefühl im Zimmer breit, ein leicht träumerisches Genießen, dass man schon etwas kannte und beherrschte. Zappelig wurden einige Kinder eher bei Neuem und Ungewohntem, und bei manchen Schülern zeigte sich eine gewisse Schwerfälligkeit zum Beispiel beim Rechnen. Gerne wurde auch Theater gespielt, und Bewegungsspiele erfreuten sich großer Beliebtheit. Nie hörte man «Ach, wie langweilig» oder «Hab' keine Lust». Die Kinder brachten einen natürlichen Respekt und eine Ehrfurcht vor dem Erwachsenen und der Arbeit mit. So war das Unterrichten nicht anstrengend, nur manchmal etwas eintönig. Die rege und lebendige Mitarbeit meiner großen Klasse in Deutschland fehlte mir anfangs.

Gerne hörten die Kinder Geschichten, und sie liebten den Religionsunterricht. Sie konnten gut zuhören, nahmen das Gehörte tief auf und erlebten andächtige Stimmungen mit ganzem Herzen mit. Das Nacherzählen der Geschichten fiel vielen schwer, aber das lag wohl hauptsächlich daran, dass Englisch nicht ihre Muttersprache war. Viele sprachen die Stammessprache ihrer Eltern zu Hause als Muttersprache, untereinander sprachen sie Kiswaheli, die Nationalsprache, und zusätzlich mussten sie, vor allem für die Schule, Englisch lernen. Die wenigsten Eltern aber sprachen Englisch mit ihren Kindern, und so blieb sie ihnen eine Fremdsprache. Schaute ich in ihre offenen und freundlichen Augen, war mir oft nicht klar, was die einzelnen Kinder rein sprachlich überhaupt verstanden. Vieles blieb wohl eher bei einem gefühlsmäßigen Verstehen. Dass manche der Kinder dagegen englische Muttersprachler waren, stellte mich wiederum als Lehrerin vor eine große pädagogische Herausforderung und war mit ein Grund, warum einige gebildete und wohlhabende Eltern entschieden, ihre Kinder nicht zu uns zu bringen. Sie fürchteten, dass bei einer derartigen Diskrepanz an Vorwissen der Schüler ihre Kinder unmöglich optimale Lernerfolge erzielen könnten. Dieses Argument war nicht von der Hand zu weisen, wenn man nur auf die abfragbaren Lernerfolge sah. Ich hatte jedoch den Eindruck, dass die weißen Kinder frühreifer und altklug wirkten, sich ihrer selbst allzu bewusst waren und teilweise etwas überreizt und nervös reagierten, als Ergebnis einer rein auf die Erwachsenen hin orientierten modernen Zivilisation. Die unbekümmerte Lebensfreude als Kraftquelle, das kindliche, selbstvergessene Hingegebensein als Voraussetzung eines späteren weltoffenen Selbstbewusstseins und vieles mehr konnten sie von ihren afrikanischen Kameraden lernen. In einer gemischten Klasse von Natur- und Stadtkindern, von afrikanischen und europäischen Schülern profitieren und lernen alle voneinander, und die einzelnen Tendenzen finden in der Gruppe ein Gleichgewicht.

Nach dem Hauptunterricht freuten sich alle auf die frischen, duftenden «Mandasis» – das sind beliebte Teigtaschen – oder andere Leckereien, die auf den Tischen der Veranden bereits warteten. Die Kindergartenkinder hatten ihren eigenen kleinen, abgegrenzten Spielbereich mit Sandkasten und Schaukel, die Schulkinder durften sich auf dem Schulgelände frei bewegen und jeden Tag erkunden, was sich Neues getan hatte. Immer gab es etwas zu entdecken, schließlich saßen da die Näherinnen vor ihrer Werkstatt und produzierten ihre Puppen und Stofftiere, die Farmer steckten die Weiden für die Kühe ab und gingen unermüdlich ihrer Arbeit nach, und in der Mitte des Grundstücks war der Neubau in Arbeit. So konnten sie beobachten, wie die Fundamente des ersten Klassentraktes gelegt wurden, die Mauern langsam wuchsen, Türen und Fenster eingesetzt wurden und schließlich das Dach gezimmert und gedeckt wurde.

«Mr. Mwangi, Mr. Mwangi », riefen sie, als der Kiswahelilehrer in Hemd und Krawatte mit breitem Lächeln aus dem Schulbus stieg. Er war von Pauline an der Hauptstraße abgeholt worden. Es war Zeit für die Fachstunden: Deutsch und Kiswaheli, Handarbeit und Musik, Sport und Religion. Mittags wurde gemeinsam eine warme Mahlzeit eingenommen, und allzu schnell schon war es für die meisten Kinder Zeit, in den Schulbus zu steigen oder sich langsam auf den Weg nach Hause zu machen.

Für die Internatskinder folgte eine ruhige Mittagspause in den Räumen, Hausaufgaben wurden gemacht und allerlei gespielt und gebastelt. Vor dem Abendessen wurden kleinere Spaziergänge und andere Außenaktivitäten unternommen. Jeden Abend zur selben Stunde tauchte die untergehende Sonne das ganze Land in ein warmes, strahlendes Gold und verabschiedete sich schnell. Ruhe kehrte ein, aber eine von unzähligen lebendigen Geräuschen erfüllte Ruhe.

KOLLEGEN

Direktoren an die Leine

Die Nachbarschaftspflege und die Öffentlichkeitsarbeit waren sehr wichtig, Artikel und Berichte für die Presse mussten geschrieben und auch Interviews gegeben werden. Die Direktoren anderer Schulen wurden besucht, um ihnen unseren anderen Erziehungsansatz zu erklären, damit sie unsere Schüler bei einem Übertritt in ihre Schulen besser einordnen konnten. Diese Besuche waren für mich sehr aufschlussreich. Die meisten der acht Schuldirektoren waren zuerst etwas reserviert, aber freundlich. Durch meine interessierten Fragen ermuntert, fing der eine oder andere allmählich an, sich zu öffnen, und nicht selten endeten ihre Ausführungen in einem großen Klagelied über ihre eigene Unfreiheit als Lehrer und Direktoren. Gegen ihr besseres Wissen und Verständnis mussten sie sich den Richtlinien der Schuleigentümer und vor allem dem enormen Druck der Eltern beugen. Die Erziehung werde nicht von pädagogischen Gesichtspunkten bestimmt, so erzählten sie, sondern von Ehrgeiz und Angst. Man wolle von der Vorschule, ja vom Kindergarten an Lernresultate sehen, Beweise, dass die Kinder klug sind; man forderte Sicherheiten, dass sie einmal Karriere machen werden. Und dies, obwohl neueste wissenschaftliche Untersuchungen in

Oben:
Vojko und seine ersten Schüler: Naomi, Paul und Mwende

Mitte:
Das gemietete Häuschen für den Waldorfkindergarten an der Magadi Road mit unserem neu erstandenen VW-Bus.

Unten:
Das erste Schulgebäude auf unserem erworbenen Grundstück diente als Lehrerunterkunft, Kindergarten, Schule und Internat.

Oben: Blick auf die Rudolf Steiner School mit den Ngong Hills am Horizont.

Mitte: Zur jährlichen Johannifeier liefen wir mit allen Kindern den Rücken der Ngong Hills hinauf. Mit dem Blick ins Rift Valley spielten und tanzten wir ums Feuer.

Unten: Eine ziehende Elefantenfamilie im Samburu Nationalpark.

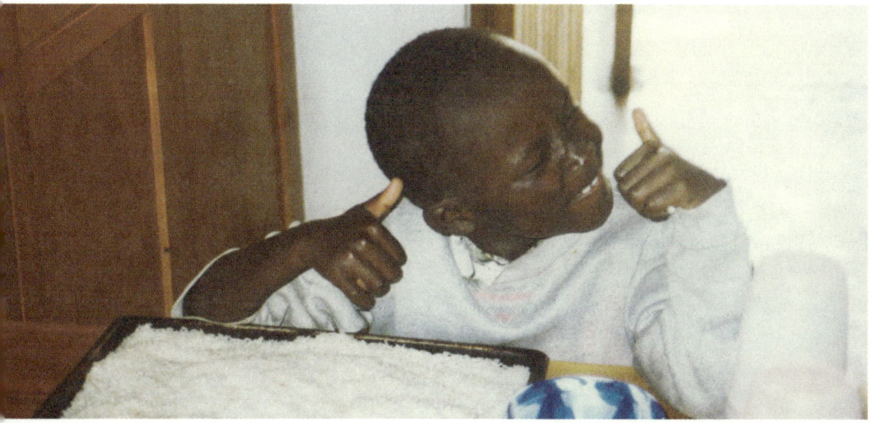

)ben: Esther machte die morgendliche Arbeit in der Schulküche oder in der Farm Spaß.

litte: Die Maiskolben werden gemeinsam geschält, gekocht und später zum Frühstück verspeist.

Jnten: So sah der Schulgarten schon nach zwei Jahren aus. Durch Kompostdünger und angepasste ewässerungsmethoden wuchsen die Bäume sehr schnell.

Links: Die Mitarbeiter und Mitarbeiterinnen unserer Puppen- und Stofftierwerkstatt stellten zeitweise jeden Monat 210 Puppen, Elefanten und Giraffen her.

Rechts: In dem Stadtteil Kileleshwa, zentral in Nairobi, mieteten wir dieses Häuschen als zweiten Waldorfkindergarten. In der Trockenzeit sah es so aus.

Hier am Strand der Maweni Beach Cottages am Indischen Ozean lässt sich gut eintauchen in da ewig wechselnde Licht- und Farbenspiel der Elemente und den Zauber der Natur.

Oben: Die Kindergartenkinder der Steiner School Mbagathi Nairobi bei ihrer Frühstückspause.

Unten: Die Rudolf Steiner School Gemeinschaft im Jahre 2000.

Emanuel und Katharina wurden auf der Olseki Farm getauft.

Unsere Olseki Farm lag achthundert Meter von der Rudolf Steiner School entfernt im Massai Grasland. Ziehende Massaiherden und äsende Giraffen gehörten zu den fast täglichen Besuchern.

)ben: Daphne Sheldrick zieht verwaiste Elefantenkinder groß und bringt sie wieder erfolgreich
:urück in die Wildnis.

Jnten: Eine Löwin mit ihren Jungen zu entdecken ist ein besonderes Safariglück.

Oben: Der Lake Nakuru ist berühmt für seine unzähligen Flamingos, die sich dort versammeln und die Ufer rosa färben.

Unten: Ein mächtiger alternder Einzelgänger-Büffel im Lake Nakuru Nationalpark.

England ergeben hätten, dass Schüler, die mit fünf oder sechs Jahren Lesen und Schreiben gelernt haben, mit sieben auf demselben Stand sind, mit anderen Worten, dass das zu frühe Einpauken von abstrakten Lerninhalten reine Zeitverschwendung ist und auf Kosten der kindlichen Lebenskräfte und der Entwicklung moralischer und sozialer Fähigkeiten geht.

Ich jubelte innerlich und rannte also wider Erwarten bei den Damen und Herren Direktoren offene Türen ein. Nach solchen Gesprächen zeigten sie Bereitschaft, im Rahmen ihrer Möglichkeiten für unsere Schulabgänger Ausnahmen bei den Aufnahmenprüfungen zu machen, was sie selten bereuten. Im Gegenteil: Unsere ehemaligen Kindergartenkinder waren bald bekannt dafür, dass sie zwar anfangs noch nichts «konnten», dann aber in Windeseile den Lernstoff nachholten und nicht selten die Klassenkameraden überholten. Einzelne Lehrer kamen sogar auf uns zurück und befragten uns nach unserem Lernansatz, da die «Waldorfkinder» sich besser konzentrieren könnten und mit mehr Interesse bei der Sache wären. Darüber habe ich mich sehr gefreut.

Gastkollegen

Für die nächste erste Klasse, die wir im September 1993 eröffnen wollten, hatten wir keinen Langzeitkollegen finden können, der unter den Umständen, die damals noch bei uns herrschten, leben und arbeiten wollte. Wir sahen uns also gezwungen, die Unterrichtstätigkeit mit einem deutschen Kollegen, der im Freijahr war und seine Mitarbeit für ein halbes Jahr zugesagt hatte, zu überbrücken. Dies war für die Eltern allerdings keine vertrauenerweckende Lösung, und für uns bedeutete es keine Arbeitserleichterung. Wir hatten sehr gehofft, die Verantwortung für den wachsenden Betrieb und die umfangreichen Aufgaben allmählich auf mehrere Schultern verteilen zu können. Stattdessen würden wir uns wieder bemühen müssen, dem willigen Gastlehrer das Leben und Arbeiten bei uns so angenehm wie möglich zu gestalten, damit er sich, trotz «Kulturschock» und widriger Umstände, wohlfühlte und gute Arbeit leistete. Ich konnte gut verstehen, dass es für Europäer nicht ganz leicht war, in einem kleinen Rundhüttchen ohne Wasser und Strom zu leben, sich abends bei Kerzenlicht vorzubereiten und morgens sich nur notdürftig mit einem Eimer kaltem Wasser waschen zu können, sich das Räumchen mit jeder Menge Spinnen zu teilen und nachts die Hyänen schreien und die Nachtwächter herumschleichen zu hören. Alle Mahlzeiten wurden in der Schulküche eingenommen, von Kindern und Mitarbeitern umringt und beäugt. Zu Fuß kam man nicht weit, und Autos waren unberechenbar, ganz abgesehen davon, dass es außer guten Restaurants keine nennenswerte Ziele für abendliche Ausflüge gab. Solche Umstände waren durchaus interessant und abenteuerlich für einen Teil eines Freijahres, aber für drei, vier, fünf Jahre? Undenkbar. Wie gut konnte ich die Menschen verstehen! Doch – warum hielten wir es denn so lange aus?

Im Kindergarten in Kileleshwa hatten wir gerade eine erfahrene Kollegin aus Dänemark verabschiedet, die eine holländische Erzieherin vor einem Jahr abgelöst hatte. Nun erwarteten wir eine deutsche Kollegin, Regine, die ihre Mitarbeit zum Glück wenigstens für zwei Jahre zugesagt hatte. Von der Gründung an hatten wir ehemalige Waldorfschüler als Praktikanten für jeweils ein Jahr gewinnen können, auch für den Internatsbereich oder die Puppenwerkstatt. Im kommenden Schuljahr wollten zwei Mädchen aus dem Ruhrgebiet kommen. Doch wir sahen dem Ankommen all dieser uns unbekannten Mitarbeiter auf Zeit mit sehr gemischten Gefühlen entgegen. Wir merkten immer mehr, wie viel Kraft uns die Gründung des Stadt-Kindergartens doch gekostet hatte.

Waren diese Gäste auch erfahrene und gediegene Pädagogen oder tüchtige und willige Helfer, so waren sie längst nicht alle afrikataugliche Pionierseelen. So gut es tat, sich mit Menschen zu unterhalten, die einen verstanden und deren Beobachtungen immer anregend und wichtig waren, so viel Zeit und Kraft kostete es auch, sie in die Gepflogenheiten des Landes einzuführen und sie damit vertraut zu machen: sie auf ihren Wegen zu begleiten, zu zeigen, wie man mit einem Matatu fahren kann oder unsere Schrottautos bedient, ohne alle paar Kilometer stehen zu bleiben; was man tut, wenn man in eine Polizeikontrolle gerät oder das Goldkettchen in der Stadt vom Hals gerissen wird; wo man was einkaufen kann und wie viel es kosten darf; zu erklären war, dass man den Angestellten möglichst kein Geld leiht, wenn man es wiederhaben möchte; und warum wir das so tun und nicht anders, warum die Menschen so reagieren und nicht anders.

Einer Kollegin aus Dänemark, die mit ihrer pubertierenden Tochter und einer Freundin gekommen war, mussten wir zum Beispiel erklären, warum es nicht gut ist, im Bikini vor den Klassenräumen im Gras zu liegen, wenn wir gerade eine Jahresabschlussfeier haben, zu der alle Eltern eingeladen sind. Als sie später in einem bikiniähnlichen Oberteil und Hotpants durch den rein afrikanischen Ort Ongata Rongai ging, wurde sie fast gesteinigt, was wir leider zu spät erfuhren. Als sie auch noch einen unserer Gärtner als ihren Lover eroberte, obwohl dieser verheiratet war, was unter den Mitarbeitern größeres Aufsehen erregte, mussten wir doch etwas deutlicher werden. Oft wurden wir dann als die bösen Gründungslehrer hingestellt, die herrschsüchtig über die Schule wachten und einem Neuen keine Chance gaben.

Das tat weh. Ziemlich hilflos stand ich in den ersten Jahren solchen Vorwürfen und Angriffen gegenüber, war ich doch selbst so bedürftig nach etwas Nähe, Wärme und Verständnis. Ich tat mein Bestes, gab mein Letztes, und das war dann der Dank, so lamentierte es in meinem Herzen. Ich hatte noch nicht den Abstand zu sehen, dass diese Menschen mit ihrer eigenen Bedürftigkeit und Orientierungslosigkeit noch mehr Hilfe und Verständnis brauchten und, wenn sie zurechtgewiesen wurden, ihre Fehler auf einen Schuldigen projizieren mussten. Vojko und ich in unserer

Isolation und Schwäche waren dafür dankbare Opfer. Wenn ich diese Zusammenhänge vielleicht auch teilweise sehen konnte, so hatte ich nicht die Kraft, etwas daran zu ändern.

So hießen wir anfangs, sehr naiv, jeden und jede aus der internationalen Waldorfszene willkommen, nur um gleichgesinnte Gesellschaft zu haben und in der Hoffnung, selber etwas Hilfe zu bekommen. Bald lernten wir, gewisse Auswahlkriterien zu treffen, und nahmen nur noch Gäste und kurzfristige Mitarbeiter auf Empfehlung. Dadurch besserte sich vieles. Ich hätte nie gedacht, wie viel Verständnis und Herzenskräfte einerseits, aber auch Strenge und eiserne Konsequenz andererseits von Nöten ist, um ein Unternehmen erfolgreich zu leiten.

Kenianische Kollegen

Unsere kenianischen Kollegen waren im Vergleich zu den Europäern natürlich völlig anspruchslos und zumeist sehr angenehm im Umgang. Im Vergleich zu den Afrikanern, die wir auf unseren beiden Reisen in Südafrika kennenlernen sollten, hatten die Einheimischen Ostafrikas eine eher sanftmütige und verträumte Ausstrahlung. Es waren zum größten Teil schlanke Menschen mit feinen Gesichtszügen, fast immer zu einem herzlichen Lächeln bereit. Ich fühlte mich in ihrer Gegenwart nicht nur respektiert, sondern auch durchschaut und angenommen. Es war mir ein Rätsel, wie sie das machten, aber ich fühlte mich immer erkannt – in kürzester Zeit. Oft genügte eine einzige Begegnung. Es war, als könnten sie mühelos in meiner Seele lesen, ohne einzelne Äußerungen und Wahrnehmungen irgendwie in Verbindung bringen und sich darüber Gedanken machen zu müssen, so wie ich das pausenlos ihnen gegenüber tat. Hatte das noch mit alten hellseherischen Fähigkeiten zu tun? Niemals aber hätten sie darüber ein Wort verloren, denn diese Wahrnehmungen waren ein Teil ihres Lebens wie das Atmen. Zum gedanklichen Reflektieren hatten sie weniger Neigung, oder es lag an mangelnder Übung. Für Spiel und Spaß hingegen waren sie immer zu haben, und wenn unsere Kollegen und Mitarbeiter in der Teepause gemütlich zusammensaßen, konnten sie sich mitunter köstlich amüsieren. Es gab die Schweiger und Schweigerinnen, und es gab aber auch die Quatscher und Quatscherinnen. Und es gab jene, deren Worte mehr Gewicht hatten, zum Beispiel unser Kiswahelilehrer James.

Er gab auch mir privaten Unterricht in Kiswaheli, und wir verstanden uns sehr gut. Ich schätzte ihn sehr, und über die Jahre wuchs ein Band des Vertrauens, sodass ich zu der großen Ehre kam, in ein Geheimnis eingeweiht zu werden. Als Weiße und Chefin konnte ich tun, was ich wollte, ich lebte für die Schwarzen wie auf einem anderen Planeten und würde an ihrem Leben nie wirklich teilnehmen können. Mit James, der mir gegenüber der Lehrer und Kompetente war, konnte ich diese Kluft zu meiner großen Freude überwinden. Einmal vertraute er mir an, dass sich die Mitarbeiter passende Spitznamen für die Weißen ausdachten. Als er mir unter spitzbübischem Grinsen den einen oder anderen erklärte, mussten wir immer wieder schallend darüber lachen. Die Kiswaheliworte sind nicht immer eindeutig zu übersetzen. Zum Beispiel hieß eines: «Der mit leicht gekrümmtem Rücken schnell und hektisch läuft.» Wie unglaublich treffend waren diese Namen! Für mich gebe es allerdings keinen Spitznamen, meinte er. Dieser Schelm, dachte ich – aber ob es nun wirklich keinen gab, würde ich nie erfahren.

Dass die kenianischen Kollegen mich mochten, spürte ich, sehr sogar, was aber bei Weitem nicht heißen sollte, dass ich mich ganz auf sie verlassen konnte, wie ich das von Freunden oder Kollegen gewohnt war. Immer und immer wieder wurde ich auf die Probe gestellt. Oder war es ein Spiel? Warum wurde ich – aus meiner Sicht – immer wieder belogen und betrogen? Spürten sie meine verkrampfte Unsicherheit, machten sie sich meine Unkenntnis ihrer Lebensweise und mein Unverständnis den unausgesprochenen Regeln des Landes gegenüber zunutze? Oder wollten sie mich einführen in ihre Spielregeln? Wollten sie von mir erkannt und durchschaut werden? Wollten sie mich zu einer richtigen Chefin mit wahrer Führungskompetenz erziehen? Ihr freundliches und herzliches Gesicht wollte nicht, dass ich sie nur für meine Zwecke benutzte und zielstrebig meine Marschroute verfolgte. Nein, sie wollten mitspielen, gesehen und ernst genommen werden. Natürlich waren dies alles typische Gedanken eines Mitteleuropäers, der mit seinem Verstand wie ein Adler kreiste und kreiste, um eine Antwort zu finden. Tatsache war, dass ich mich ziemlich verkrampft und unsicher fühlte, weil ich manche Verhaltensweisen nicht einordnen konnte.

Unsere Zusammenkünfte und Konferenzen verliefen immer heiter und harmonisch. Wollte doch einmal eine Missstimmung aufkommen, so konnte eine scherzhafte Bemerkung die gelöste und warme Herzensverbundenheit wieder herstellen. Offene Kritik und Konfrontation wurde jedoch als demütigend und sehr verletzend empfunden, eine Art Streitkultur war diesen Menschen fremd. Konflikte wurden schweigend ertragen, oder man verschwand. Kam es zu tiefen Verletzungen über längere Zeit, war durchaus mit Racheakten zu rechnen, hatten uns Nachbarn gesagt. Nicht selten waren ehemalige Angestellte bei späteren Einbrüchen dabei gewesen. Es gab natürlich auch andere Gründe wegzubleiben, zum Beispiel wenn man eine dringliche Nachricht von Verwandten auf dem Land bekommen hatte und schnell abreisen musste oder wenn sich die Aussicht auf einen besseren Job eröffnete. Je länger und besser man sich aber kannte und die Regeln der Zusammenarbeit Gewohnheit geworden waren, desto geringer wurden solche Überraschungen. Aber eine gewisse Unverbindlichkeit blieb latent vorhanden. Das Leben aus dem Moment heraus ist den Menschen dieser Breitengraden näher als uns Mitteleuropäern. Ich lernte es durchaus als Fähigkeit anzuerkennen und als notwendigen Überlebensschutz, wenn man bedenkt, dass die Einheimischen ohne gesellschaftliche Sicherheiten leben und ein Planen und Vorausdenken von jeher wenig Sinn hatte und immer noch hat. Wir sahen es jedenfalls als sehr wichtige Aufgabe an, kenianische Kollegen in unser Team zu integrieren und sie in unsere Pädagogik allmählich hereinwachsen zu lassen. In diesem Bemühen gab es einige markante Erlebnisse.

Unberechtigtes Vertrauen

Eines Abends kam Vojko mit viel Geld nach Hause, mit fünfzigtausend Kenianischen Schillingen. Das waren damals eintausendfünfhundert Mark. Gehälter und Baumaterial sollten davon am nächsten Tag bezahlt werden. Niemand wusste davon, außer unsere kenianische Kindergärtnerin, die Vojko im Auto mitgenommen hatte. Das Geld befand sich in seiner Aktentasche, die er morgens in unseren Privaträumen liegen ließ. Unsere Privaträumen erreichte man durch eine Türe vom Internatsbereich oder von unten über eine Außentreppe. Als Vojko in der Frühstückspause das Geld holen wollte, war es weg. Keiner durfte das Grundstück verlassen, die Polizei wurde geholt, und die Untersuchungen und Befragungen begannen. Die Schüler wurden mit zwei Lehrern spazieren geschickt. Nach etwa zwei Stunden nahmen die Polizisten unsere beiden sympathischsten und begabtesten Mitarbeiterinnen mit: die Kindergärtnerin und die kenianische Hortleiterin. Sie waren Mitglieder unserer wöchentlichen Lehrerkonferenz, von allen geschätzt und unsere «Kronprinzen», unsere Vorreiter für die von uns sehnlichst erwünschten kenianischen Waldorferzieher und zukünftigen Kollegen. Vojko fuhr mit zur Polizeistation, und als der Polizeichef ihm mitteilte, dass er die beiden Damen über Nacht in Untersuchungshaft behalten wolle – was bedeutet hätte, dass mit ihnen nicht gerade zimperlich umgegangen werden würde –, erhob Vojko höchst verwundert Einspruch und nahm sie wieder mit zur Schule. Damit war der Fall erledigt, und er wurde nie offiziell aufgeklärt.

Viel später erfuhren wir von unseren Mitarbeitern die wahre Geschichte: Die Kindergärtnerin hatte tatsächlich der Hortkollegin von dem Geld erzählt. Diese war während der Unterrichtszeit in unsere Privaträume eingedrungen, hatte das Geld an sich genommen und das Grundstück unter dem Vorwand verlassen, sich an einem der Kioske Schmerztabletten zu besorgen. Vor der Pause war sie wieder zurück. Wir selbst hätten die beiden Kolleginnen niemals verdächtigt. Es wäre ein riesiger Vertrauensbruch gewesen, der die weitere Zusammenarbeit hätte zerstören können. Erst nach und nach wurde mir klar, dass die Versuchung, mit einem Schlag so viel Geld zur Verfügung zu haben, in dem Moment jegliches Verantwortungsgefühl bei ihnen verdrängt hatte. Die finanziellen Zusammenhänge in unserer Schule wurden von den beiden Frauen nicht verstanden. Auch hatten sie keinerlei Bezug zu dem Wert, den dieses Geld für uns hatte, wussten nicht, woher es kam und wie es erworben wurde. Der Schaden eines solchen Diebstahles wurde nicht empfunden.

So wie die beiden Frauen mir durch ihr Verhalten zeigten, dass sie noch keinen wirklichen Bezug zu dieser Geldsumme hatten, so machte ich ihnen gegenüber immer wieder deutlich, dass ich noch keinen Verständniszugang zu einer Kultur hatte, die bis vor zwei oder drei Generationen keinerlei geldliche Vorgänge kannte. Hier in Ostafrika gab es bis vor hundert Jahren noch kein Geld oder etwas Vergleichbares, es wurden Waren getauscht.

Immer schwarz auf weiß

Nachdem wir den Kindergarten in Kileleshwa angemietet hatten, hielten wir unsere wöchentlichen Lehrerkonferenzen in diesem Haus ab, weil die dortigen Kolleginnen nur einen alten, wackeligen Renault besaßen, der die holprige Massai Lodge Road nicht überstanden hätte. Außerdem gab es für uns immer genug in der Stadt zu erledigen, ganz abgesehen von der Möglichkeit, von dort aus wichtige Telefonate führen zu können.

Einmal kamen zur Konferenzzeit unerwartet zwei Polizisten von der Polizeistation gleich um die Ecke. Sie fragten nach mir, meinten, es liege eine Anzeige gegen mich vor, und führten mich aufs Revier ab. Ich konnte mir gar nicht vorstellen, worauf sich diese Anzeige beziehen könnte, und da Vojko nicht da war, begleiteten mich zwei andere deutsche Kollegen aufs Polizeirevier, worüber ich sehr froh war. Ganz geheuer war mir nämlich nicht zumute, im fremden Land mit der Staatsgewalt zu tun zu bekommen. Doch da ich gelernt hatte, nicht nur bei einem möglichen Überfall dem Stärkeren, sondern auch den kenianischen Autoritäten gegenüber stets mit der nötigen Unterwürfigkeit und ohne Besserwisserei und Widerstand entgegenzutreten, waren die Beamten freundlich, aber anfänglich distanziert zu mir. Es kam heraus, dass mich eine kenianische Kollegin wegen Körperverletzung angezeigt hatte. Sie gaben mir die schriftliche Bestätigung eines zuständigen Gerichtsarztes. Ungläubig starrte ich auf das leicht zerknitterte dünne Papier. Ich wusste, dass die Kenianer den Kringeln und Schnörkeln auf offiziellen Papieren ungeheuren Respekt entgegenbrachten. So ein Papier war Ausdruck uneingeschränkter Autorität; was schwarz auf weiß stand, war unumgänglich, unumstößlich und die reine Wahrheit, ganz egal ob es wirklich stimmte oder nicht. Rein äußerlich gingen sie aber nicht zimperlich mit solchen mächtigen Dokumenten um. Willkürlich und endlos gefaltet, verschwanden sie mitunter in Hosentaschen.

Langsam dämmerte mir, was hier vorlag. Tatsächlich hatte ich einer relativ neuen kenianischen Kollegin aus dem Kindergarten in Kileleshwa eine Woche zuvor in den Finger gebissen. Und das kam so: Wir mussten uns von ihr trennen, da sie kein Interesse an der Arbeit zeigte. Vojko wollte ihr vor der wöchentlichen Konferenz die Kündigung aushändigen. Leider war er jedoch verhindert, sodass ich beschloss, es ihr schon mal mündlich mitzuteilen. Je früher, desto besser für sie, dachte ich. Gesagt, getan. Ganz überraschend reagierte sie jedoch aggressiv, kratzte, warf sich mir an den Hals und krallte sich schließlich an meinem Goldkettchen fest. Zwei Kollegen hängten sich an sie, zogen und versuchten vergeblich, sie von mir zu lösen. Man hätte meinen können, wir spielten das Spiel vom Großvater und dem Rübchen, das sich nicht aus der Erde ziehen lässt. Als gar nichts half und mir fast die Luft wegblieb, biss ich ihr in den Finger, mit dem sie sich immer noch, in erreichbarer Nähe zu meinem Mund, an meine Kette klammerte. Endlich ließ sie los und machte sich schimpfend auf den Weg. Mit dem Abdruck meiner Zähne am Finger lief sie schnurstracks zu einem Gerichtsarzt und ließ sich die «Körperverletzung» bestätigen. Dieses Papier brachte sie dann triumphierend zur Polizei und erzählte ihnen Schauergeschichten über mich.

Als die Polizisten nun meine Version zu dem Vorfall hörten, die von meinen Kollegen bestätigt wurde, durchschauten sie das Spiel ihrer Landsmännin und wurden zunehmend freundlicher zu mir. Etwas hilflos erklärte mir nun der Beamte, dass die ehemalige Kollegin mit dem Papier ein Gerichtsverfahren einleiten könne, wenn es nicht zu einer Einigung komme. Meine eigenen Schrammen am Hals, auf die ich immer wieder dramatisch aufmerksam machte, obwohl sie bereits verblasst waren, hätten nur etwas genützt, wenn sie von einem Gerichtsmediziner schriftlich bestätigt worden wären. Mir fehlte also das magische Stück Papier. In Kiswaheli redeten sie auf meine Anklägerin ein, die sich trotzig und stur stellte, bis ich vor der Polizei schriftlich bestätigte, ihr die zwei Monatsgehälter auszuzahlen, die ihr als Abfindung zustanden und die wir ihr mit der schriftlichen Kündigung sowieso gegeben hätten. Trotzdem traute ich ihr nicht und ging anderntags zum Gerichtsmediziner, um auch so ein mächtiges dünnes Papierchen zu erhalten. Als einzige Weiße reihte ich mich in die langen Warteschlangen im Innenhof einer Baracke ein und fühlte mich wieder einmal fehl am Platz. Zum Glück kam es zu keinem Nachspiel. Ich fragte mich, ob sie wirklich befürchtet hatte, ohne dieses Spektakel von uns um ihr Gehalt gebracht zu werden. Ich wusste es nicht.

Solche Vorfälle kosteten viel Kraft und Zeit und verunsicherten mich sehr, denn derartige Überraschungen und Bedrohungen gab es immer wieder, in allen Schattierungen und Variationen.

Begegnungen im Umfeld

Unberechenbare Masse

Eine europäische Gastkollegin fuhr mit ihrem elfjährigen Sohn im Schulkleinbus am Sonntag in die Stadt. Auf dem Heimweg, gerade als sie auf der Ngong Road an der Pferderennbahn vorbeifuhren, lief ein Betrunkener vors Auto und schlug mit dem Kopf gegen die Windschutzscheibe. Sie bekam einen Sprung, und der Betrunkene torkelte an den Straßenrand, wo er liegen blieb. Die Kollegin hielt an und stieg mit ihrem Sohn aus, um nach dem Verletzten zu sehen. Gerade in diesem Moment war das Pferderennen zu Ende, und eine große Menschenmenge strömte aus dem Stadion. Die grölenden, schimpfenden Menschen sahen das offene Auto, den Verletzten und die beiden Weißen, die sich um ihn bemühten. Sofort waren die beiden umringt und wurden schreiend bedrängt. Zum Glück befanden sich in der Masse zwei Zivilpolizisten. Sie packten die Kollegin am Arm und zerrten sie mit aller Kraft vom Mob weg ins Auto. Dann stiegen sie mit ein, verriegelten die Türen und hießen sie so schnell wie möglich abfahren. Leichter gesagt als getan mit einer blockierenden Bremse. Nach Augenblicken, die ihr wie eine Ewigkeit vorkamen, löste sich die Bremse so weit, dass sie langsam fahren konnten. An der nächsten Polizeistation wurde der Vorfall protokolliert und gemeinsam mit uniformierten Polizisten nach dem Verletzten geschaut. Auch für uns war der Rat neu, bei einem Autounfall mit Verletzten niemals stehenzubleiben, sondern sofort zur nächsten Polizeistation weiterzufahren. Besonders wenn ein Kind zu Schaden kam, sei der Mob unberechenbar, so erfuhren wir. Taschendiebe, auf frischer Tat ertappt, würden in Mombasa immer noch vom Mob gelyncht. Die Angehörigen des Betrunkenen ließen uns noch lange keine Ruhe und forderten hohe Summen Schadensersatz. Es kam schließlich zu Gerichtsverhandlungen und endlich zu einem Vergleich.

Das folgende Erlebnis fand zwar erst einige Jahre später statt, im Sommer 1995 nach unserer Aufarbeitungszeit in England, aber es zeigt anschaulich, wie wir allmählich mit den Überraschungen vertraut wurden und die Spielregeln lernten.

Nicht dumm

Die Sommerferien hatten begonnen, und wir freuten uns auf einige Urlaubstage an der Küste. Die Koffer waren gepackt und bereits im Auto verstaut, da kam Harry vorbei, unser kenianischer Freund und Elektriker. Vojko hatte ihn vor Tagen gebeten unser – teures – Mobiltelefon anzuschließen. Heute habe er Zeit, meinte Harry. Er war der Bruder einer angesehenen Kenianerin, die mit einem Deutschen verheiratet war und in der deutschen Community einen guten Ruf genoss. Es waren feine und gebildete Menschen. Vojko kannte die Kenianerin über das Goethe-Institut. Ihr Bruder war ein ausgezeichneter Elektriker – eine Seltenheit im Land – und daher in der deutschen Gemeinschaft gerne gesehen. Vojko war äußerst froh gewesen, als er unsere Solaranlage zum Laufen gebracht hatte, und bat ihn von Zeit zu Zeit um Hilfe. Als er nun unerwartet auftauchte, wollten wir ihn nicht unverrichteter Dinge gehen lassen und verschoben unsere Abfahrt um ein Stündchen. Doch als sich die Fertigstellung immer weiter hinauszog, ließen wir ihn getrost weiterarbeiten und fuhren ab. Die Schlüssel zu unseren Räumen möge er bitte dem Hausmädchen geben.

Als wir nach zehn Tagen zurückkamen, war das Mobiltelefon weg. Natürlich hätte es jeder entwendet haben können, denn das Hausmädchen verwaltete die Schlüssel zu unseren Räumen. Aber unsere Mitarbeiter und Angestellten waren keine professionellen Diebe. Mit Zucker und Eiern kann jeder etwas anfangen und mit Werkzeug der eine oder andere auch, aber mit einem Mobiltelefon wären sie doch überfordert gewesen. Vojko war sofort klar, dass es nur der Elektriker gewesen sein konnte. Wild entschlossen fuhr er zu seiner Wohnung und bat ihn freundlich, unter einem Vorwand, mitzukommen. Harry stieg ein, und Vojko fuhr mit ihm geradewegs zur Polizei. Dort erstattete er Anzeige gegen ihn und überließ ihn der Polizei – für einen Mitteleuropäer ein gewagtes Unterfangen. Harry machte ein Mordsgezeter und Geschrei, seine Schwester wurde verständigt, und diese wiederum drohte, die deutsche Botschaft einzuschalten. Die Polizisten ließen sich nicht einschüchtern und behielten ihn in Untersuchungshaft. Am nächsten Tag erzählte er schließlich der Polizei, er habe das Telefon zwar nicht gestohlen, wisse aber zufällig, wo es sei, und könne es besorgen, wenn sie ihn freiließen. Den Polizisten ging es, nach ihrem Selbstverständnis, anscheinend nicht darum, einen Täter zu überführen und zu bestrafen. Sie hatten ihren Dienst erfüllt, wenn es ihnen gelang, für den Geschädigten das Corpus delicti zurückzuerobern. Dazu waren alle Mittel recht. So hießen sie ihren Gefangenen unterschreiben, das Telefon zu besorgen, und ließen ihn frei.

Tatsächlich hing unser Telefon wenige Tage später an Harrys Haustür, wie er uns strahlend und erleichtert erzählte! Es sei von dem unbekannten Täter zurückgebracht worden, erklärte er, als er es uns überreichte. Es war ganz unglaublich. Für wie dumm hielt er uns eigentlich? Er schien sich noch nicht einmal zu schämen – nein, er freute sich aufrichtig für uns. Ich kam aus dem Staunen nicht heraus. Nicht ertappt ist nicht getan? Kaltblütige Verlogenheit oder ein Meisterstück der Verstellung? Okay, sein Versuch war zwar schiefgegangen, aber er hatte eine elegante Lösung gefunden, eine «win-win-Lösung» für beide Seiten, und das fand er ziemlich genial. Wir selber waren mächtig stolz auf uns, dass wir zum ersten Mal einem ziemlich raffinierten Spielchen die Stirn geboten hatten. Allmählich lernten wir die Schliche und Regeln kennen, und es fing an, Spaß zu machen. Aber das war, wie gesagt, erst einige Jahre später. Noch fühlten wir uns von solchen Vorfällen meist völlig überrumpelt.

Die Polizei leistete uns tatsächlich des Öfteren gute Dienste, auch wenn ihr Ruf – berechtigt oder nicht – nicht der allerbeste war. Bei akuten Sicherheitsproblemen, das heißt wenn eine Bande die Gegend verunsicherte, waren die Polizisten immer bereit, die Nacht auf dem Schulgrundstück zu verbringen, wenn man sie abholte und zurückbrachte. Wir nahmen dieses Angebot öfter in Anspruch, da wir die Internatskinder und den Ruf der Schule nicht einer Gefahr aussetzen wollten. Bewaffnete Polizisten wirkten immer noch abschreckend auf jeden Einbrecher. Mitunter trafen wir unsere «Freunde und Helfer» vom Dienst in ihrem Büro jedoch etwas angetrunken an …

Im Ausland unter sich

Kein Wunder, dass wir uns zuweilen in die deutsche Gemeinschaft flüchteten. Die deutsche Schule und die ökumenische Gemeinde pflegen im Ausland deutsche Bräuche. Man findet sich zu Weihnachtsbasaren, zu Sommerfesten, zu Schulfeiern und am Tag der Deutschen Einheit zusammen. Zu diesem Anlass lädt der Botschafter die deutsche Gemeinde in ganz Kenia ein. Man wandelt mit Sekt- und Weingläsern von Büfett zu Büfett und labt sich an den kulinarischen Köstlichkeiten wie Leberkäse und Schweinswürstl mit Sauerkraut. Das Ambiente gibt einem das Gefühl, zur High-Society zu gehören, was einem so richtig guttut, wenn man Tag für Tag mit alten Autos, im Garten wühlenden Wildschweinen und so weiter zu tun hat. Wir freuten uns über solche Einladungen und hatten über die Arbeit eine freundliche Beziehung zum Schuldirektor, dem einen oder anderen deutschen Lehrer, zu Entwicklungshelfern, der GTZ oder einem Botschaftsmitglied. Immer wieder durften wir auch ihre Hilfe und Unterstützung in Anspruch nehmen. Die gestohlenen Solarpaneelen wurden uns von der Deutschen Botschaft ersetzt, Pässe und notwendige Urkunden ausgestellt. Ein Jugendlicher von unserem Jugendhilfeprojekt wurde in der deutschen Schule mitgetragen, ein Erwachsenenbildungsseminar von der GTZ organisiert und vieles mehr.

Richtig dazu gehörten wir jedoch nie, fehlte es uns doch an Zeit und Geld und eigentlich auch an Interesse, den dort üblichen Lebensstil zu pflegen. Mit «unserem» Kenia kamen diese Menschen nicht in Berührung. Ihre bewährten Hausangestellten werden weitergereicht, so wie die Autos und Häuser auch. In den wenigen Jahren ihres Auslandsaufenthaltes werden alle teuren Safaris gemacht, die es so gibt, und die besten Stücke der besten Schreiner und Künstler gekauft und mit nach Hause genommen. Natürlich engagiert man sich auch für Straßenkinder und sammelt Spenden und Kleider. Aber doch aus einem sicheren Abstand – man lebt auf einer Insel in der Fremde. Anders als wir.

Die Krise spitzt sich zu

Arbeitsfelder und Einsatz

In diesen ersten beiden Jahren an der Massai Lodge Road hatten wir alle Hände voll damit zu tun, das Schulleben in geordnete Bahnen zu bringen, einen guten Unterricht zu leisten und vor allem den Betrieb nicht nur am Laufen zu halten, sondern kontinuierlich aufzubauen und zu erweitern.

Der erste Klassentrakt war im Bau. Josef, unser Bauleiter für ein Jahr, war längst seiner Wege gegangen, und alle Bauangelegenheiten fielen in Vojkos Hände. Vojko wiederum war von seiner Begabung her Pädagoge, leidenschaftlicher Geograf und Philosoph, aber in keinster Weise ein Bastler und Handwerker oder gar Bauingenieur. Zudem hatte er ein zartes Nervenkostüm. Wie er sich durch all die Hindernisse hindurchgebissen und sich in die Geheimnisse der afrikanischen Baukunst eingearbeitet hat, sodass seine Werke immer noch stehen und regendicht sind, ist mir ein Rätsel. Nach dem Motto meines Großvaters «Bau das erste Haus für den Feind, das zweite Haus für den Freund und das dritte Haus für dich selbst» hat er an unserem späteren eigenen Haus wirklich höchste Bauleitungskunst bewiesen.

Wie erwähnt, gehörten zu unseren besonderen Sorgen die Strom- und Wasserversorgung, die Abwasserentsorgung und die Instandhaltung der Massai Lodge Road, ein wichtiges Attribut der Schule. Ein freiwilliges Komitee unserer zahlungskräftigeren Nachbarn setzte sich dafür ein, dass nach jeder Regenzeit die beachtliche Auswaschung der Straße wieder aufgeschüttet und planiert wurde, auch wegen der geringeren Reparaturkosten ihrer eigenen Fahrzeuge. Vojko war lange Zeit Koordinator dieser Aktivitäten. Sie umfassten auch die Sicherheitsfragen vor Ort, also die Strategie des Schutzes und der Verteidigung bei Überfällen.

Die Bedrohung in den Nächten begleitete uns seit dem geschilderten Vorfall an der Magadi Road ständig. An der Schule richteten wir unser eigenes Sicherheitssystem gemeinsam mit den Nachbarn ein, da außerhalb der Stadtgrenze keine Wächterfirmen mehr stationiert waren. Jeder hatte mindestens seinen eigenen Nachtwächter mit Helm, Holzkeule und Nebelhorn. Im Haus besaßen wir eine Ansammlung von Feuerwerksraketen, die wir im Notfall vom Balkon aus abschießen konnten, und Nebelhörner, um die Nachbarn zu alarmieren. Deren Herbeieilen sollte die Räuber dann verjagen. Umgekehrt schärften wir unserem Nachtwächter ein, uns zu wecken, wenn er bei den Nachbarn etwas hörte. Dann machte sich Vojko schnell auf den Weg. Alles musste gut durchdacht und geplant sein, um das eigene Haus, das heißt die Schule, nicht schutzlos zu hinterlassen, denn es könnte ja auch eine Falle sein. Anfangs kam mir alles so absurd vor wie Szenen in einem schlechten Krimi oder Wildwestfilm. Ich konnte kaum glauben, dass dies alles Realität sei.

Die Nachtwächter waren wiederum ein Thema für sich, da die wenigsten wirklich zum Wachen geeignet waren. Männer aus den kriegerischen Volksstämmen der Massai und Samburu eigneten sich zwar ganz ausgezeichnet, aber waren sozusagen nicht «anstellbar», nicht sesshaft und meist nach wenigen Monaten wieder unterwegs. Männer aus den anderen Volksstämmen waren dagegen eher ängstlich und deswegen nicht wachsam. Wie oft ging Vojko des Nachts auf die Suche nach ihnen! Wo hatten sie sich versteckt? Wo schliefen sie heute? In einem ausgehobenen Baumloch oder im Kuhstall? Wie oft wurden sie gewarnt, verwarnt und schließlich gekündigt? Zeitweise beauftragten und zahlten wir zusätzlich unseren Freund und Massai-Nachbarn Jackson, der in Ole Paschas Häuschen neben dem Schulgrundstück wohnte, nachts unsere Nachtwächter zu kontrollieren. Diese latente, permanente Gefahr zehrte beträchtlich an den Nerven. Der sonst regenerierende Schlaf wurde dünn und flach, weil auch die Nächte unsere Wachsamkeit forderten.

Für die stetig wachsenden Anforderungen tagsüber hätten wir einen guten Schlaf natürlich nötig gehabt. Betreuten wir auch nur etwa fünfundzwanzig Kinder im Kindergarten und in der Schule an der Massai Lodge Road und weitere eins bis vier im Kindergarten in Kileleshwa, so hatten wir doch neben den Gastlehrern und Praktikanten etwa zwanzig kenianische Mitarbeiter zu begleiten und zu «ernähren». Sie arbeiteten im Haus, auf der Farm und in der Schule: die Schulbusfahrerin, die Nachtwächter, die Gärtner, der Hausmeister, die Köchin und die Putzfrauen, die Puppennäherinnen, die Kollegen und Kolleginnen, der Buchhalter und die Teilzeitsekretärin, die auf einer klapprigen

Reiseschreibmaschine die Korrespondenz führte. Die meisten Mitarbeiter wohnten außerhalb des Grundstückes im Dorf entlang der Massai Lodge Road und kamen täglich zu Fuß zur Arbeit. Auch der Waldorfkindergarten Kileleshwa in der Stadt wurde von der Schule aus mit seinen drei Angestellten, der Kindergartengehilfin, dem Hausmädchen und dem Gärtner, verwaltet.

Die Registrierung der Schule musste betrieben und alle Voraussetzungen erfüllt werden, die Mitarbeiter versichert und versteuert, die Buchführung vom Rechnungsprüfer bestätigt, alle Arbeitserlaubnisse korrekt eingereicht und verlängert, alle Konten übersichtlich geführt und rechtzeitig für den nötigen Geldfluss gesorgt werden. Es musste gewährleistet sein, dass am Monatsende die Gehälter sicher von der Bank zur Schule transportiert wurden, damit alle Mitarbeiter bezahlt werden konnten – alles keine Selbstverständlichkeiten. Und wohlgemerkt all dies ohne Telefon, vierzig Autominuten außerhalb der Stadt mit inzwischen zwei uralten und klapprigen Vehikeln.

Zielsicher dem Abgrund zu

Unser freies, karitatives Unternehmen steuerte zielsicher einer Existenzkrise zu. Der Schultrust wurde jedes Jahr regelmäßig einberufen und auf dem Laufenden gehalten. Ein zumeist freundliches Kopfnicken und Absegnen der Schulangelegenheiten und -geschäfte war der größte Beitrag, den der Schulvorstand geben konnte. Uns war dies auch ganz recht. Natürlich hätten wir Hilfe und Unterstützung brauchen können, jede Menge, aber wir befanden uns inzwischen in einer Situation, die man mit einem Segeltörn auf hoher See bei tagelang anhaltender höchster Windstärke vergleichen kann. Hochkonzentriert arbeiteten wir Hand in Hand, verständigten uns wortlos und «trotzten Wind und Wetter», ohne die Nerven zu verlieren. Und jeder, der nicht verstand, um was es ging, jammerte oder stand unbeteiligt herum. Er bedeutete dann nur eine Belastung und «wurde unbarmherzig in die Kabine verbannt». Nur leider waren wir nicht auf hoher See, sondern im afrikanischen Busch. Dort konnte niemand in die Kabine verbannt werden.

Im Gegenteil – ein Gast aus England, eine Karikatur seiner selbst, verstand es in dieser Situation, über mehrere Monate wie ein «Schmittchen Schleicher» die Ohren offenzuhalten für jedes Murren der Mitarbeiter, jede Unzufriedenheit der Eltern, jede Verständnislosigkeit der Vorstandsmitglieder. Er stellte sich in der Pause zu den Angestellten, besuchte die verschiedenen Eltern zu Hause und Nani in ihrer Werkstatt. Freundlich und interessiert ging er auf alles ein und mimte den erfahrenen Fachmann und Menschenfreund. Er gab vor, sie in ihrem Kummer gut zu verstehen, und teilte ihre Sorgen um die Schule. «Vojko und Irmgard sind ja so tüchtig, man würde ihnen so gerne helfen, wenn sie sich nur helfen ließen. Aber sie können einfach nicht loslassen. Kein Wunder, dass Vojko so gereizt ist und Irmgard so empfindlich. Wenn das so weitergeht, wird die Schule draufgehen.» So wurde über uns, hinter unserem Rücken geredet. Überall holte er sich die Streicheleinheiten, die wir ihm versagten, und rächte sich somit an unserer Ignoranz ihm gegenüber. Mit Unschuldsmiene saß er dann in der Konferenz und rührte und muckste sich nicht, wie eine Spinne im Netz. Kaum wandten wir ihm den Rücken zu, war er wieder fleißig am Spinnen. An diesem Menschen scheiterte ich restlos. Einzelne Eltern riefen Krisensitzungen ein und sprachen ihr Misstrauen gegen uns aus. Die Vorstandsmitglieder wandelten ihr gewohntes Kopfnicken in ein Kopfschütteln. Wir beide wurden immer hilfloser und aggressiver. Unser Gast hatte gute Arbeit geleistet, und ich fühlte maßlose Wut gegen ihn. Ich kochte innerlich und hätte schreien und heulen können zur gleichen Zeit.

Natürlich hatte er im Kern recht, die Eltern und der Vorstand auch. Wir konnten nicht mehr loslassen, waren längst, ohne es zu merken, mit der ganzen Situation heillos überfordert, weil wir den

Untergang der Schule täglich vor Augen sahen. Deshalb waren wir immer gereizter und überempfindlich geworden. Aber warum musste man uns dann in den Rücken fallen, das Vertrauen entziehen, statt wirklich Hilfe zu bieten und gemeinsam eine Lösung zu finden? Mein Groll gegenüber diesem Gastkollegen beschäftigte mich lange Zeit. Erst als ich ihn nach vielen Jahren in England wiedertraf, war ich in der Lage, mich mit ihm auszusprechen und zu versöhnen.

Damals ging uns die Luft aus. Wir konnten nicht mehr. Eine große Erschöpfung bahnte sich bei mir an und so etwas wie ein sich verselbstständigender Aktionismus bei Vojko. Dreimal war es bereits passiert, dass ich mit geweiteten und geröteten Augen ihm gegenübersaß und sagte: «Vojko, wenn wir jetzt nicht etwas ändern, werden wir krank, und unsere Ehe geht kaputt.» Aber alle Bedenken, alles Ahnen half nichts. Wir steuerten auf stürmischer See einem Abgrund zu, und alles Drehen und Wenden half nichts.

Es wird langsam ernst

Im Sommer 1993 spitzte sich die Situation weiter zu. Wir erwarteten eine befreundete Familie aus Deutschland, einen ehemaligen Kollegen mit Frau, dazu noch Vojkos Eltern und seinen Bruder. Wir planten eine Safari in die Masai Mara, den kenianischen Teil der Serengeti, ein beliebtes Touristenziel. Mit dem Isuzu-Schulbus und unserem alten Jeep fuhren wir erschöpft, aber guter Dinge los. Auf dem ersten Abend Game Drive streiften wir mit dem Schulbus einen größeren Stein, der den Wasserschlauch des Kühlers aufschlitzte. Der Motor wurde heiß, und die Kühlerdichtung schmolz. Zurück an der Lodge wurde per Funktelefon unser Mechaniker in Nairobi verständigt, der das passende Ersatzteil aus dem Kindergarten holen und es so schnell wie möglich zum nächsten Flieger in die Masai Mara bringen sollte. Inzwischen hatte unser Freund den Motor mit dem Kühler ausgebaut. Das eingeflogene Ersatzteil wurde eingesetzt, und nach neunstündiger Arbeit konnte die Testfahrt gemacht werden. Der Isuzu fuhr. Aber leider nicht lange. Das Loch im Schlauch hatte nur notdürftig geflickt werden können, die Bandage wurde heiß und durchlässig, das Wasser lief aus, und wir standen vor genau derselben Situation wie tags zuvor. Die Kühlerdichtung war zum zweiten Mal geschmolzen. Nichts konnte meine Stimmung nun mehr retten. Es war einfach zu viel. Für teures Geld ließen wir uns nach Nairobi bringen und beauftragten unseren Mechaniker, mit seinem Kollegen unseren Schulbus von der Masai Mara nach Nairobi abzuschleppen. Eine zweite Ersatzdichtung musste erst aus Südafrika bestellt werden.

Diesmal konnte auch ein Aufenthalt am Indischen Ozean unser Gemüt nicht mehr beleben. Unser gemeinsamer Urlaub mit den Freunden an der Küste, nachdem Vojkos Eltern und Bruder abgereist waren, geriet zum Desaster. Die Urlaubsstimmung unserer Gäste teilte sich uns nicht mit, weil wir uns innerlich wie taub fühlten. Immer mehr entfernten sie sich von uns und reisten schließlich irritiert ab. Das wieder war für mich äußerst erschütternd, da ich bisher aus der treuen und liebevollen Begleitung unserer Freunde in Deutschland immer noch die letzte Kraft zum Durchhalten geschöpft hatte. Eine Stimmung der Resignation machte sich in mir breit.

Genug

Nach den Sommerferien kam Regine als Kindergärtnerin für Kileleshwa, Jules aus der Schweiz sollte als Geschäftsführer einsteigen, und zwei deutsche Abiturientinnen wollten in der Puppenwerkstatt und im Internat helfen. Ein weiterer Gastkollege sollte mit dem Unterricht der inzwischen fünf Jahrgangsstufen in drei Klassen für ein halbes Jahr überbrücken helfen. An viele Lehrerseminare weltweit hatten wir unsere flehenden Notrufe nach einem Kollegen gesandt, in verschiedenen waldorfnahen Zeitschriften wurden unsere Inserate abgedruckt.

Doch irgendwie schien alles zu spät. Mit Entsetzen musste ich beobachten, wie Vojko völlig aus dem Ruder geraten war. Jules, der neue Geschäftsführer, war ihm ein Dorn im Auge, eine wandelnde Provokation. Dieser arme Mensch konnte tun und lassen, was er wollte, Vojko hatte sich ihn als Opfer auserkoren und ließ seine ganze innere Verzweiflung, Wut und Hilflosigkeit in Form von massivsten Angriffen an ihm aus. Er benahm sich wie ein Platzhirsch, in dessen Revier ein Konkurrent eingetreten war. Ich kannte ihn nicht wieder und war wie gelähmt. In meiner Not flüchtete ich für einige Tage zu Regine nach Kileleshwa. Wenige Tage später kam, im Oktober 1993, unser Schulmentor Krauch aus Deutschland zu Besuch, da wir eine Fortbildung in Uganda organisiert hatten. Unsere kenianischen Kollegen und vereinzelte interessierte Freunde aus Kenia und Uganda waren dazu eingeladen. Letztere hatten als Tagungsort ein Kloster am Rande von Kampala gebucht, ein schauerlicher Ort. Die hohen, unbelaubten Bäume um das Gebäude waren massenweise von krächzenden Krähen belagert. Tag und Nacht erschallte ihr Friedhofsgeschrei. Als Vojko und ich uns am ersten Abend zurückgezogen hatten, gestand er mir, dass er seit einer Woche eine Affäre mit unserer kenianischen Kindergärtnerin habe. Unsere Ehe stehe aber nicht auf dem Spiel …

Da war es so weit. Der letzte Strohhalm, an den ich mich geklammert hatte, brach weg, ich sank in eine endlose Tiefe. An die nächsten Monate kann ich mich nur vage erinnern. Es war klar, ich musste weg. Mithilfe von Krauch und anderen Freunden konnte eine Vertretung für mich gefunden werden. Ich plante einen Erholungs- und Besinnungsaufenthalt in England, und Vojko sollte möglichst einige Monate später nachkommen.

1. AUSZEIT

BESINNUNG UND VERWANDLUNG

Auf einer schönen Wiese

«Da ging das Mädchen an den Brunnen zurück und wusste nicht, was es anfangen sollte, und sprang in seiner Angst in den Brunnen hinein. Als es erwachte und wieder zu sich kam, war es auf einer schönen Wiese; die Sonne schien, und es standen da viele tausend Blumen.» So steht es im Märchen von Frau Holle, und so ähnlich «erwachte» ich einige Monate nach meinem Sinken in die Tiefe im Garten des Center for Social Development in East-Sussex.

In eine warme Decke gewickelt saß ich in einem bequemen Liegestuhl auf der Terrasse und nahm den liebevoll angelegten Garten und die Frühlingssonne tief in mich auf. Endlich hatte ich Ruhe. Keiner wollte etwas von mir, keine Sorgen – außer der Ungewissheit wie es mit unserer Ehe und auch mit der Schule weitergehen sollte – keine Angriffe, nur Ruhe, Ruhe, Ruhe … Einfach himmlisch.

Es waren einige Wochen und Monate vergangen, in denen ich mich wie unter Schock bewegte, notdürftig ein großes Meer an Schmerz in Bann hielt und kaum schlief. Etwa fünfzehn Kilogramm leichter, funktionierte ich erstaunlicherweise noch so weit, dass ich meinen Aufenthalt in England in die Wege leiten und für meine Vertretung an der Schule sorgen konnte. Es schien alles wie von Geisterhand darauf vorbereitet worden zu sein.

In den ersten Wochen meines Englandaufenthaltes hatte ich starke innere Erlebnisse und Bilder. Jedes Mal, wenn ich die Augen zumachte, war es mir, als würde ich in endlose Wassertiefen sinken, langsam und schwerelos, tiefer und tiefer. Dann wieder genau das Gegenteil: Ich fühlte mich wie geborgen, in einer großen Hand liegend, die mich langsam hinaufhob, schwerelos, und von oben kam mir ein goldener Lichtregen entgegen und bedeckte mich über und über mit Lichtflocken, fast wie federleichte Goldtaler. Diese Bilder kamen immer und immer wieder und erinnerten mich an das Märchen von Frau Holle. Um in die andere Welt zu gelangen, sprang die Goldmarie in den Brunnen und ließ sich immer tiefer sinken. Um wieder zurückzukommen, ging sie durch das Tor, das Goldtaler auf sie herabregnen ließ. Welch eigenartige Parallele zu meinen eigenen Bildern.

Über ein Jahr lang war ich arbeitsunfähig, sollte viel liegen und ruhen. Ein Vortrag, ein Seminar, ein Gespräch, und schon sackten mir wieder die Beine weg, sodass ich mich hinlegen musste und ruhen. Es war, als könnte meine Seele kaum mehr weitere Eindrücke aufnehmen. Alles, was das Leben in den letzten Jahren geboten hatte, musste erst einmal verdaut werden: wie eine Kuh, die sich in den Schatten legt und mindestens viermal hervorholt, was sie zu sich genommen hat. Da gab es schwer verdauliche Kost, jede Menge Disteln! Ich nahm die Zeit zum Lesen, Schreiben und Nachdenken dankbar an. Das Center hier in England mit seinem lieblichen Garten und gemütlichen englischen Kaminfeuer war genau der richtige Ort. So wie Goldmarie auch in der anderen Welt ihre Arbeit leistete, das Brot herauszog, den Apfelbaum schüttelte und Frau Holles Bett aufschüttelte, so hatte auch ich einige Arbeiten zu tun. Drei Aufgaben waren es, wie im Märchen.

Raupe – Puppe – Schmetterling

Ich studierte biografische Gesetzmäßigkeiten. Wie ein Musiker etwas von Kompositionslehre wissen muss, um komponieren zu können, so wollte ich mehr über Biografielehre wissen, um die Komposition meines Lebens besser verstehen zu können, vor allem den letzten dramatischen Satz. Ich wollte den Zusammenhang von Freiheit und Notwendigkeit besser durchschauen und erfragen, was mit mir geschehen war und was ich hätte anders machen können.

Auf großen Bögen Papier fing ich an, mein bisheriges Leben aufzuzeichnen und nach Zahlenrhythmen und Zusammenhängen zu durchstöbern. Die letzten, dunklen Jahre fielen genau in die Lebenszeit zwischen dreißig und dreiunddreißig, die Zeit, in der oft eine große innere Verwandlung stattfindet, vergleichbar mit der einer Raupe zur Puppe und zum Schmetterling, hieß es. So hätte ich dem gar nicht entgehen können, oder doch? Wie stand es denn mit der Freiheit des Menschen?

Dann ging es an die Aufarbeitung. Mit einer in Biografiearbeit ausgebildeten Dozentin tastete ich mich Stunde für Stunde mit Zeichnungen und Texten an viele unaufgearbeiteten Erlebnisse heran und lernte sie anders betrachten. Zuerst war mein Blick getrübt von Selbstmitleid, und ich sah mich als armes Opferlamm, einem Schicksalsirrtum unterlegen. Denn womit hätte ich gutwilliger Mensch so viel Unbill verdient? Dann durchlitt ich die heftigsten Selbstvorwürfe. Wie konnte ich nur so arrogant gewesen sein, so ignorant! Ja, ich hatte es eben nicht anders verdient, lamentierte ich zerknirscht. Bis ich schließlich lernte, Gegebenheiten zu akzeptieren, wie sie waren, und ein neuer Frieden allmählich in mein Herz einzog. – Das Brot war aus dem heißen Ofen herausgeholt, um mit den Bildern des Märchens zu sprechen.

Auswertung der Pionierphase

Was für eine wunderbare Fügung: Zu dem dreiwöchigen Kurs über Organisationsentwicklung, der am englischen Center angeboten und von Ernst Amos und seinen Kollegen geleitet wurde, hatten sich außer Vojko und mir nur noch eine ältere Dame aus Kalifornien angemeldet. Mit ihrem Einverständnis wurde unser Schulprojekt zum Fallbeispiel des Kurses. Mithilfe unserer wissbegierigen Gesprächspartner und ihrer gezielten Fragen erstand ein lebendiges Bild unserer Situation in Kenia. Was war die Vision der Gründer? Wie sahen die einzelnen Entwicklungsschritte aus? Was war entstanden? Welche Modellwege sind für die Zukunft denkbar? Fragen über Fragen. So viele Aktivitäten und so wenige tragende Schultern? Habt ihr mit dem Schulvorstand über die einzelnen Verantwortungsbereiche gesprochen? Welche Rolle spielen die Kenianer in eurer Schule? Sofort wurden die einzelnen Schwachpunkte herauskristallisiert.

Wir erfuhren die sieben Ebenen eines Unternehmens, was jede Menge Fragen aufwarf und zu wichtigen Betrachtungen führte. Ich will hier nur zwei etwas ausführen: Unsere Schule hatte eigentlich zwei Visionen. Die von Nani Croze – sie war geprägt von dem Leben im afrikanischen Busch und den bewährten Überlebensstrategien. Und die von Krauch und uns, die von den Grundprinzipien und Idealen der Waldorfpädagogik, wie sie im mitteleuropäischen Raum entwickelt und gepflegt wurden, herrührten. So wenig Nani von Letzterem verstand, so wenig kannten wir und Krauch das afrikanische Leben. Wenn starke Naturen und Menschen der Tat aufeinandertreffen und sich nicht sogleich einig sind – dann geht leicht jeder seine eigenen Wege. Nani hatte genug Projekte, die ihre ganze Energie forderten, zum Beispiel die Glasbläserei. Vojko war froh gewesen, freie Hand zu haben, und ich kämpfte mit Nanis Gleichgültigkeit, die ich nicht verstand. Ich hatte auch Angst vor ihrer erfrischend herben Art. Ich bestaunte und bewunderte sie, wie ein schönes, großes Nashorn im Nationalpark, wagte aber nicht, ihr zu nahe zu kommen. Es wurde uns überdeutlich, dass wir über alle diese Dinge frei und offen hätten sprechen und sie klären müssen. Aber wären wir, auch von unserem Lebensalter her, dazu schon in der Lage gewesen? War es nicht eine wirkliche Überforderung gewesen? Hätten wir nicht alles viel besser planen und vorbereiten und für Hilfe, woher auch immer, offen sein müssen?

«Auch wenn eure Pionierphase, in der alles notgedrungen in den Händen weniger liegt, wohl noch eine ganze Weile andauern wird, so gilt es jetzt die Strukturphase, in der ein geregeltes und selbstbestimmtes Zusammenwirken aller Mitarbeiter nötig ist, vorzubereiten und einzuführen», hieß es von den Experten. Unter Anleitung von Steve Briault erstellten wir Diagramme und Schaubilder, wie unser Schulorganismus nach innen in Gremien und Arbeitsgebieten gegliedert und mit der Außenwelt verwoben ist. Ich war überwältigt von all den vielen fundierten Gedanken und zutiefst dankbar für all die hilfreichen Arbeitsmodelle. Unsere Dozenten versicherten uns, dass sie unsere Schulinitiative unter einem starken Stern stehen sahen, aber dass es für uns wichtig sei loszulassen. Wir müssten nun als Pioniere nach all unserem Bemühen und allen Anstrengungen, ohne persönlichen Ehrgeiz, die rechte Hilfe erwarten. Wie recht sie damit hatten, sollte uns bald deutlich werden. – Die Äpfel waren geerntet und aufgehäuft.

Zurück nach Kenia

Als letzter Abschnitt dieser reichen Verarbeitungszeit folgte ein neunwöchiger Schulungskurs unter Anleitung von Coen van Houten und seinem Team. Über zwanzig Teilnehmer aus aller Welt hatten sich dazu versammelt, aus Neuseeland, Australien, Südafrika, Nordamerika und natürlich Europa. Für alle war es eine Atempause im Leben zum Lernen und Üben.

Ein durchgehendes Element des Kurses waren tägliche Wahrnehmungsübungen. Beim Betrachten kleiner Gegenstände und gemeinsamem Reflektieren wurde deutlich, wie stark unsere Gedanken und Gefühle von unserer Persönlichkeit gefärbt sind. Schon Goethe sagte sinngemäß: «Es ist das schwerste, mit den Augen zu sehen, was vor den Augen liegt.» Wir übten täglich, innerlich ganz still zu werden und zu «lauschen». Schließlich sollten wir versuchen, Lebenssituationen auf gleiche Art «wahr-zu-nehmen». Dabei sollten diese anfangen, von ihrer Vergangenheit aus einem vorhergehenden Leben zu «sprechen». Eine persönliche kleine Szene, eine Momentaufnahme, wurde geschildert und mithilfe der Fragen der Zuhörer immer reicher und gesättigter ausgemalt. Jeder Teilnehmer der Gruppe versuchte eine Idee zu bekommen von dieser Szene, eine innere Geste zu ertasten und Leben und Schicksal zum Forschungsobjekt. Wie sonderbar, nein wunderbar: Gefühle wie Groll, Verletzung, Enttäuschung schienen sich zaghaft und anfänglich wie Wolken am frühen Morgen, von der Sonne beschienen, nach und nach aufzulösen. Sie hatten mich geleitet, hatten meine Fragen geweckt und mir keine Ruhe gelassen, um mich auf einen Weg zu bringen, einen Weg, mein Karma zu ordnen. Wie mir bald klar wurde, ist dies kein einmaliges, sondern ein fortdauerndes Geschehen, das mich mein Leben lang begleiten wird. – Frau Holles Betten waren aufgeschüttelt.

5. NEUANFANG

NEUE HOFFNUNG

Baustelle für kühne Träume

Es kam die Zeit, vom Center for Social Development und all den erfahrenen und weisen Menschen Abschied zu nehmen. Während wir in England die Pionierphase auswerteten und uns für die nächste Phase rüsteten, war noch gar nicht sicher, ob die Schule überhaupt weiter existieren würde und wir zurückgehen würden. Doch es trafen recht vielversprechende Nachrichten aus Nairobi ein: Der Kindergarten in Kileleshwa füllte sich mit Kindern. Die neue deutsche Kindergärtnerin Regine war äußerst tüchtig und afrikatauglich. Unsere Vertretungen an der Schule waren es ebenso. Wie durch ein Wunder wurde der ganze labile Schulbetrieb von treuen Freunden und Helfern am Leben gehalten. Drei Kollegen aus England wollten im folgenden Jahr unbedingt und für viele Jahre kommen und mithelfen. War das eine Möglichkeit?

Unter drei Bedingungen ging ich zurück: Ein Jahr später wollte ich noch einmal für drei Monate gemeinsam mit Vojko nach England zu einer Fortbildung kommen. Zweitens wollte ich im eigenen Haus wohnen und leben, also ein Privatleben führen, aus dem ich Kraft schöpfen und Distanz gewinnen könnte, und drittens bereits jetzt meinen Ausstieg aus der Schule bewusst planen und kein Pionier sein, den man schließlich vom Thron stieß. Wie ein eisernes Schild hielt ich diese Bedingungen vor mich, wie um mich zu schützen. Noch war mein Himmel voller Wolken, aber die Kraft der Sonne wurde sichtbar, und das erste Durchblinzeln ihrer Strahlen hatte etwas sehr Feierliches und Freudiges. So kehrten wir mit gewissen Hoffnungen Anfang 1995 nach Kenia zurück.

Starke Frauen in der Stadt

«Nein, Vojko, dieses Haus können wir nicht bauen, das ist ja viel zu groß und überdimensional für uns», sagte ich. Doch zu spät. Vojko war nicht mehr davon abzubringen, nach den Plänen eines deutschen Schülervaters und Architekten zu bauen. Dieser hatte freundlicherweise unsere Entwürfe zwar professionell gezeichnet, aber dabei alle Maße auf Standard erweitert, was heißt, dass das geplante Doppelhaus etwa ein Drittel größer wurde. Wir haben es aber letzten Endes nicht bereut, die oberen Räume aufrecht betreten zu können und keine Luken, sondern ordentliche Fenster zu haben und sogar eine Badewanne einbauen zu können. Aber zuerst verschlug es mir doch den Atem: fünfhundert Quadratmeter Wohnfläche in zwei spiegelbildlich angelegten Haushälften! Jeweils fünf Schlafräume und einen großzügigen Wohnraum mit Essnische und zentralem, offenem Kamin. Das ganze Gebäude lag leicht erhöht und war von allen Seiten weithin sichtbar. Was würden denn die Nachbarn dazu sagen, die meist ihre Häuser etwas schnuckelig versteckt oberhalb von Schluchten gebaut hatten?

Meine anfänglichen Sorgen waren aber unbegründet, und mit der Zeit wurde es ein Traumhaus. Unsere Mitarbeiter und die Massai-Freunde zeigten sogar ihren Stolz über uns. Übertreibungen waren scheinbar nichts Anrüchiges, sondern ein Zeichen von Macht und Stärke im Sinne mittelalterlicher Burgenbesitzer. Außerdem half Mutter Natur mit, dieses gewaltige Steingebäude in wenigen Jahren mit den herrlichsten Blumen und Kletterpflanzen einzusäumen und mit lieblich duftenden Büschen und Bäumen zu umhüllen. Gartengestaltung wurde mein Hobby, ja meine Leidenschaft. Aber würden auch die Finanzen reichen? Das ließ sich schwer vorhersagen.

Auf jeden Fall erfüllte mich nach meiner Rückkehr aus England das Wachsen unseres neuen Heimes mit großer Vorfreude und mit Zuversicht. Ebenso das Wachsen und Gedeihen unseres

Kindergartens in Kileleshwa. Mit der deutschen Kindergärtnerin Regine, ihrer kenianischen Kollegin Catherine und der neuen Schulmutter Roo Woods hatte sich ein starker Kern gebildet, um den herum viel Aktivität und neues Leben spürbar war. Roo brachte uns mit den weißen kenianischen Kreisen und der alternativen Szene in Nairobi in Berührung, zu der auch Mandy Parkin maßgeblich beitrug. Mandy war die Begründerin und Leiterin eines auf ganzheitliche Gesundheit ausgerichteten Zentrums in Nairobi, dem Lighthouse, und, als werdende Mutter, an unserem Kindergarten interessiert. Sie und Roo waren gute Freundinnen, und mit ihnen begann auch meine anfängliche «Integration» in die weiße englische Community.

Ganz zu Beginn hatte sich schon einmal ein kleines Mädchen aus dieser Gesellschaftsschicht in unseren ersten Kindergarten verirrt. Ihre Mutter war Malerin und hatte einen feinen Sinn für alles Künstlerische, auch in der Erziehung. Ihr war nicht entgangen, wie das englische Schulsystem ihren älteren Sohn prägte und aus einem empfindsamen Knaben einen abgehärteten Sportler zu erziehen versuchte, dem das Kämpfen und Gewinnen allmählich wichtiger wurde als zu angeln und zu zeichnen. Gerührt bedankte sie sich bei uns für ein großartiges Konzert, das wir mit dem Geiger Miha Pogacnik[24] organisiert hatten. Es sei das Beste gewesen, was sie je gehört habe. Doch leider konnten wir mit Klärteich und Kuhweide in keinster Weise mit Pool und englischem Sportrasen konkurrieren. Vor allem konnten wir nicht die Klassenkameraden bieten, die sich der Vater für seine Tochter wünschte. Als Doktor der Biologie und angesehener Luxussafariunternehmer für reiche amerikanische Kunden war unsere Schule für diese Familie auf Dauer indiskutabel. Die Abmeldung des Kindes tat mir damals auch wegen meines freundschaftlichen Kontaktes zu dieser Mutter sehr leid. Sie war in meinem Lebensumfeld eine so wohltuende Ausnahme. Ich bewunderte ihr Vertrauen und ihren Mut, ihre Tochter doch immerhin in den drei ersten und mühsamsten Jahren zu uns zu geben.

Auch Roo gehörte zu den eingebürgerten Kenianerinnen. Sie war ein angesehenes Mitglied der Community und besaß einen großen Freundeskreis. Im Designgewerbe tätig, leitete sie eine kleine Schneiderei, wo sie die eigenen Entwürfe herstellen ließ, bevor sie mit ihrem langjährigen Freund eine fünfköpfige Familie gründete. Immer schon offen für eine bewusste Lebensweise, war sie auch mit der alternativen Szene vor Ort bekannt und besuchte unseren ersten Kindergarten in Karen/Langata, als ihr erstes Kind gerade geboren war. Als Xan schließlich drei Jahre alt wurde, brachte sie ihn in unseren Kindergarten in Kileleshwa, der gerade fünf Minuten von ihrem Haus entfernt lag. Sie war die erste Mutter, die uns dort tatkräftig unterstützte und sich für alle Belange wie Öffentlichkeitsarbeit, Finanzen usw. einsetzte. Sie kam mit ihrem Mann zu allen Treffen und wurde neben der deutschen Kindergärtnerin zum Motor des Kindergartens. Leider war auch für sie, wie für viele andere, die Schule an der Massai Lodge Road keine ernstzunehmende Alternative für ihren Sohn; teils wegen der räumlichen Entfernung, aber hauptsächlich wegen des «Lifestyles» und der Elternschaft. Nur wenn man zur «Community» gehört, hat man eine Chance, im Geschäft zu bleiben und den Kindern einen gehobenen Lebensstandard zu gewährleisten. Diese wiederum knüpfen ihr soziales Netz und ihre Karrierechancen schon in der Schule. So kam Xan später auf eine angesehene Privatschule, war aber sehr unglücklich. Die Eltern waren verzweifelt, sahen jedoch keine andere Lösung. Damals besuchte ihre Tochter Amber bereits den Kindergarten Kileleshwa.

Als ich aus England zurückkehrte, war Xan gerade zu uns gekommen, und der Kindergarten füllte sich mit Leben und erfreute sich wachsender Beliebtheit, wenn auch nicht als Vorstufe für die Steiner School vor den Toren Nairobis, so doch als eigene Einheit. Die Kinder kamen zum Glück zumeist aus der zahlungskräftigen Schicht, denn wir waren durch unsere hohen Mietkosten auf die Elternbeiträge angewiesen. Waren die Kinder an der Steiner School überwiegend dunkelbraun mit einzelnen helleren Schattierungen und nur wenige Hellhäutige darunter, so war die Kinderschar in Kileleshwa die umgekehrte Entsprechung dazu: überwiegend europäisch-nordamerikanische, wenige afrikanische und einzelne Mischlings- und japanische Kinder. An der Schule der Massai Lodge Road konnten etwa ein Drittel der Eltern die verhältnismäßig moderaten Schulgebühren aufbringen, die anderen wurden durch Paten aus Europa unterstützt. In Kileleshwa übernahmen die Eltern bald selbst den Finanzhaushalt und erhöhten selbstständig und einhellig die Schulgebühren entsprechend der Ausgaben und ließen trotzdem zu, dass etwa ein Drittel der Kinder finanziell mit unterstützt wurden. Das war für weiße kenianische Verhältnisse etwas ganz Neues und Ungewöhnliches und zeigte anschaulich, welche Früchte die Selbstverwaltung einer Schule tragen konnte. Mit den stetig wachsenden Schulgebühren der teuren internationalen Privatschulen regte sich ein gewisser Unmut unter den Eltern, das luxuriöse Leben ihrer Besitzer zu finanzieren. Kostete 1990 ein Trimester an diesen Privatschulen noch etwa dreißigtausend Kenianische Schillinge, so zahlte man zehn Jahre später fast das Fünffache an derselben Schule, obwohl die Währung nur etwa um die Hälfte an Wert verloren hatte.

Kurze Begrüßung

Diesen neuen, tatkräftigen Geist in Kileleshwa spürten wir gleich nach unserer Rückkehr. Er stimmte uns hoffnungsvoll. Mit großer Freude feierten wir in diesen Räumlichkeiten unseren zehnten Hochzeitstag. Es wurde indisch gekocht, afrikanisch getanzt und europäische Spiele gespielt. Eine bunte Gesellschaft kam zusammen, zu der auch Irene gehörte. So wie wir, war sie eine hingebungsvolle, enthusiastische und vielbeschäftigte Gründernatur. Aus Bayern stammend, hatte sie ein Heim für Straßenkinder und Waisen in Nairobi aufgebaut, und da ihre eigenen Kinder früher eine Waldorfschule besucht hatten, gab es einige Gemeinsamkeiten. Sie kam zum Fest mit ihrer fast erwachsenen Tochter und einem kleinen vier Wochen alten Baby in einem Tragekörbchen – eines ihrer vielen Schützlinge. Wir waren etwas erstaunt, dass sie es ausgerechnet heute Abend auf unser Erwachsenenfest mitbringen musste, wo es doch in Kenia so viel Personal gab, das auf das Kind hätte Acht geben können. Mir leuchtete ihr Verhalten nicht ganz ein. Dann stellte sie das Körbchen auch noch so zentral auf die Sitzcouch, dass kaum ein anderer darauf Platz nehmen konnte. Was für eine Affenliebe, dachte ich, und beachtete das kleine Büblein nicht weiter. Und doch lag in diesem Körbchen ein Mensch, der mit mir für den Rest meines Lebens verbunden bleiben sollte – aber dazu später mehr.

Die Staffel wird weitergereicht

Hilflos

Trotz all der schönen, aufregenden Ereignisse erwartete uns nach unserer Rückkehr jede Menge Arbeit. All das Gehörte und Gelernte wollten wir jetzt versuchen, zum Wohle der Schulgemeinschaft Schritt für Schritt einzuführen und umzusetzen. Unsere vielen schlauen Papiere, Konzepte, Pläne und Vorsätze legten wir deshalb bei den verschiedensten Treffen mit Eltern, Kollegen und Schulvorstand vor. Roo und ihr Mann Simon hörten zwar gespannt und sehr interessiert zu, aber sie hatten an der Mutterschule wenig Interesse. Ihnen ging es um den Kindergarten in der Stadt. Und der Schulvorstand? Joan und Matthias, die beiden biologisch-dynamischen Bauern, waren bereits wieder zurück in England, weil ihre Zeit in Kenia um war. Ruth Schaffner war inzwischen verstorben.

Und Nani und Frank? Ich hatte den Eindruck, sie waren hilflos und überfordert, ein bisschen wie Großeltern, die eigentlich mit den Erziehungsproblemen ihrer Enkel nicht allzu viel mehr zu tun haben möchten. Frank war verständlicherweise müde dieser krisengeschüttelten Unternehmung gegenüber, die nicht recht auf die Beine zu kommen schien, und mit uns Pionieren auch. Und Nani hatte wirklich alle Hände voll zu tun, das gewaltige Unternehmen, eine Glasbläserei auf ihrem Grundstück mitten im afrikanischen Busch, gemeinsam mit ihrem Sohn aufzubauen. Sie hatten weder Zeit noch Muße, sich unsere ganzen Diagramme und Schaubilder zu Gemüte zu führen. Ich glaube, Nani konnte sich auch gar nicht recht vorstellen, wozu diese nötig waren. Aber beide freuten sich für uns, dass unser Englandaufenthalt fruchtbar gewesen war, und wünschten uns weiterhin alles Gute. Zu den halbjährlichen Vorstandstreffen würden sie selbstverständlich gerne kommen. Als kurze Zeit darauf Krauch wieder einmal zu Besuch kam, machte Frank den Vorschlag einer Evaluierung der Schule. Er meinte, mithilfe von drei Fachleuten ließe sich doch eine Art Auswertung der Schulsituation erreichen, die für die Zukunft hilfreich sein könnte. Man einigte sich darauf, so eine Evaluierung in die Wege zu leiten. Sie sollte in einem Jahr stattfinden, nachdem unsere neuen Kollegen angekommen und sich anfänglich eingelebt hatten.

Gefahr – meistern oder erliegen?

Wenige Monate später, im Sommer 1995, erwarteten wir unsere neuen Kollegen. Kurz vor und kurz nach ihrer Ankunft sollten wir neuerdings eine mit Gefahr und Gewalt verbunden Begegnung machen, allerdings so, dass sich für uns die Ängste in neue Kräfte verwandelten. Für unsere neuen Kollegen war es wie eine Art Aufnahmeprüfung in Kenia. Wollten und konnten sie sich wirklich auf dieses fremde Leben einlassen?

Wir wohnten noch in dem ersten Mehrzweckbau auf dem

Schulgelände. Eines Nachts wachten wir von dem Getrampel vieler Füße direkt über uns auf dem Dach auf. Diesmal wurden wir ganz unerwartet überrascht. Nichts funktionierte, kein Licht, keine Raketen, keine Nebelhörner! Hellwach tappte ich im Dunkeln in Richtung Küche, wo ich Streichhölzer vermutete, fand die vermeintlichen und drückte sie Vojko mit den Worten in die Hand: «Ich gehe!» Schon war ich auf dem Balkon und fand die improvisierte Dreispitzleiter der Arbeiter direkt darunter stehen. Was für ein Glück. Mühelos ließ ich mich runter. Keine Menschenseele schien auf dieser Seite unten auf mich zu warten. Das war noch mehr Glück. Ich klopfte kurz an einem unserer Ein-Zimmer-Hüttchen, um dem Gast mitzuteilen, dass Einbrecher da seien und wir besser das Weite suchen sollten. Bis dieser seine Hose anhatte, war ich schon mit einem Satz über den zwei Meter hohen Zaun gesprungen und in Nachthemd und Strandsandalen auf dem Weg zu Jackson, dem Massai. Mit Nachdruck klopfte ich an seiner Hütte und berichtete kurz, was vorgefallen war. Dann konnte ich beruhigt sein. Meine Mission war erfüllt.

Jackson und sein Cousin liefen, mit ihren Speeren bewaffnet, zum Seitentor der Schule, gerade hundert Meter entfernt. Auf Jackson war Verlass, das wusste ich. Er hatte Massaiblut in den Adern und kannte keine Furcht. Schon oft hatte er uns geholfen. Diesmal jedoch musste er zurückweichen, denn er begegnete am Tor der Bande, die gerade die erfolgreich abmontierten Solarpaneelen heraustragen wollte. Unerwartet aufgehalten durch die Massai, ließen sie einen Schuss aus einer Pistole knallen. Da wurde es rundherum lebendig. In der Dunkelheit sah man nur Schatten sich bewegen und hörte die Stimmen von Vojko und unserem Gast, der sich mitten im Getümmel befand, und Jackson. Kurz darauf wurde es still. Die Bande war verschwunden, wohin wusste keiner. Mit dem alten Schuljeep fuhren Vojko und Jackson mehrmals im Gelände herum; sie hofften, entweder den verschollenen Nachtwächter oder sonstige Spuren und Zeichen zu finden – vergeblich!

Als wir wieder im Bett lagen, klopfte es plötzlich. Der Nachtwächter kam blutüberströmt daher. Er war bewusstlos geschlagen worden und war jetzt erst wieder zu sich gekommen und zum Haus getorkelt. Noch einmal setzten sich Vojko und Jackson in den Jeep und fanden diesmal ein Loch im Zaun. Die Gauner waren also die ganze Zeit noch auf dem Gelände gewesen. Am anderen Tag konnte man die Spuren im Maisfeld sehen, wo sie sich versteckt gehalten hatten.

Dieses Erlebnis half mir, meine Angst zu besiegen. Auf einmal wusste ich, dass man angesichts einer Gefahr keine Angst hat, sondern über andere Kräfte und ein anderes Bewusstsein verfügt. Denn ich hatte instinktiv gewusst, was ich tun musste, und konnte über den Zaun springen, was ich vorher und nachher nicht mehr zuwege brachte. Trotzdem mussten wir uns gut rüsten, denn erfolgreiche Diebe kamen wieder, so sagte man uns. In der Tat sollte sich zwei Monate später das Schauspiel wiederholen, gerade als Michael und Jill und Sarah angekommen waren. Diesmal aber hatte der Nachtwächter uns rechtzeitig mit seinem Nebelhorn geweckt.

Im Nu waren wir wach, schossen vom Balkon aus unsere Raketen ab und pressten weitere Nebelhörner. Unser «erfahrener» Gast lief diesmal im Schlafanzug ins Maisfeld und verbarg sich darin. Alles wäre nach Plan gelaufen und gut gegangen, denn schon kamen die ersten Nachbarautos, um die frechen Eindringlinge in die Flucht zu schlagen. Auch die drei neuen Kollegen, Sarah, Jill und Michael, hatten ihre Schlafräume verlassen und liefen etwas kopflos zwischen den Einbrechern im Katz- und Mausstil ums Haus. Letztere brauchten eine Weile, bis sie verstanden, dass ihre Opfer ihnen vor der Nase herumliefen. Sie ließen sie schließlich niederknien und nahmen ihnen ihre Armbanduhren ab. Dass nichts Schlimmeres passierte, war den Nachbarn zu verdanken, die bereits zu Hilfe geeilt waren.

War es beim ersten Überfall richtig gewesen rauszugehen, um Hilfe zu suchen, so war es bei diesem Überfall genau das

Verkehrte. Es gibt eben keine übertragbaren Verhaltensregeln außer – niemals Gewalt anwenden! Alles andere ist eine Frage der richtigen Intuition. Eine Nachbarin hatte zum Beispiel einmal die geniale Idee, die sie umringenden und bedrohenden Männer mit einem Fluch zu bedrohen. Dies half augenblicklich. Sie ließen sofort von ihr ab.

Später, als wir schon im eigenen Haus wohnten, schloss sich die Nachbarschaft zusammen und richtete ein eigenes Radioalarmsystem ein. Fünfundzwanzig Familien waren per Funk miteinander verbunden. Jeden Abend wurde ein Radiocheck durchgeführt und danach das Funkgerät die Nacht über angelassen. Diese drastische Maßnahme hat geholfen. Im eigenen Haus hatten wir nicht ein einziges Mal Alarm.

Unser Ausstieg

Leider gestaltete sich die Begrüßung der mit Spannung erwarteten europäischen Mitarbeiter auf diese dramatische Art. Jill und Michael kamen im Sommer 1995 voll Schwung und Elan im wahrsten Sinne des Wortes «dahergebraust», denn sie kamen mit dem eigenen Land Rover und ihren vier kleinen Kindern über Land von England nach Kenia gefahren. Alle Achtung! Sarah reiste mit dem Flugzeug an. Schon wenige Wochen nach ihrer Ankunft war uns klar: Jill und Michael hatten viele eigene Ideen und fanden es uninteressant, Gewohntes und bereits Gewachsenes aufzugreifen oder gar auf unseren Erfahrungen aufzubauen.

Auf Anregung unserer Berater hatten wir Papiere ausgearbeitet, die die Schulstruktur und Organisation erklärten, Visionen und Konzepte darstellten und vieles mehr. Wir planten, die neuen Kollegen im ersten Trimester in alle Bereiche und Belange einzuführen, im zweiten Trimester ihnen die Schulführung zu übergeben, während wir, wie schon erwähnt, nochmals nach England fahren wollten. Im dritten Trimester wollten wir gemeinsam in die Zukunft blicken und an der Schulstruktur arbeiten. So weit kam es aber gar nicht. Schon im ersten Trimester waren unsere Nachfolger so verunsichert und überwältigt von allem, dass sie für sich selbst nur eine Lösung im Alleingang sahen und mit allen Mitteln unseren Abgang einleiteten. Ich glaube, sie standen unter einem immensen inneren Druck. Michael hatte mehrere Anläufe als Klassenlehrer hinter sich – diesmal musste es gelingen. Er war durch lange Reisen tief mit Afrika verbunden, und seit Jahren planten er und Jill, nach Afrika auszuwandern. Sie hatten alle Zelte hinter sich abgebrochen, so gab es für sie beide kein Zurück. Für Jill und Michael standen wir übermächtig im Zentrum allen Schulgeschehens. Sie fühlten ihre eigene Mitarbeit durch unsere Macht bedroht. Jede kleinste Regel wie beispielsweise «das Benutzen des Briefpapiers der Schule nur mit Absprache» wurde als Angriff gedeutet. Ständig gab es Missverständnisse, Verletzungen und ein Drama nach dem anderen. Ich war wieder einmal ziemlich ratlos.

Kurz vor unserem zweiten Abflug nach England, als wir schon auf unseren gepackten Koffern saßen, kam die deutsche Praktikantin Julia aus Frankfurt kopfschüttelnd herein und bat: «Lasst mich doch bitte nicht allein. Ihr seid noch gar nicht weg, und schon fangen die Intrigen an.» Und sie erzählte all die Verdrehungen und «Märchen», die gerade ein Stockwerk unter uns erzählt wurden. Wie von einem übermächtigen Instinkt geleitet, genährt durch eine Art Überlebenswillen, wurde ein Netz gesponnen. Als wir dann in England waren und hörten, wie eine englische Praktikantin nach ihrem vierwöchigen Aufenthalt an der Rudolf Steiner School Nairobi der Leitung des Lehrerseminars «endlich die Wahrheit über uns böse Pioniere» berichtete, spätestens da war uns klar, dass es Zeit war, ein friedlicheres Leben zu beginnen und nicht mehr den Buckel hinzuhalten.

Zurück in Nairobi verkündeten wir unseren Entschluss, mit Schuljahresende, im August 1996, auszusteigen. Wir wollten uns in Zukunft mehr auf regionale Aufgaben konzentrieren, die bisher viel zu kurz gekommen waren.

Die «zweite» Evaluierung

Zuvor sollte aber noch die offizielle Evaluierung stattfinden. Unsere Nachfolger hatten während unserer Abwesenheit Umfragen unter den Eltern und Mitarbeitern gemacht, die wir nie einsehen durften. Leider hatte keiner unserer Dozenten vom Center for Social Development Zeit, sich als Evaluierer zur Verfügung zu stellen, und so musste rasch Ersatz gefunden werden. Mit Schrecken erlebte ich das Gegenteil von dem, was ich in England hatte erfahren dürfen – keine Professionalität. Ich musste zusehen, wie die eigenartigsten Fehlurteile in die Welt gesetzt wurden. Von wem auch immer wurde das Gerücht in die Welt gesetzt, wir hätten unser privates Haus, das wir nach unserer Rückkehr aus England auf dem schon erwähnten Grundstück nahe der Schule anfingen zu bauen, von Spendengeldern für die Schule finanziert. Warum hatte uns keiner der Berichterstatter offen daraufhin angesprochen und unsere Stellungnahme erbeten? Von unseren Freunden in Deutschland wurde dann geklärt, dass wir die Gelder durch den Verkauf unseres eigenen Hauses in Deutschland besaßen. Außerdem konnte man sämtliche Bankauszüge und Belege einsehen, nach denen aber nie gefragt wurde. Hatten wir durch Gehaltsverzicht über Jahre hinweg einen wesentlich größeren Betrag als den, der uns der Hausbau gekostet hatte, sozusagen indirekt der Schule gespendet, wurden wir jetzt der Geldveruntreuung verdächtigt – was für eine Ironie des Lebens.

Die Evaluierung erbrachte dann den Rat, dass die beiden Schulinitiativen vor den Toren Nairobis und in Kileleshwa auch formell getrennte Wege gehen, also von zwei verschiedenen Schulvereinen weitergeführt werden sollten. So könne sich jede Gruppe ihren Visionen und Bedürfnissen gemäß entwickeln und doch freundschaftlich verbunden bleiben. Dies kam den Wünschen und Vorstellungen einiger Eltern um Roo Woods sehr entgegen.

Ein Lächeln hinter der Maske

Zugegeben: Ich verstand die ganze Szenerie nicht. Warum musste ich noch ein zweites Mal einen derartigen Tiefschlag erleben, sozusagen als Nachspiel? Wozu all diese merkwürdigen Verdrehungen und Verrenkungen des Schicksals? Sollten wir die Schule denn wirklich verlassen? Wozu dieser unsanfte Fußtritt? Seit ich in Kenia war, begegnete mir immer wieder einmal von einigen Menschen diese gewisse Feindseligkeit. Es schien, wie wenn sich die Begegnungen in verschiedene Lager gruppieren ließen. Über dem einen stand «Freunde» und über dem anderen «Feinde». Die Beziehungen hatten eine Dramatik, die mir neu und fremd war. Natürlich besaßen wir eine gewisse Verantwortung und damit auch Macht. Und das war der heikle Punkt für mich wie für die anderen. Das Wohl des Ganzen und das Wohl des Einzelnen standen für mich oft in einem unüberwindlichen Konflikt, und mitunter konnte ich sehr streng sein. Auch Vojko leistete seinen Beitrag dazu. Nicht umsonst war er als Student auch «Boyko» genannt worden. Er konnte manchmal, wie aus einem unbewussten Drang heraus, seine Mitmenschen provozieren, ihre Schwächen herauskitzeln und sie mit sich selbst konfrontieren. Entweder sie zogen sich dann schmollend und winselnd zurück, oder sie fingen an, sich zu wehren. Letztere hatten dann zwar das Spiel nicht gewonnen, aber sie durften auf zukünftigen Frieden hoffen. Nur wenige ließen sich gar nicht erst provozieren, waren sich ihrer selbst sicher genug, und das waren die Helden und wurden unsere dauerhaften Freunde. Für mich als Ehefrau und Kollegin war das ein äußerst anstrengendes Spiel. Ich haderte oft mit meiner Rolle zwischen den Stühlen.

Dann gab es vom Lager der «Freunde» zum Lager der «Feinde» auch noch «Überläufer». Ja, tatsächlich. Das war mir sogar das Rätselhafteste: Es gab wirklich Menschen, mit denen wir befreundet waren, die wir zum Beispiel in Dänemark besuchten, Fotos zeigten, wie wir uns in den Armen lagen, gemeinsam feierten und lachten.

Plötzlich, von heute auf morgen, ohne jede Vorwarnung oder Erklärung, waren wir Luft für sie. Früher hatten sie uns mehrfach in Kenia besucht; auf einer nächsten Reise nach Kenia besuchten sie zwar die Schule, aber ohne uns aufzusuchen oder zu grüßen. Sie waren ja jetzt die «Freunde» unserer «Feinde» geworden.

Was für merkwürdige Dinge sich doch zwischen uns Menschen abspielen! Was für unglaubliche Rollen wir einnehmen, was für Masken und Kostüme wir tragen auf der Bühne des Lebens! Hinter der Bühne sind wir alle ein Team. Manchmal begegnete ich Jill auf der Lebensbühne mit eiskalter Miene, und für einen Augenblick schienen sich unsere Augen liebevoll zuzublinzeln: «Sei mir nicht böse, ich kann nicht anders.» Und: «Ich weiß, es ist schon in Ordnung, du spielst deine Rolle so gut du kannst.» Oder ich begegnete Nani auf dieser Lebensbühne in meiner besonders dicken Ritterrüstung, und ein herzlicher Gedanke flog ihr zu: «Was bist du für eine tolle Frau. Ich mag dich.» Und der Gedanke «Ich schätze und bewundere dich, Irmgard. Verzeih meine Ignoranz, aber ich trage schon so viel Verantwortung in meinem Leben» kam zu mir zurückgeflogen. Gott sei Dank ist es so und nicht anders. Ich musste lernen, Spiel und Wirklichkeit zu unterscheiden.

Auch wenn ich mir einen harmonischeren Abschied gewünscht hätte, so war ich doch erleichtert und erlöst, diese gewaltige Bürde endlich abgeben zu dürfen und andere Aufgaben anzunehmen. Zum Glück brachten sowohl unser Nachfolgerteam an der Schule als auch die Eltern in der Stadt den nötigen Pioniergeist und die Ernsthaftigkeit, ja Verbissenheit mit, die unter den gegebenen Umständen nötig waren. Und wir, wir waren schon soooo müde und überdrüssig. Zum Glück! Sonst wäre es sicher noch schmerzvoller gewesen, derart zum alten Eisen geworfen zu werden, auch wenn es unser eigener Entschluss war. Fünf Jahre später lief es Vojko wie Honig hinunter, als ein Mitarbeiter versöhnlich zu ihm sagte: «Jetzt erst kann ich verstehen, was du geleistet hast.»

Das zarte Schulpflänzchen schien gerettet und aus mir rätselhaften Gründen alle Krisen wie Kinderkrankheiten zu überstehen. Dafür war ich von Herzen froh und dankbar. Aus nur achthundert Meter Entfernung konnten wir von unserem Haus aus gerade das Windrad der Schule sehen – ein Bild für unsere Beziehung zu ihr über die kommenden Jahre. Es war schon ein merkwürdiges Gefühl, dieses Projekt, das durch und durch mit unserem Schweiß, ja auch mit unseren Tränen getränkt war, mit der unmissverständlichen Geste abzugeben: Lasst uns bloß in Ruhe!

NEUES UNTERNEHMEN – DIE OLSEKI FARM

Ein ehrenwerter Handel

Nach unserem Ausstieg aus der Schule im August 1996 hatte ich einen Aufgabenbereich mitnehmen dürfen, der nun eines meiner neuen beruflichen «Kinder» wurde: der Handel. Vojko und ich gründeten unsere eigene Firma: Zebaki ltd. Zebaki wird auf Kiswaheli der Planet Merkur und der Gott der Händler genannt. Bisher wurde der Handel über die der Schule angegliederte Firma Steiner Developments ltd. abgewickelt. Nun würden wir über Zebaki ltd. den Einkauf und Versand der Ware für die Schule weiter übernehmen, jedoch keine Händlerkosten aufschlagen. Dafür würden dann in Deutschland für uns die Versicherungen weiter bezahlt werden. Ein fairer Deal. Mein Wunsch und Bestreben war es, diesen Handel weiter auszubauen, neue ehrenamtliche Verteilerzentren in Europa und den USA aufzubauen, neue ehrenamtliche Verkäufer für eine gute Tat zu begeistern und dadurch den Marktanteil von allein 150 Weihnachtsbasaren an Waldorfschulen in Deutschland ein wenig zu erweitern. Ich war Feuer und Flamme für diese Idee, denn ich konnte sehen, wie eine ganz reale und nachhaltige Unterstützung von erster und dritter Welt, von Industrienation zu Entwicklungsnation, geschaffen wird, eine Brücke gebaut wird, die Substanz und Zukunft hat im Sinne einer Globalisierung von unten, von der Basis. Was heißt das nun praktisch? Ich kaufte lokale Produkte ein, unterstützte damit also die lokale Wirtschaftskraft. Ich verkaufte sie ohne Händlerspanne zum Selbstkostenpreis in den Industrienationen. Der Gewinn floss zurück ins Land und wurde in die Bildung der nächsten Generation investiert. Ist das nicht Entwicklungshilfe im besten Sinne?

Das Problem liegt allerdings darin, dass alles ehrenamtlich geschieht. Der Erfolg ist abhängig von Menschen, die ihre Arbeitskraft frei zur Verfügung stellen können und finanziell unabhängig sind, also ihre Zeit und Kraft verschenken. Es ist also Schenkung dabei. Nun könnte man argumentieren, dass die Entwicklungsländer ja auch ausgebeutet wurden und die im Luxus der westlichen Welt Lebenden ihnen einiges schulden, also die Schenkung als eine Art Rückzahlung oder Wiedergutmachung betrachtet werden könnte. Die großen und erfolgreich gewordenen Dritte-Welt-Handelsfirmen arbeiten nach folgendem Prinzip: Ihr Erfolg beschränkt sich auf einen fairen Einkauf, wobei aber kein zusätzlicher Gewinn ins Bildungsleben zurückfließt, sondern in den Unternehmenskosten versiegt. Solche und ähnliche Gedanken beschäftigten mich damals sehr.

Auf der Suche

Von solchen Ideen konnten wir natürlich nicht leben. Wie aber sollten wir unser neues Leben in Zukunft finanzieren? Arbeit in einer ausländischen Organisation gab es nicht – wenn doch, dann wurde sie gleich vom Ausland aus besetzt, oder es wurde vor Ort unter einheimischen Kräften und nicht unbedingt unter den Deutschen gesucht. So blieb Vojkos Arbeitssuche erfolglos, bis auf einige Stunden als Deutschlehrer im Goethe-Institut und als Privatlehrer. Leider fraßen allein die umgerechneten Fahrtkosten den Stundenlohn aber gleich wieder auf. So waren wir weiter auf der Suche und zu vielem bereit. Finanzieller Nachschub zur Überbrückung und zur Fertigstellung des Hauses wurde uns dankenswerterweise von lieben Verwandten gewährt, aber den Gürtel mussten wir eine Weile enger schnallen. Es gab deshalb auch die eine oder andere ruhelose Nacht. Etwas Selbstständiges aufzubauen war die einzige Lösung, aber was und wie?

Kaum wohnten wir im eigenen Haus, besser gesagt im eigenen Rohbau – ohne Küche, ohne Strom und fließendem Wasser – zog ein Sozialarbeiter aus Deutschland mit zwei zu betreuenden Jugendlichen als Untermieter für ein halbes Jahr bei uns ein. Mit fünf Schlafräumen war das Haus groß genug für alle, und wir hatten einen kleinen Nebenverdienst. Zum Thema Erlebnispädagogik oder: «Das Leben, ein Abenteuer» konnten wir durchaus etwas beitragen und waren sicher der richtige Ort. Doch diesmal waren wir nur Zaungäste in einem Jugendhilfeprojekt, Jahre später machten wir es uns zu unserer eigenen Sache. Die ersten Anregungen und Ideen diesbezüglich gewannen wir jedoch schon damals.

Eine andere Anregung war, alternative Reisen anzubieten. Inzwischen hatten wir genügend Beziehungen geknüpft und Erfahrungen gesammelt, um Gästen eine Begegnung mit Land und Leuten zu ermöglichen, eine Begegnung, die über die üblichen mit Kellnern, Taxichauffeuren oder Safaribusfahrern und den gängigen Nationalparkrouten hinausginge – eine etwas andere Begegnung als die der Neckermannreisenden, die wir einmal in einem Hotel am Indischen Ozean antrafen. Aus Lautsprecherboxen hörten wir es damals dröhnen: «Der Watzmann ruft», und freundliche Animateure machten sich in und um den Pool mit den Gästen zu schaffen – ein wohlbekanntes Bild aus den verschiedensten Fernsehserien. Aber wir planten auch eine etwas andere Begegnung als die der Millionäre, die Einsamkeit und Exklusivität abseits des Lebens und jenseits aller Einheimischer suchten. Also «eine etwas andere Reise nach Kenia» eben, wie wir sie später nannten. Wir entwarfen ein Programm, verfassten Texte, wählten Fotos aus und schickten alles an eine deutsche Ferien- und Studienstätte – mit gutem Erfolg. Die erste Truppe Alternativreisender hießen wir Ostern 1997 auf unserer Olseki Farm, wie wir sie genannt hatten, willkommen. Bis dahin musste aber noch einiges fertiggestellt, vorbereitet und eingerichtet werden. Wie es zu dem Namen unserer Farm kam, schildere ich später noch.

Noch mehr Ideen

In diesem Zusammenhang hätte ich mir auch vorstellen können, Schülerreisen zu organisieren. Im Laufe der Jahre betreuten wir viele ehemalige Waldorfschüler aus Deutschland und Holland, die an der Schule ein freiwilliges Jahr verbrachten. Ihren Berichten zufolge war für sie diese Zeit ganz entscheidend. Im Miterleben und Aufnehmen des ganz Anderen, Fremden erfuhren sie eine Art Selbstbesinnung und Selbstbestimmung. Ihr eigenes Freud und Leid relativierte sich im Vergleich, ihre Ziele und Bestrebungen wurden wesentlicher und ernsthafter. Es wuchs ein Verantwortungsgefühl gegenüber den Menschen, auf deren Kosten wir unseren Wohlstand in den Industrieländern leben.

Einen konkreten Plan einer sechswöchigen Reise meiner

ehemaligen Schulklasse in Deutschland hatte ich fertig ausgearbeitet. Leider ist es nie dazu gekommen, da meine ehemaligen Kollegen den Sinn einer solchen Reise nicht sehen konnten, sondern reine Abenteuerlust mutmaßten. Die Eltern waren dagegen mit einer einzigen Enthaltung alle dafür. Zwei Wochen hätten die Schüler vor Ort eine Einführung in die Sprache, Geschichte, Kultur, Fauna und Flora des Landes bekommen. Namhafte Gastdozenten vor Ort hätten eindrücklich unterrichtet. Zwei Wochen hätte man zum Teil die großartigsten Ecken des Landes wie den Mount Kenya, das Rift Valley und die Serengeti bereist und zum Teil auf den Farmen der Kleinbauern verbringen können. Die letzten zwei Wochen hätten die Jugendlichen an der Schule ein praktisches Projekt einbringen können, zum Beispiel das Anlegen eines Abwasserteiches. Sie hätten auch zu Hause als Mitbringsel ein kleines Theaterstück oder Konzert vorbereiten können. So wurden Projekte sozusagen wie keimhaft angelegt, die als Möglichkeit noch auf den richtigen Zeitpunkt warteten.

Ebenso verlief es auch mit meiner Idee zur Erwachsenenbildung zum Aufbau einer freien Hochschule mit Kursen und Seminaren aller Art, als volkspädagogische Bereicherung mit der Möglichkeit, nach und nach den einen oder anderen einheimischen Mitarbeiter und zukünftigen Waldorflehrer zu finden, auch um die Schulinitiative bekannter zu machen. In England hatten wir damals gute Anregungen dazu bekommen und auch Kontakte geknüpft. So fanden sich Ernst Amons und Clara Pesschier[25] dazu bereit, im Sommer 1997 ein biografisches Seminar bei uns abzuhalten und einen öffentlichen Vortrag zu geben. Robert und Barbara aus München[26] kamen regelmäßig, um Kurse zu geben. Dankenswerterweise fanden sich Peter van Alphen und Ann Schaffmann[27] auf Einladung der Rudolf Steiner School bereit, eine Lehrerbildung in zehn Modulen für je zwei Wochen über drei Jahre hinweg anzubieten, die sich einer großen Nachfrage erfreute und einen wesentlichen Beitrag zur Verbreitung der pädagogischen Idee leistete.

Unsere Familie findet sich ein

Emanuel

All dies wurde in den ersten Jahren nach meiner Auszeit wie veranlagt und sollte erst nach und nach an Umfang und Bedeutung gewinnen, denn ich war unerwartet vor eine ganz andere Aufgabe gestellt worden, eine Aufgabe, die ich zehn Jahre lang sehnlichst herbeigewünscht und schließlich aufgegeben hatte, nämlich Mutter zu sein. Im April 1996 kam Emanuel zu uns – ganz unerwartet, ganz plötzlich, quietschvergnügt und als kleines Menschlein von fünfzehn Monaten schon ziemlich «fertig». Es war das kleine «Büblein», das unsere Freundin Irene zu unserem Hochzeitsjubiläum mitgebracht hatte und das, damals vier Wochen alt, in seinem Körbchen mitten auf der Sitzcouch gestanden hatte. Damals war es scheinbar noch nicht Zeit für ihn gewesen, ganz zu uns zu kommen, aber er hatte sich uns doch wenigstens kurz «vorgestellt» Er wollte mit uns feiern und seine «Eltern» begrüßen. Wie weise und verrückt das Leben seine Fäden spinnt und wie eingeschränkt unser Horizont ist, wie sehr uns doch die großen Zusammenhänge verborgen bleiben, dachte ich.

Niemals hätte ich mir träumen lassen, dass ich eines Tages ein dunkelhäutiges Kind haben würde, niemals. Als unser Kinderwunsch über Jahre unerfüllt geblieben war, hatten wir wohl überlegt, Kinder zu adoptieren, aber doch auf keinen Fall rein afrikanische. Wenn, dann vielleicht ein Mischlingskind, wo noch etwas Verbindendes im Erbstrom lag. Die afrikanischen Kinder waren mir immer etwas fremd geblieben, wenn sie, «Msungu Msungu» – weiße Frau – schreiend, uns auf dem Land hinterherliefen. Auch die Schulkinder wuchsen mir zwar ans Herz, aber sie blieben mir innerlich fern. Da ich mich anfangs in Kenia unglücklich fühlte, hatte ich mir eine Rückkehr nach Deutschland immer offengehalten. Was nun, wenn ich ein afrikanisches Kind mitnehmen wollte und es nicht glücklich wäre? Wenn es nicht wohlwollend aufgenommen würde und als Exot in der Heimat seiner Eltern kein natürliches Selbstwertgefühl entwickeln könnte? Welche Zukunft würde es dort erwarten? Solche und andere Gedanken und Ängste beschäftigten mich und hielten mich vor dem Schritt zurück.

Nach unserer Ehekrise, die meinen Englandaufenthalt eingeleitet hatte, war mein Kinderwunsch wie fortgeblasen. Ich konzentrierte mich auf meine berufliche Laufbahn, auf meine Lebensaufgabe. Irene zog diesen kleinen Emanuel bei sich zu Hause liebevoll als viertes Kind auf, bis er aus gesundheitlichen Gründen zur Adoption frei werden würde. Als das nach gut einem Jahr möglich war, suchte sie die passende Familie. Irenes Familie entschied sich schließlich für uns, weil sie flüchtig wussten, dass wir früher einmal ein Adoptivkind gesucht hatten. Sie wartete deshalb ungeduldig auf unsere Rückkehr von unserem zweiten Englandaufenthalt zu Ostern 1996. Kaum waren wir angekommen, klingelte das Telefon, und Irene erzählte uns in den wärmsten Tönen von Emanuel. «Nein, Irene, das ist für uns kein Thema mehr», sagte ich. «Hör mal, bei einem ersten Kind müsste ich meinen Lebensstil vollkommen verändern, und was, wenn ich ihn nicht genug lieben könnte bei all den Opfern, die ich bringen müsste? Bitte, Irene, lass mich …» Nein, sie ließ mich nicht. Wir müssten zumindest kommen und ihn uns ansehen.

Auf dem Weg zu ihr beschlossen wir, uns zu nichts überreden zu lassen und uns in jedem Fall mindestens vier Tage Bedenkzeit zu geben. Von wegen – wir sahen ihn und liebten ihn, und noch am selben Abend wurden alle nötigen Papiere unterschrieben. Ich wusste selbst nicht, wie mir geschah. Ich wusste nur eines: Er war unser Sohn, er und sonst keiner. Wenn ich später immer wieder und wieder Kommentare hören sollte, was wir für ein gutes Werk getan hätten, wo die Kleinen denn sonst gelandet wären, musste ich leicht irritiert lächeln. Warum war es so schwer zu verstehen, dass es für die Kinder nur verschiedene Wege gibt, ihre Eltern zu finden, dass dieser individuelle Weg seinen tieferen Sinn hat, den wir vielleicht ahnen, aber sicher erst nach und nach verstehen lernen können.

Als Mutter und Grundbesitzerin

Wiederum sah ich mich schlagartig in einer völlig neuen Lebenssituation und war zunächst einmal restlos überfordert, denn Emanuel besaß eine enorme Energie, die ich aber nicht, wie gewohnt, kraft meiner Lehrerautorität hätte zügeln und bändigen können. Was ich selbst beabsichtigte, tun wollte und plante, spielte überhaupt keine Rolle, wenn mein Söhnlein in der Nähe war und die Umwelt eroberte. Ich fühlte mich ziemlich stark gefordert, meine eigene Ungeduld, mein Lehrertemperament und mein Unternehmertum zu zügeln und zu bändigen. Von heute auf morgen sah ich mich in das Dasein einer fürsorglichen Hausfrau und liebenden Mutter gestellt.

So nutzte ich die erste Zeit, die ich mit Emanuel zu Hause verbrachte, mit meinem engsten Mitarbeiter Mehta, der Hausmeister, Putzmann, Wäscher, Koch, kurz: «Mann für alles Praktische» war, unsere Farmküche aufzubauen. Wir fingen auch an, gemeinsam kochen zu lernen. Wir studierten Rezepte, die ich erst übersetzen musste, probierten dies und jenes aus, rätselten über besondere Formulierungen, verwarfen und wiederholten die unterschiedlichsten Billigmenüs. Mehta war begeistert und entwickelte sich zum Meisterkoch, zum richtigen Chef einer alternativen Küche.

Noch viel mehr Energie steckte ich in die Gartengestaltung und den Aufbau einer kleinen Hausfarm. Mit Emanuel im Schlepptau ging es Tag für Tag in den Garten, wo Odayo und sein Team schon fleißig werkelten. Odayo war von Beruf Schneider und hatte in unserer Puppenwerkstatt die Stoffelefanten hergestellt. Der Werkstattbetrieb an der Schule wurde jedoch bald nach unserem Ausstieg eingestellt, und so verdingte er sich bei uns vorübergehend als Gärtner.

Viel gab es zu tun, sehr viel: Wege anlegen und zum Teil mit Natursteinen pflastern, die beim Hausaushub zutage getreten waren, Beete anlegen, aufschütten und einsäumen oder als Natursteingarten gestalten, Mäuerchen bauen, Zäune und Gatter stecken, Hecken pflanzen, Kuhweiden einfrieden, Wasserabflüsse graben, große Erdaushübe für den Kompost anlegen, weil er oberhalb der Erde vom Wind austrocknete, Baumlöcher graben und Bäume und Sträucher pflanzen. In dieser Zeit war kein fremder Garten vor mir sicher, denn überall suchte ich nach Ablegern und Jungpflanzen. Unsere amerikanische Nachbarin Shirley schenkte mir sicher tausend kleine Pflänzchen, ebenso eine andere Freundin, die später das Land verließ. Ganze VW-Busladungen voll Grünzeug karrte ich heran. Die stachelige Außenhecke mit Sisal- und Kakteenpflanzen wurde bei einem anderen Nachbarn beschnitten und die Ableger unter großen, schmerzvollen Mühen zu uns transportiert. Das Wässern war ein Problem, weswegen die Regenzeiten optimal ausgenutzt werden mussten. Zum Glück hatten wir keine schwere, lehmhaltige Erde wie an der Schule in Black Cotton, sondern ein recht dankbares Gemisch aus roter Erde und «Maram», erdigem Schotter, der viel leichter zu bearbeiten war. Bald schon wuchs und blühte es rundum und erfüllte mich mit großer Freude und Stolz.

Ich betrachtete die Gartengestaltung als mein künstlerisches Übungsfeld und als meinen Beitrag zur Kultivierung der Natur. So eindrücklich die wilde Natur auch war und sosehr man auf Safari das Archaische und Ursprüngliche suchte, die Hotelanlagen hatten stets gepflegte und von Menschenhand gestaltete Gartenanlagen. Hier konnten sich die Sinne wieder erholen, und das Gemüt konnte zur Ruhe kommen. So wurde auch unser Garten eine kleine Oase der Erholung. Eigenes Kuhfutter, Salate und eine Vielzahl von Kräutern das ganze Jahr über ernten zu können war mein Ziel, Obst und Gemüse dagegen nur bedingt, weil sie den räuberischen Affen auch schmeckten. Vor unserer Veranda in Richtung Sonnenuntergang gab es eine natürliche Felsplatte, auf der sich in der Regenzeit das Wasser sammelte und zu einem kleinen seichten Teich verwandelte. Wir legten einen Ablauf an, wie ein kleiner jahreszeitlicher Bach, der in zwei ineinanderführende, künstlich angelegte Teiche mündete. Leider waren sie zu meiner Zeit noch nicht dicht, aber sie füllten sich in der großen Regenzeit bis zu fünfmal ganz voll. Es war unser Bemühen, auf lange Sicht das Regenwasser so optimal wie möglich zu nutzen.

Dazu wurden wir auch durch die britischstämmige Expertin Dee Raymer angeregt, die uns die weltweit prognostizierte Wassernot anschaulich vor Augen führte. Sie gehörte zu den absoluten Überlebenskämpferinnen in Kenia. Als alleinerziehende Mutter ohne ausländischen Arbeitsvertrag und ohne eigenes Vermögen musste sie hart arbeiten. Als Landschaftsgestalterin und Gärtnerin für die Reichen und aus Leidenschaft für die Natur erwarb sie sich eine umfassende Kenntnis für ökologische Zusammenhänge. Ein Höhepunkt ihrer Karriere war das Anlegen einer natürlichen Kläranlage für ein großes Restaurant und ein benachbartes Freibad in Nairobi, das zusammen einem 1200-Betten-Hotel entsprach. Damit erstellte sie ein einmaliges Exempel, das Besucher und Wissenschaftler aus aller Welt anzog und überzeugte. Auch ihr Buch über Gartengestaltung in trockenen Gebieten ist in Kenia ein Bestseller geworden. Wir hatten das Glück, sie zweimal auf unserem Grundstück als Beraterin zu haben.

Katharina

Nachdem Emanuel zu uns gekommen war, sah ich vor meinem inneren Auge das Gesicht eines kleinen dunkelhaarigen Mädchens, und ich begann, auf sie zu warten. Als eines Tages eine Freundin wie nebenbei im Gespräch sagte: «Manchmal muss man Türen öffnen», ließen mich diese Worte nicht mehr los.

Etwas ängstlich fragte ich Irene, ob sie ein kleines verwaistes Mädchen wüsste, das zu dem inzwischen zweieinhalbjährigen Emanuel passen könnte. Bis jetzt noch nicht, meinte sie, obwohl sie schon die ganze Zeit Augen und Ohren offengehalten habe.

Zwei Wochen später meldete sie, dass die sechs Monate alte Cathrine Njoki unüblicherweise seit ihrer Geburt im Krankhaus geblieben war, statt an ein Heim weitergegeben worden zu sein. Es gebe keine Verwandtschaft, sie sei kerngesund – also ideale Verhältnisse für eine Adoption. Als ich sie zum ersten Mal in den Armen hielt, war sie noch sehr schwach und ließ ihr Köpfchen hängen. Im Krankenhaus hatte sie zwar liebevolles Personal um sich gehabt, aber viel Aufmerksamkeit hatte man ihr nicht geben können. In den ersten sechs Monaten hatte sie nur ein Kilo zugenommen. Ich fuhr noch einmal hin und schaute ihr tief in die Augen. Sie staunte mich an und ließ ein tiefes Gurgeln hören. Da wusste ich, sie ist es. Rasch war sie mit allem Nötigen im Auto verpackt, und heim ging's. Als ich zu Hause unsere Freunde und die Mitarbeiter rief, damit sie sähen, was ich mitgebracht hätte, dachten sie zuerst, es seien wieder besonders schöne, seltene Pflanzensetzlinge, die ich irgendwo aufgetrieben hatte. Wie groß war dann die Überraschung! Vojko zögerte erst, weil er nicht recht wusste, wie er eine vierköpfige Familie ernähren sollte. Doch als er Katharina näher besah, war er ganz bezaubert von unserem Familienzuwachs, holte die Kamera, und Klein-Kathrinchen wurde erst einmal tüchtig «beknipst». Sie war auf den Tag genau vierzig Jahre nach ihm geboren.

Das alles geschah im Oktober 1997. Unsere kleine Familie war nun vollständig, aber meine Phase, in der ich nur Hausfrau und Mutter war, sollte zu meiner Überraschung auch gleichzeitig wieder zu Ende sein. Ein Anruf aus Tansania erreichte mich, mit der Anfrage, ob ich als Mentorin und Erstklasslehrerin für wenigstens zwei Trimester an der neu gegründeten Hekima Waldorf School in Dar-es-Salaam einspringen könnte. Ich fühlte mich stark und glücklich, neue Herausforderungen anzunehmen.

AUFGABEN IN OSTAFRIKA

Unerwartet: Mentorin in Tansania

Da unser Lebensunterhalt noch immer nicht gesichert war, kam mir das Angebot aus Tansania höchst gelegen, vorausgesetzt, ich könnte meine beiden Kindern mitbringen. Adeline, eine der tansanischen Schulgründerinnen, stellte mir zwei Zimmer im gemieteten Schulgebäude in Aussicht. Emanuel, inzwischen fast drei Jahre alt, könnte die Kindergartengruppe einen Stock tiefer besuchen, und Katharina würde von einem tansanischen Kindermädchen betreut werden, während ich am Vormittag unterrichtete. Ich sollte die Erstklässler als Pionierklasse führen und die tansanischen Kolleginnen einführen und betreuen. Da das Klassenzimmer auf demselben Stockwerk wie meine privaten Räume sei, hätte ich Katharina immer in meiner Nähe. Dies klang verlockend und durchaus machbar.

Die Hekima Waldorf School war von zwei wohlhabenden tansanischen Ehepaaren und erfolgreichen Geschäftsleuten gegründet worden. Sie hatten sich kraft ihres Verstandes und Geschäftssinnes nach dem Zerfall des sozialistischen Systems brachliegender Wirtschaftszweige angenommen und mithilfe großzügiger Subventionen aus dem Westen mehrere erfolgreiche Unternehmen aufgebaut. Durch das sozialistische System war Tansania in einen Dornröschenschlaf gesunken und mit Kenia nicht vergleichbar. Dies hatte Vor- und Nachteile. Das Schulsystem war wesentlich weiter zurück. Es war sehr schwer, überhaupt einen Schulplatz zu bekommen. Die Gründer der Waldorfschule erkannten die Not. Dazu kam, dass beide Paare jeweils ein kleines Kind hatten. So wollten sie das eigene Bedürfnis mit dem des Landes verbinden und eine private Schule gründen, die sich langfristig selbst tragen sollte, aber nicht auf Gewinn zielte. Ihr esoterisch gefärbter Idealismus führte dabei einen starken inneren Kampf mit ihrem ausgeprägten Geschäftssinn. War dieser einerseits hilfreich, das Unternehmen zum Erfolg zu führen, so war er aber auch hinderlich, einen wirklich gemeinschaftlich von Eltern und Lehrern getragenen und verantworteten Schulorganismus zu gestalten. Freie Selbstverwaltung ist eben eine neue, soziale Kunst, die es erst zu üben gilt.

Trotz mancher Warnung hinter vorgehaltener Hand war ich von den Schulgründern sehr angetan. Sie strahlten eine besondere Liebenswürdigkeit und Herzlichkeit aus. Ihr Verhalten mir gegenüber war sehr großzügig und freundschaftlich. Umso mehr staunte ich über ihre Launen und Allüren im Alltag. Das Spiel von Macht und Angst bestimmte die Tagesordnung der Angestellten. Für mich war dieses halbe Jahr trotzdem eine sehr reiche und schöne Zeit, die ich nicht missen möchte.

Mit einem großen Geländewagen wurde ich mit Emanuel und Katharina Anfang Januar 1998 in Nairobi abgeholt und die neunhundert Kilometer Landstraße nach Dar-es-Salaam gefahren: am Kilimandscharo vorbei, den Usambara Mountains, durch schönste afrikanische Landschaft, ganz nach der Kulisse des Films «Jenseits von Afrika». Unterwegs gab es die süßesten und köstlichsten Früchte, das Klima wechselte zunehmend, je näher wir der heißen Küstenregion entgegenfuhren und wurde nur erträglich durch die Klimaanlage unseres vornehmen Gefährts. Es begann die heißeste Zeit meines Afrikaaufenthaltes.

Das Leben an der Küste

Tags lief ich, wie die meisten, mit Schweißtüchlein herum, nachts schlief ich auf dem Balkon, bei laufendem Ventilator und mit voll eingelaufener Badewanne, die ich mehrmals nachts aufsuchte. Das gemietete Schulhaus lag in der zweiten Häuserreihe direkt am Indischen Ozean. Täglich ging ich mit den Kindern nach der Arbeit zum Strand. Wir badeten und sahen den einheimischen Fischern zu, wie sie auf alten hölzernen Fischerbooten ihre Netze auswarfen, später ihren Fang heimbrachten und sortierten. Mit Motorbooten konnte man die vorgelagerten kleinen Inseln erreichen, die allen Karibikfotos Konkurrenz machten. Die Einheimischen boten uns Kokosnussmilch und gegrillte Fische an, es war eine Idylle. Auf den Straßen war das Leben noch ursprünglicher und weniger von Touristen und ausländischen Firmen beeinflusst als in Kenia. Gemeinsam mit der englischen Praktikantin und guten Freundin Hazel wussten wir unsere Freizeit gut zu nutzen. Bald gewöhnten wir uns an den Donnerstagabend in Smokies Tavern.[28] Auf dem Dach eines alten dreistöckigen arabischen Gebäudes spielte eine afrikanische Live Band. Man tanzte unter freiem Sternenhimmel, Aug in Aug mit den wiegenden Palmwipfeln und mit Blick auf das Meer, auf das der Mond seine Lichtstraße warf. Für mich ist es das schönste Tanzlokal der Welt.

Aber der Alltag forderte durchaus seinen Tribut. Katharina bekam hohes Fieber, klein und zart, wie sie war. Als auf der nahen Krankenstation ihr Blut getestet wurde, zählte man Malariaparasiten. Mit Spritzen und Medizin wurde sie geheilt, doch dann folgten Ausschläge und Mundfäule, und über Wochen musste ich immer wieder in Wartezimmern sitzen und einheimischen Krankenschwestern und mir unbekannten Ärzten vertrauen. Ich möchte nicht wissen, was das Kindchen alles schlucken musste. Dann bekam Katharina ein zweites Mal Malaria, und schließlich wuchsen beiden Kindern große Beulen, die aussahen wie Eiterbeulen. Als sie «reif» waren, kam ein fettes, weißes Würmchen zum Vorschein. Man erklärte mir, dass eine bestimmte Fliege ihre Eier in feuchte Wäsche lege, und wenn diese nicht gut gebügelt werde, übertrügen sich die Eier unter die Haut. Wie schrecklich! Dass ich Katharina damals hätte verlieren können, wurde mir erst im Nachhinein richtig bewusst. Ich meinte, keine rechte Wahl zu haben, da ich zum ersten Mal, seit ich in Afrika war, einen eigenen

Verdienst hatte und unsere Zukunft in Kenia immer noch sehr fraglich war. Wir lebten ja größtenteils von dem Kredit meiner Verwandtschaft, der zum Innenausbau und zur Fertigstellung des Hauses gedacht war. Unsere Einnahmen beschränkten sich auf Vojkos Deutschstunden und die Vermietung an vorübergehende Untermieter.

Vojko kam zu Besuch und sprach mit dem Schulvorstand, ob es für ihn eine Aufgabe an der Hekima Waldorf School geben könnte. Er begann zwischen Nairobi und Dar-es-Salaam zu «pendeln» und ließ den alten Wagen, den uns meine Tante dankenswerterweise schenkte, nicht nach Kenia, sondern nach Tansania überführen. Doch in dem Moment, wo wir nicht mehr freie Mitarbeiter, sondern Angestellte waren, wurde der Aufenthalt unerträglich. Nun bekam auch ich die Launen der Chefin zu spüren, wie vorher die tansanischen Mitarbeiter, mit Wutausbrüchen, willkürlichen Gehaltskürzungen, Misstrauensbekundungen und vielem mehr. Als Vojko dann nur die Hälfte des vorher mündlich vereinbarten Gehaltes erhielt, konnten wir nicht bleiben. Die Steuern für unser Auto von über dreitausend Mark waren bezahlt und die Einfuhr nach Kenia nicht mehr möglich. Wir hätten denselben Betrag noch einmal in Kenia bezahlen müssen. Wieder einmal mussten wir für unsere Naivität und Gutgläubigkeit Lehrgeld zahlen. Bis heute hat die Erfahrung mit diesen vier schnell reich gewordenen Afrikanern einen etwas schalen Nachgeschmack für mich.

So entschied ich mich also, im September 1998 nach Nairobi zurückzukehren, wie ursprünglich auch geplant, nicht wissend, wie es finanziell weitergehen sollte. Auch wenn wir einige Projekte am Laufen hatten, so hatten diese bisher kaum ein Einkommen gebracht. Wir lebten zum größten Teil von dem Kredit meiner Tanten zum Innenausbau unseres Hauses.

Vojko in Uganda

Im Jahre 1998 übernahm Vojko eine Art Mentorenschaft für zwei Schulinitiativen in Uganda, in vollkommen anderen Verhältnissen. Dreimal im Jahr fuhr er über die Hauptstadt Kampala mit dem Bus vier Stunden weiter nach Seguku, um mit den Lehrern zu arbeiten. Ein angesehener Ugander hatte für die vielen verwaisten und herumlungernden Kinder eine private Schule, St. Ngondwe, gegründet, die die Kinder auch in Gartenbau und organischem Anbau unterrichtete. Er pflegte eine Partnerschaft mit der benachbarten Schule St. Peter und dem dortigen Schulleiter. Beide waren offen und innovativ und fanden schließlich den Kontakt zu einem deutschen Sponsor und Patenschaftsvermittler, Walter Burkart vom Entwicklungshilfefonds in Bochum.

Uganda, einst Perle Ostafrikas genannt, ist ein äußerst fruchtbares, ursprünglich sehr reiches Land, das seit Jahrhunderten von einem ugandischen Adelsgeschlecht in herrschaftlicher Sitte regiert wurde. In Kampala gab es die erste Universität weit und breit. Die Tracht und viele noch lebendige Sitten lassen auch heute noch auf eine hohe Kultur schließen. Uganda trieb schon früh Handel mit dem fernen Osten und stellte als erstes Land Ostafrikas Textilien aus einer Baumfaser her. Als 1972 Idi Amin an die Macht kam, wurde während der sieben Jahre seiner Herrschaft der ganze innere und äußere Reichtum zunichte gemacht. Das Land verarmte, und viele gebildete Ugander flohen außer Landes.

Entsprechend ärmlich waren auch die Dorfschulen in Seguku. In einem großen Holzschuppen lernten alle Klassen gemeinsam, ohne durch Zwischenwände voneinander getrennt zu sein. Die Kinder drängelten sich auf wenigen Holzbänken, und außer einem Heftchen und einem Bleistift gab es kein Unterrichtsmaterial. Die meisten Lehrer waren äußerst unmotiviert, und ein Viertel von ihnen fehlte täglich. Ein harter Kern jedoch nahm teil an den Lehrerbildungskursen, die von der Rudolf Steiner School

Nairobi angeboten wurden, ergänzt durch Vojkos Bemühungen als Mentor vor Ort, und so konnte über die Jahre eine positive Entwicklung beobachtet werden.

So waren unsere Aktivitäten in den ersten Jahren nach unserer Rückkehr aus England Anfang 1995 sehr breit gestreut. Zum Teil bedeuteten sie eine Erweiterung und Fortführung unserer Aufgaben als Schulgründer, wie die Schulmentorenschaft, das Organisieren von Erwachsenenbildungskursen und der Handel. Zum Teil waren es neue Tätigkeitsfelder, die mit unseren persönlichen Fähigkeiten und Impulsen zu tun hatten, wie die alternativen Safariprogramme und die Jugendhilfearbeit. Ermöglicht wurden sie alle durch unser eigenes Haus und bereichert durch unsere neu gegründete Familie.

6. Ein neues Zuhause

Zuhause in Nairobi

Zeit der Erfüllung

Endlich wieder zu Hause, dachte ich, als ich im August 1998 mit den Kindern aus Tansania zurückkam. Wie schön war alles bei uns geworden: Die Bäume und Sträucher hatten sich gut verwurzelt, und der Garten stand in schönster Blüte. Kletterpflanzen begannen die Hausmauern zu umschmeicheln, und inzwischen waren zwei Kühe eingetroffen und bewohnten unseren kleinen Stall. Freunde waren von ihrem weitläufigen Grundstück auf ein kleineres umgezogen und hatten uns großzügig ihre Kühe Flossy und Daffodil überlassen. Nun gab es täglich kübelweise Milch. Schleunigst musste ich mich der Milchverarbeitung kundig machen. Mit Quark und Jogurt allein konnten wir jedoch dieser Milchflut nicht Herr werden, und so begann ich Käse herzustellen. Kein ganz einfaches Unterfangen ohne die entsprechenden Vorrichtungen an hygienischen Kühl- und Lagerräumen. Nicht einmal einen Kühlschrank hatten wir damals. Das nötige Lab und die richtigen Formen und Gefäße zum Käsen ließ ich über Freunde aus Deutschland mitbringen. Ein Büchlein lieferte die Rezepte, und schon verwandelte sich unsere kleine Küche zeitweise in ein wahres Milchlabor. Mit Mehtas und später auch Winnifreds Hilfe hatten wir schließlich immer unseren eigenen Olseki-Hartkäse, Weichkäse und eigene Butter, die wir Freunden bei jeder passenden und unpassenden Gelegenheit mitbrachten. Zum Glück kamen bald so viele Gäste zu uns, dass sich Produktion und Verbrauch im Gleichgewicht hielten.

Inzwischen waren nach zwei Jahren beide Haushälften so weit

ausgebaut, dass wir eine Hälfte vermieten konnten. Strom- und Wasserversorgung waren zwar etwas labil und gewöhnungsbedürftig, aber dafür waren die Räume hell und geräumig, der Blick von Veranda und Balkon überwältigend, der Garten bezaubernd. Rasch fanden sich afrikaliebende Mieter: die Malerin Theo mit ihrem Partner und ihrer Mutter. Theo war als Griechin bereits in zweiter Generation in Ostafrika und hatte sich mit Land und Leuten tief verbunden. Sie brachte die Kunst auf die Olseki Farm. Tag für Tag saß sie zeichnend und malend an ihrem Arbeitsplatz, und die schönsten Vogel- und Pflanzenbilder entstanden. Sie öffnete uns die Augen für die vielen seltenen Vögel, die sich hier heimisch fühlten und sich gerne von ihr zusätzliches Futter holten.

Liebe Freunde aus Deutschland, darunter Familie Krauch, besuchten uns, die als Erste in den Genuss unseres alternativen Safariprogramms kamen. Danach wurden weitere Gäste zu einer Fortbildung erwartet, Kollegen und Eltern aus Tansania und Uganda, dazu Lehrer aus der Stadtschule in Nairobi. Nur unsere Nachfolger an der Rudolf Steiner School in der Nachbarschaft hatten es schwer, sich unseren Aktivitäten anzuschließen. Immer noch empfanden sie uns als Gefahr und Bedrohung und bemühten sich, das Feindbild neuen Kollegen – leider meist erfolgreich – zu übertragen. Wir lebten wie unter einem Bann. War dies auch schmerzlich, ärgerlich und lächerlich, mussten wir es doch ertragen. Im Vergleich zu ihnen lebten wir unglaublich gut in unserem schönen, geräumigen Haus. Vielleicht fühlten sie sich als verschworene Gemeinschaft stärker, wer weiß. Ich hatte mich längst aus allen Schulbereichen zurückgezogen, nur Vojko blieb im Schulvorstand, weil er sich immer noch mitverantwortlich fühlte, was ihnen ein gewaltiger Dorn im Auge war. Letztlich wirkte es sich hemmend für die Entwicklung der Schule aus, denn Freunde und Sponsoren hatten wenig Vertrauen zu einem gespaltenen Kreis von Pionieren. Ich konnte nur versuchen, unbeirrt meinen eigenen Weg zu gehen, hoffend, dass sich mit wachsender Gemeinschaft auch dieser Knoten lösen würde.

Trotz dieses Wermutstropfens, der uns stets begleitete, arbeiteten wir eine Woche lang mit den Teilnehmern und Gästen an grundlegenden Ideen über Waldorfpädagogik. Wir spielten auch Theater und veranstalteten bunte Abende. Ich fühlte mich ganz in meinem Element. Das Haus füllte sich mit Leben, und ich war sehr froh, dass sich unser Umzug nach Dar-es-Salaam zerschlagen hatte. Nur finanzielle Gründe hätten mich dazu bewogen, diesen Schritt zu tun; denn immer noch war nicht klar, wovon wir eigentlich leben sollten. Manche Nacht grübelte ich darüber nach, wie es weitergehen sollte. Vojkos Einkünfte als privater Deutschlehrer reichten nicht einmal für unsere Lebensmitteleinkäufe aus.

Da kam eines Tages Roo auf mich zu und fragte mich, ob ich mir vorstellen könne, am Kindergarten in Kileleshwa eine Vorschulklasse mit den fünf Vorschulkindern einzurichten, um ihnen den Wechsel in eine sogenannte «Mainstream»-Schule, die von den Kindern bei der Einschulung bereits Schreib- und Lesekenntnisse erwartete, zu erleichtern. Die Eltern dieser Kinder waren damit einverstanden, dass ich diese Klasse an drei Vormittagen in der Woche unterrichten sollte. Gemeinsam mit Emanuel würde ich an diesen Tagen im Kindergarten bei der deutschen Kindergärtnerin und Freundin Miriam wohnen. Dafür erhielte ich tausend Mark im Monat. Großartig, dachte ich, das kommt ja wie gerufen. Katharina würde an diesen Tagen bei Vojko auf der Farm bleiben können. Diese Tätigkeit mündete später in die Mentorenschaft für eine zweite Waldorfschule in Nairobi, die Nairobi Waldorf School, die ein gutes Jahr später gegründet wurde. Hier sollte ich schließlich in meinem Beruf eine neue Heimat und eine neue – wenn auch kurze – Erfüllung finden.

Wenige Monate später kam ein Anruf aus Deutschland. Paul Kunz, Gründer und Leiter einer Jugendhilfeeinrichtung in Deutschland, mit dem wir seit zwei Jahren wegen einer möglichen Betreuung von Jugendlichen im Gespräch waren, suchte für einen Jugendlichen namens Fred eine Betreuungsstelle möglichst in Kenia. Fred lebte mit seiner kenianische Mutter und zwei

Halbgeschwistern in Deutschland, hatte aber keinen deutschen Pass. Sein leiblicher Vater war wohl Deutscher, aber nie in Erscheinung getreten. Er musste also damit rechnen, irgendwann einmal nach Kenia zurückgeschickt zu werden. Obwohl er erst fünfzehn Jahre alt war, ließen seine Schullaufbahn und seine Verhaltensauffälligkeiten nichts Gutes ahnen. So schlug das Jugendamt vor, eine erzieherische Maßnahme in Kenia zu versuchen. Diese Maßnahme hieß schließlich: Olseki Farm. Die Ereignisse überstürzten sich und endlich, endlich hatten wir vorübergehend ein geregeltes monatliches Einkommen und konnten uns von den jahrelangen finanziellen Einschränkungen etwas erholen. Wir erwarben den gebrauchten Kerosinkühlschrank von Nachbarn für 3.000 Mark, und die Arbeit in der Küche fing an, richtig Spaß zu machen.

So begann nach meiner Rückkehr aus Tansania die Zeit, in der alle keimhaft angelegten Aktivitäten der vorhergehenden Jahre zu einer schönen Blüte kamen. Kenia wurde mir zur neuen Heimat. Wenn ich auf die letzten Jahre zurückblickte, so konnte ich nur staunen. Wie anders hatte sich alles entwickelt, als ich mir je hätte träumen lassen! Die Schulgründung hatte mich in dieses Land gebracht – und jetzt? Nach bestem Wissen und Gewissen hatten wir uns dafür eingesetzt, bis ans Ende unserer eigenen Kräfte, um dann etwas unsanft davon befreit zu werden; befreit, um ganz andere, neue Aufgaben zu ergreifen, weitere Kreise zu ziehen und vom Leben neu und reich beschenkt zu werden. Das Loslassen fällt so schwer, der Schritt ins Ungewisse auch. Wie gut, dass man vom Leben manchmal dazu gezwungen wird! Hatte ich jetzt nicht all das bekommen, wonach ich mich stets tief unterbewusst gesehnt hatte? Und das in einer Art und Weise, die alle Wünsche und Erwartungen bei Weitem übertrafen: ein schönes, großzügiges Zuhause, originelle und liebenswerte Kinder, vielseitige, interessante Unternehmungen, gute Freunde aller Couleur, genügend Einkommen und jede Menge Zukunftsaussichten. Unglaublich! Zugegeben: Ohne Ringen, Geduld und Ausdauer war es nicht gegangen, aber das war sozusagen der Hunger, der das Mahl erst richtig schmecken ließ, damit die Geschenke des Lebens so recht genossen und gewürdigt werden konnten. Wie jede Mahlzeit auch Salz und Bitterstoffe enthält, nicht nur Süße, so schmeckte die Beziehung zu den Kollegen der Rudolf Steiner School etwas bitter, und die Beziehung zwischen Vojko und mir hatte auch einen leicht bitteren Beigeschmack bekommen. Ohne dass es mir so recht bewusst wurde, hatte ich mich schon an eine gewisse herbe Umgangsweise gewöhnt und es als notwendiges Übel akzeptiert. Es schien mir fast der Preis zu sein für unsere außergewöhnlich gute Zusammenarbeit. Alles hat seine zwei Seiten, und so dachte ich nicht weiter darüber nach.

Rund um Kinder und Farm

Trotz aller Aktivitäten wurden unsere beiden Kinder, Emanuel und Katharina, zum Zentrum meines Privatlebens. Schön war das Leben mit diesen beiden Kindern – wunderschön –, und alle meine Ängste waren umsonst. Vojko und ich konnten den beiden nur immer wieder staunend zusehen und feststellen, dass diese munteren Menschlein viel origineller und liebenswerter waren, als wir uns unsere leiblichen Kinder je hätten vorstellen können.

Katharina und Emanuel waren zwar recht verschieden, hingen aber bald wie echte Geschwister aneinander und wirkten auf ihre Umwelt wie Magnete. Wo immer wir hinkamen, wurden sie freudig und liebevoll empfangen. Ihr Charme eroberte alle Herzen im Sturm, und mancher mag durch sie ein anderes Verhältnis zu den afrikanischen Menschen gewonnen haben. Selbst meine Mutter, die wir jedes Jahr in München besuchten und die bei der ersten Nachricht der Adoption eher skeptisch gewesen war, erlag sogleich ihrem Liebreiz und meinte einmal treffend: «Was mag sich der liebe Gott nur dabei gedacht haben, manchen Menschen eine dunkle Haut zu geben.» Sie schloss ihre Enkel in ihr Herz, wie alle anderen sechzehn auch. Das zuerst Fremde an ihrem Äußeren verwandelte sich in Nähe und Verbundenheit. Der dunkle Kontinent wurde uns durch sie vertrauter, wurde Teil unseres Familienstroms.

Auf unserer kleinen Hausfarm hatten es die Kinder gut. Bald nach unserem Einzug zog auch Winnifred mit ihren vier Kindern zu uns aufs Grundstück und wurde Mehtas Gehilfin und die gute Fee der Olseki Farm. Emanuel und Katharina wuchsen nun mit lieben Geschwistern auf. Die älteste Tochter mit ihren knapp neun Jahren passte auf, dass den beiden kein Unheil zustieß. Im Nu lernte Emanuel Kiswaheli und Katharina bald auch. Es wurde ihre Kindersprache, selbst später in Deutschland sprachen sie noch eine ganze Weile Kiswaheli miteinander. Den ganzen Tag waren sie draußen und spielten mit allem, was ihnen in die Finger kam, Erde wurde zu Ton, Draht zu fahrenden Rädern, und die tollsten Recyclingautos entstanden. Täglich besuchten sie Flossy und Daffodil im Stall, halfen beim Füttern und Melken, führten sie auf die Weide und achteten mit darauf, dass sie zur rechten Zeit von Nachbars Stier gedeckt wurden. Frischgeborene Kälbchen wurden bestaunt, und als am Weihnachtsmorgen die alte Flossy im Stall tot aufgefunden wurde, war jeder traurig. Unsere beiden Esel zogen abwechselnd den Eselkarren mit Material oder Wasser. War er leer, so füllte er sich mit Kindern, die ihren Spaß hatten. Kleine Einkäufe durften die sechs Freunde selbstständig bei den Kiosks an der Straße machen, und sonntags begleiteten sie Winnifred mit den Kindern in die nächste Dorfkirche, die mitten in den Massaiweiten gebaut worden war. Wo kamen sie nur alle her, die Menschen, die weithin die Luft mit ihren sakralen Klängen erfüllten? Zum Schwimmen in die benachbarte Massai Lodge wurde oft eines von Winnifreds «Kinderlein», wie wir sie nannten, mitgenommen, und zu Geburtstagsfesten und zum Kindersilvester wurden alle eingeladen. Auch wäre unser Weihnachtsspiel ohne sie nicht zu denken gewesen. Noch lange waren sie Emanuels und Katharinas beste Freunde und wurden oft arg vermisst.

Das Leben unserer Kinder war auch geprägt von dem Leben im Haus, von den vielen Menschen, die bei uns ein- und ausgingen.

Ein Ort der Begegnung

Waren es Nachbarn oder Kollegen, die zum Kaffee oder Abendessen kamen oder befreundete Familien, die den Sonntag bei uns verbrachten: bald sprach es sich herum, wie schön man bei uns durch Schluchten spazieren gehen konnte, wie lecker Mehtas Prinzregententorte schmeckte und wie traumhaft der Blick von der Veranda über unseren Garten zu den Ngong Hills war, besonders gegen Sonnenuntergang, zum berühmten kenianischen «Sun Downer».[29]

Fast immer beherbergten wir Übernachtungsgäste, seien es Praktikanten oder Gastlehrer, Freunde aus der internationalen Schulbewegung, Partner unserer Jugendhilfearbeit oder zahlende Urlauber, die über fünf Ecken von uns gehört hatten. In den Ferien erwarteten wir Safarigäste, für die die Olseki Farm Basisstation war, zum Erholen und Regenieren nach den einzelnen Trips ins Land, oder es fanden Seminare und Kurse mit Teilnehmern aus Uganda und Tansania statt. Einmal hatte ich sogar eine Gruppe von Kindern zu einem Ferienprogramm für eine knappe Woche eingeladen. Ein anderes Mal sollte Vojko eine elfköpfige wissenschaftliche Gruppe für vier Wochen betreuen und begleiten. Einige Tage verweilten sie auch auf der Farm. In den letzten Jahren nahmen auch zu betreuende Jugendliche an der Hausgemeinschaft teil. Es war mir eine große Freude, alle diese Menschen zu bewirten, und ich versuchte, ihnen ihren Besuch und Aufenthalt so angenehm wie möglich zu gestalten. Ich freute mich auf anregende Gespräche und neue Begegnungen. Und ich freute mich, wenn sich unsere Gäste für Kenia und seine Menschen interessierten. Oft entwickelten sich neue Beziehungen oder sogar

Freundschaften. Ein Ort der interkulturellen Begegnung und des Austausches zu sein, war mein Bestreben und meine Erfüllung.

Dies alles war aber nur dadurch möglich, dass wir viele Hände hatten, viele Beine, Augen und Ohren, die mithalfen. «Ach, Mehta, bitte schau doch mal auf dem Dach, da muss etwas undicht sein, es hat heute Nacht hereingeregnet.» – «Maliseli, die Wildschweine waren wieder da und haben sich ein Loch unter dem Zaun gegraben. Wir müssen vielleicht doch ein Mäuerchen bauen.» – «Bitte, Winnifred, ich muss in die Stadt, gibst du den Kindern ein Mittagessen und legst du sie bitte zum Schlafen hin?» – «Gut, dass Sie heute kommen, Mr. Kungu, ich bräuchte unbedingt eine genaue Zwischensumme von Zebaki für die Wareneinkäufe.» – «Felistas, würdest du bitte diesen Brief an die GTZ tippen, es geht um das Seminar mit den Lehrervertretern und bitte Esther anrufen, wann sie nächste Woche Zeit hat. Vielen Dank!» – «Ist Adan, unser Nachtwächter, schon da? Ob er wohl heute Abend als Begleitschutz mit mir im Auto mitkommen würde?» So hieß es oft pausenlos.

Es waren schließlich die Menschen um uns, die zu unserer erweiterten Familie gehörten. Mehta hatte zwei kleine Kinder, gerade ein Jahr älter als unsere, die er öfter zum Spielen mitbrachte. Eines Tages kehrten wir von unserem Lieblingsferienort an der Küste zurück und erfuhren, dass Mehtas Frau erkrankt und gestorben war. Nun war er Witwer mit zwei Kindern. Wie sollte er nur alles bewerkstelligen? Doch er trug diesen Schicksalsschlag mit Fassung: «It is God's will», sagte er, und das Leben ging weiter. Zwei Jahre später war er wieder verheiratet, und zwei weitere Kinder kamen hinzu.

Winnifred war eine der vielen Mütter, denen der Mann weggelaufen war, weil er die Verantwortung nicht tragen konnte. Esther war sieben Jahre alt, Wambui fünf und die beiden kleinen Zwillingsbuben gerade zwei, als Winnifred das erste Mal zu uns kam. Als sie damals morgens zu Fuß die vierzig Minuten von Rongai zur Farm gelaufen war, wussten wir nicht, dass sie bereits für ihre Kinder Mittagessen vorgekocht hatte, Wäsche gewaschen und aufgehängt hatte. Ihre Kinder sperrte sie in ihrer Kammer ein, weil sie sie den ganzen Tag allein lassen musste, um bei uns ihr tägliches Brot zu verdienen. Fleiß und Freundlichkeit blieben ihr Markenzeichen. Wir schlossen sie alle tief in unser Herz und ermöglichten ihr bald, auf unserem Grundstück in eine bescheidene Holzhütte zu ziehen.

Getestet und bestanden

Diese Menschen waren mir lieb und vertraut geworden. Was war nur geschehen? War ich nicht vor drei Jahren an dem Punkt gewesen, wo ich kein dunkles Gesicht mehr sehen konnte, wo ich mich nur noch belogen und betrogen gefühlt hatte? Wo ich keinem mehr traute und keinem mehr nahekommen wollte, weil sie mich so böse enttäuscht hatten? Und jetzt ging mir das Herz auf, wenn meine dunkelhäutigen Mitarbeiter kamen, in ihrer Gegenwart fühlte ich mich wohl und geborgen. Ihre kritiklose Akzeptanz, mit der sie mir begegneten, obwohl sie mich restlos durchschauten, und der natürliche Respekt vor dem anderen Menschen waren wohltuend, die diskrete, schweigende Anteilnahme und Herzenswärme und das Lachen, das zu jeder Zeit darauf wartete, durch irgendeine scherzhafte Bemerkung hervorgelockt zu werden, waren herzerfrischend. Über die Jahre blieben aber auch nur diejenigen, die zu uns passten, wo die Wellenlänge stimmte oder die «Chemie», wie man so schön sagt. Das braucht Zeit.

Ich selber hatte mich aber auch verändert. Mir sind Sinne und Herz aufgegangen für diese Menschen, ich habe ihr Verhalten verstehen gelernt. Ich wusste, was bestimmte Äußerungen und Gesten zu bedeuten hatten und wie ich am besten darauf reagierte, ohne mich verletzt zu fühlen und ohne zu verletzen. Ich erwartete nichts, was ich nicht erwarten konnte, aber forderte, was ich fordern musste. Beides war gleich wichtig. Daran wurde meine Weisheit als «Mama» gemessen, als ihre Vorgesetzte und Respektsperson oder als Geschäftspartnerin. Als Letztere musste ich alle Schliche kennen und mich gekonnt in diesem Rahmen bewegen – souverän mit einem Scherz auf den Lippen und einem Lächeln um den Mund! Dann wurde ich geschätzt, verehrt und geliebt.

So tragen diese Menschen einem Weißen von Anfang an Respekt entgegen – trotz der vielen schlechten Erfahrung! Vielleicht, weil Macht und Status geschätzt wird, denn sie bedeuten Kraft und Größe. Aber wenn Macht und Status nicht mit Weisheit und Liebe verbunden werden, dann ziehen diese Menschen einem auf ihre Art die Maske vom Gesicht. Das, eben das wird durch all diese vielen Spielchen getestet, die wahre innere Kraft und Seelengröße.

Die Tatsache, dass wir Weiße sind mit einer gewissen Macht, brachte uns zuerst einmal Respekt ein. Unsere ansehnliche Olseki-Farm trug noch das ihre dazu bei, aber die Tatsache, dass wir zwei Kinder ihrer Art als die unsrigen erkannt und angenommen hatten, das nahm ihre Herzen restlos für uns ein. Es strömte uns «kübelweise» wortlose Sympathie entgegen.

Doch das «dunkle Auge Afrikas», der Schatten, war auch immer spürbar. Hinter all den vielen kleinen Alltagsgeschichten über die schlechten Erlebnisse mit den Afrikanern, die in den Kreisen mancher Weißer so gern und ausführlich erzählt werden und die in einem «witzigen» Satz ihren Ausdruck finden: «Es ist leicht, den Afrikaner aus dem Busch zu holen, aber nicht den Busch aus dem Afrikaner», hinter diesen Geschichten verbirgt sich unendlich viel menschliches Leid. In der Tatsache, dass alle, die etwas besitzen, hinter vielen Gittern und Schutzsystemen leben müssen, liegt unendlich viel Ignoranz

Eine etwas andere Reise

Willkommene Gäste

Wie war es damals, als wir Ostern 1997 mit den Safaris begannen? Zuerst sollten die acht Gäste in Ruhe auf unserer Hausfarm ankommen und sich akklimatisieren. Wir konnten drei Schlafräume zur Verfügung stellen, und unsere Nachbarin Theo, die unsere andere Haushälfte bewohnte, gab uns, wenn nötig, noch einen Schlafraum dazu. Die Zimmer waren hell und angenehm, nur die Toiletten- und Badezimmerbenutzung erforderte von den Gästen ein gewisses Nachsehen. Mangels Wasserdruck wurde meist mit gefüllten Wassereimern nachgespült, die wiederum gleich zum Nachfüllen in die Küche getragen wurden mussten. Baden konnte man nicht, aber duschen. Dies wiederum unter – für europäische Verhältnisse – eher tröpfelndem Wasserstrahl, und warm sowieso nur einmal am Tag, eine halbe Stunde, nach dem der Warmwasserofen an der Küchenaußenwand geheizt worden war. Insgesamt zwei Bäder und Toiletten mussten für die Gäste und Gastgeber genügen.

Um Unzufriedenheit vorzubeugen, erklärten wir den Umgang mit Wasser und Strom vorher und hoben dabei das «Zukünftige» unseres Systems – falls es einmal richtig funktionieren sollte – hervor. Sicherheitsfragen wurden angesprochen und eventuelle Allergien oder Diäten in den Speiseplan mit aufgenommen. Um Haus und Hof gab es die landestypischen, aber auch importierten Blumen und Bäume zu erkunden. Zu dem organischen Farmansatz und den ökologischen Bestrebungen erläuterten wir unsere Gedanken. Auf Schmetterlinge und seltene Vögel wiesen wir hin und auch darauf, dass man mit dem Fernglas schon das eine oder andere wilde große Tier aus dem Nationalpark sehen konnte.

Ich erinnere mich noch gut an Frau M. aus Stuttgart, eine ältere Dame aus der Gruppe. Seit Jahren verwitwet und pensioniert, hatte sie sich bestens auf die Reise vorbereitet. Es war auch nicht ihre erste Bildungsreise in ferne Länder. Kaum angekommen, saß sie mir gegenüber auf der Veranda, und die Prüfung begann: Ein großer, gelber Schmetterling flog vorbei – ob ich vielleicht den Namen wüsste? Ich räusperte mich entschuldigend, nein leider nicht. Und wie hießen denn diese Büsche dort drüben?, ging es gleich weiter, und diese Blumen hier vorne? Schließlich beschloss ich, die Konversation in die Hand zu nehmen und fing an, all das zu erzählen, was ich wusste: Die Calliandra-Pflanze ist ein besonders nahrhaftes Viehfutter, sie lockert zugleich den Boden und fügt der Erde Nitrate zu. Bauern erzielten mit diesem Zufutter bis zu zwanzig Prozent höhere Milcherträge. Doch es war schwierig, die Samen dafür zu bekommen. Ich erhielt sie schließlich aus dem Pflanzenforschungsinstitut der Universität. Die Calliandra pflanzt man am besten mit ähnlichen Futterpflanzen zusammen, im Abstand von einem Meter, und dazwischen Nepiergras, das ihnen als Schattenspender dient. Nun war ich gerettet! Frau M. war überzeugt, dass sie hier etwas lernen würde, und das genügte.

Ein Spaziergang von einer guten halben Stunde führte durch die Schlucht und über den Mbagathi Fluss hinauf auf die Kitengela zur Werkstatt der Glaskünstlerin, Nanis Nest, ein beliebtes Ausflugsziel. Ihre Tierliebe fand Ausdruck in zahmen Kamelen, Mulis, Kühen, Vogel Strauß und vielen Hunden aller Größen und Rassen, die den Besucher zum Teil durch einen Zaun begrüßten, ihnen zum Teil frei entgegentrabten und -bellten. In ihrem Gästezimmer thronte sogar frei ein zahmer Geier. Aber das alles war nur schmückendes Beiwerk, die Hauptattraktion waren ihre Werkstätten, Skulpturen und die Mitarbeiterwohnräume, die in fantasievoll schlumpfartig gestalteten Hüttchen und Häusern untergebracht waren. Dazwischen wuchsen und wucherten die Pflanzen wild durcheinander und bildete einen internen Dschungel.

Weithin sichtbar überragte der «Dom» mit der Glasbläserei alle

Gebäude – ein beeindruckender Augenblick. Eine improvisierte Eisenleiter führte aufs Dach und gab den Blick über die Kitengela frei. Und drinnen rauschte Tag und Nacht das Feuer in den Öfen. Bis fünf Uhr nachmittags konnte man den einheimischen Glasbläsergehilfen bei ihrer Arbeit zusehen. Im Nachbarhüttchen saßen ein paar Damen vor kleinen selbstkonstruierten Öfchen und schmolzen das Glas zu bunt schillernden Perlen. An einem kleinen Kiosk, im Hundertwasserstil gebaut, konnte man sich eine Erfrischung kaufen. Schließlich führte der Weg in die Urzelle, Nanis Werkstatt, wo ihre Zeichnungen und Skizzen hingen, aber auch Fotos von fertigen Buntglaswerken, die in Restaurants, Kirchen, Banken und sogar im Casino von Nairobi stehen und eine enorme Formkraft und intensive Farbenpracht ausstrahlen. Tief beeindruckt von der Fantasie und Gestaltungskraft der Künstlerin kehrten die Gäste zur Olseki Farm zurück.

Massai – zwischen Kraal und Großstadt

Für den nächsten Tag war eine Begegnung mit benachbarten Massai geplant, die den Gästen eine Einführung in ihre Kultur gaben, mit anschließendem Gespräch. Wie lebten die Massai zwischen Kraal und Großstadt? Da saßen sie in Jeans und T-Shirt, die Nachfahren der «gefürchtetsten Krieger, die alles mit Feuer und Schwert vernichten, sodass die schwächeren Stämme es nicht wagen, offen Widerstand zu leisten, sondern ihnen ihre Herden überlassen und sich zu retten versuchen», wie der deutsche Missionar Ludwig Krapf,[30] der Pionier unter den europäischen Predigern in Ostafrika, als Erster die Massai beschrieb. In der gemütlichen Runde saßen natürlich unser alter Freund Jackson, Ole Paschas Neffe, daneben sein Massaifreund aus Ongata Rongai, der bereits für Safariunternehmen als Touristenführer gearbeitet hatte, und dessen Cousine, eine etwas kleinere, rundliche junge Frau, deren Züge Kikuyublut verrieten.

Cathrine war im zarten Alter von vierzehn Jahren mit einem alten Massai verheiratet worden, bekam zwei Kinder von ihm und führte einige Jahre das Leben einer tüchtigen Ehefrau und Mutter, auf der alle Arbeit und Verantwortung lastete. Ihr Mann war einer dieser tragischen Helden, ein alter Aristokrat, wie Tanja Blixen die Massai so treffend bezeichnet, der, als Nomade seines Landes enteignet und seines traditionellen Lebensstils beraubt, die meiste Zeit des Tages in einer Bar verbrachte. Cathrine aber hatte genug praktischen Sinn – ein weiteres Merkmal des Kikuyuanteils in ihr –, um sich aus dieser Ehe zu befreien und sich kurz entschlossen auf die andere Seite der Theke zu stellen. Als Barbesitzerin machte sie nun ihre Stammesgenossen durch den Trank des Vergessens glücklich und sich selbst mit der klingelnden Kasse.

Sie kannte sie alle, die Massai, die hier südlich von Nairobi in und um Ongata Rongai, einer Ecke ihres alten, weitläufigen Reviers, gestrandet waren wie Fische, vom Wasser ausgespuckt, und die sich nun von den Bars magisch angezogen fühlten. Ihr Kriegertum, ihr Stolz, ihr Mut sind noch sichtbar in ihren ausdrucksstarken, markanten Gesichtszügen, den tiefschwarz glühenden Augen und der schnellen konsonantischen Sprache mit endlos rollenden Rs, mehrmals schnell hintereinander ertönenden Ts und Ks. Wie ein kleines Feuerwerk funkt und sprüht es aus ihren Mündern, wie ein musikalisches Maschinengewehr rattert es auf den anderen ein. Doch meist sind sie stumm, schweigend, wie Mahnmale oder Denkmäler ihrer selbst. Fährt man die Magadi Road aus Ongata Rongai hinaus Richtung Süden, über den Sattel der Ngong Hills die weiten Serpentinen hinunter ins Rift Valley, sieht man sie als einzelne Gestalten, rot gewandet, hager, sehnig und lautlos mit ihren Speeren und Rungus – Holzkeulen – durch die zeitlose Savanne ziehen, ein Teil der Landschaft. Einzelne Hirtenjungen stehen auf einem Bein und hüten ihre Ziegen. Kahlgeschorene, reich geschmückte Frauengestalten im Schatten einer Akazie säugen ihr Kind, die langen, schwarz glänzenden Beine gerade vor sich ausgestreckt, regungslos. Oder alte Männer rasten in kleinen Gruppen und plaudern.

Jede einzelne Gestalt scheint im Atelier des göttlichen Bildhauers Modell zu sitzen, sie spotten den kleinen käuflichen Ebenholzstatuen auf dem City-Markt. Versammeln sie sich aber zu festlichen Anlässen, dann werden sie zu uniformierten Heeren. In Schmuck und Ausstattung sind sie sich alle einig – rot muss es ein. Nicht nur die bei den Männern gebundenen und bei den Frauen flatternden Tücher, sondern auch die Haut wird rot getüncht und die Haare rot eingefärbt. Die Frauen behängen sich mit kunstvollem Glasperlenschmuck, Ohrgehängen und mehrfachen Halskrausen. Im Tanz bewegen sie sich langsam und mit kleinen Schritten unmerklich vorwärts. Die vor- und zurückwiegenden Bewegungen von Hals und Kopf werden durch den Schmuck betont und von tiefen gurgelnden, hauchenden und schnalzenden Lauten begleitet, auch von den Männern. Nur ein Vorsänger hebt sich von der Gruppe ab und lässt seine durchdringende Stimme im hellen Singsang erschallen, wie ein Vogel im Morgenlicht. Ist es Zeit für die Männer hervorzutreten, so bleiben alle Tänzer gurgelnder- und summenderweise stehen, bilden einen kleinen Innenkreis, und einzelne Morans – Krieger – springen aus dem Stand mehrmals hintereinander so hoch sie können in die Luft. Alle angesammelte Kraft wird in diesen Sprüngen wie ein Pfeil vom Bogen geschossen. Die verhaltenen Bewegungen der Gruppe werden zur Schnellkraft des Einzelnen. Ein wunderbares Bild für die ganze Lebensweise der Massai als kriegerisches Nomadenvolk, aus der Ruhe und im Gleichklang mit der Savanne.

All diese Bilder standen unausgesprochen und unsichtbar im Raum zwischen uns und unseren Massai-Freunden. Sie schwangen mit in jedem Wort, das sie sprachen, und in jeder Geste ihrer feingliedrigen Hände, wenn sie uns von ihrer Tradition, ihrem Gott, ihrem Stammbaum und vielem mehr erzählten. Sie mussten sich mit dem Leben arrangieren und waren gute und treue Freunde von uns geworden, die sich gegenseitig achten und schätzen gelernt hatten. Und doch, so ganz ohne Streit oder Missstimmung ging es selten zu. Irgendetwas rief immer wieder ihren Unmut hervor, meist hatte es irgendwie mit der Bezahlung zu tun. Nie vor den Gästen, aber unter uns wurde dann lautstark diskutiert, oder sie verließen wortlos den Raum. Irgendwie kam es dann doch wieder zu einer Einigung, aber bei der nächsten Zusammenkunft war alles wie zuvor. Ich war Jacksons Treue und Freundschaft absolut gewiss. Im Ernstfall, sei es bei Überfällen, sei es bei Intrigengespinsten, hatte er immer Größe und Edelmut gezeigt. Was war es nur, das immer wieder zu Streitigkeiten führte? War es eine eingeborene Streitlust, oder empfanden sie jegliche «Bezahlung» im westlichen Stil als entwürdigend, weil sie darin eine Abhängigkeit spürten, die ihnen zuwider war?

Als Jacksons Tante unsere Kuh von den Folgen des East Coast Fevers kuriert hatte und dafür fünfhundert Kenianische Schillinge haben wollte, war ich bereits mit allen Kikuyu-Händlerwassern gewaschen und wie ein trainierter Polizeihund auf der Suche nach dem «richtigen» Preis, den es auf dem City-Markt tatsächlich bei allen Produkten gab. Aber wozu dem Käufer gleich sagen, was man möchte? Nein, der wird erst einmal auf die Probe gestellt, ob er «eingeweiht» ist oder nicht, ob er Land und Sitten kennt oder nicht, und wenn nicht – Pech gehabt, dann ist der Verkäufer eben der Sieger des Versteck- und Verstellungsspielchens. Das ist ihre Art, den Alltag reizvoller zu gestalten und das Unvorhersehbare im Kleinsten zu zelebrieren, das Spiel mit dem Schicksal. Unmut kam dabei selten auf, höchstens Geringschätzung, wenn der Käufer allzu naiv war. Das waren meine Erfahrungen auf dem Markt. Mit Jacksons Tante war es nun vollkommen anders. Auf mein niedrigeres Angebot, das ihr Jackson übersetzte, machte sie wortlos kehrt und ging ihres Weges. Da stand ich nun völlig verdattert und beschämt und musste zusehen, dass ich Jackson schleunigst meine fünfhundert Schillinge zusteckte, um sie ihr nachzutragen.

Nach dieser Einführungsrunde bei uns zu Hause sollten wir am folgenden Tag unsere nachbarlichen Freunde in ihrem kleinen

Kraal besuchen, eine halbe Stunde von unserem Haus entfernt. Jackson holte uns zu Fuß ab und zeigte uns unterwegs, welche Pflanzen für die Massai von Bedeutung waren. Da gab es den heiligen Baum, den Orekeki, unter welchem Opfer gebracht und Regen- und Fruchtbarkeitstänze gehalten wurden und dessen Holz nicht verbrannt werden durfte. Da war auch der Olseki, der Friedensbaum oder der Baum, der die Menschen vereint. Nach ihm benannten wir unsere Hausfarm, auch weil wir einen Olseki fällen mussten, um sie zu bauen. Das Olsekiholz ist geschmeidig und hart zugleich, aus ihm wurden die Bögen geschnitzt und die Rungus, ein Holzstab mit verdicktem Ende, das Zeichen für Macht und Stärke und das Werkzeug, mit dem die Hirten ihre Kühe eintrieben. Nach dem Buschspaziergang folgte das traditionelle Schlachten und Verspeisen einer Ziege mit allen rituellen Einzelheiten. Dazu fand sich der Clan in seinen traditionellen Tüchern und Schmuck ein. Der für die Massai typische Gesang und Tanz rundete den Nachmittag ab. Auch wenn all dies extra für unsere Gäste inszeniert wurde, so hatte die persönliche Begegnung mit diesen Menschen für die Gäste seinen besonderen Wert.

Am folgenden Tag ging es dann hinunter ins Rift Valley zur Ausgrabungsstätte Olergesailie, alles ursprüngliches Massailand. Dort konnte man Funde alter Tierknochen und Faustkeile besichtigen. Wichtiger aber war die Stimmung an diesem besonderen Fleckchen Erde. Eine Nacht in den einfachen Rundhütten, die vom Nairobi Nationalmuseum verwaltet werden, in dieser einsamen, trockenen und doch sehr malerischen Gegend, bleibt jedem unvergesslich.

Wieder zurück, ging es drei Tage auf eine gebuchte Safari am Mount Kenya, vorbei in den nördlichen Samburu Nationalpark, zurück übers Rift Valley, den Lake Nakuru mit seinen Flamingos und den Lake Naivasha, wo ein fürstliches Mittagessen in der berühmten Lake Naivasha Lodge die Gemüter nach den vergangenen Strapazen versöhnte. Ein idyllischer Spaziergang auf die Crescent Island bildete den letzten Höhepunkt vor der Rückfahrt nach Nairobi. Manch unvorhergesehene Pannen wie Trinkwasserknappheit oder Übernachtungsengpässe mussten verkraftet werden, und manchem zivilisierten Gast kam der afrikanische Busch etwas zu nahe. Die Farm wurde dann als Heimat und Ort der Erholung freudig begrüßt. Das «Sahnestück» der Reise sollte aber noch kommen.

Kikuyu – zwischen Ziegenställen und Großplantagen

Josef Mutura, ein Vollblutmanager und als Kikuyu in Thika lebend, dreißig Kilometer nördlich von Nairobi, hatte es sich zur Aufgabe gemacht, den organischen Landbau unter seinen Landsleuten zu verbreiten. Angeregt durch KIOF (Kenyan Institute for Organic Farming), entwickelte er in den neunziger Jahren sein eigenes Konzept und gründete die Einrichtung SACDEP, das heißt: Sustainable Agricultural Community Development Program, auf deutsch etwa: Programm zur nachhaltigen Entwicklung von Landwirtschaft und Gemeinschaft. Über drei Jahre können Kleinbauern und -bäuerinnen sich berufsbegleitend fortbilden und ihre Farm so umstrukturieren, dass sie wieder zu einer Lebensgrundlage wird. Die drei Grundpfeiler der Umstellung umfassen Regenwassernutzung, Ziegenhaltung und organische Anbauweise, also Fruchtfolge, Mischanbau, natürliche Düngung und vieles mehr. Dabei setzt Mutura ein Team von inzwischen zehn Mitarbeitern ein, die jeweils jeden Tag der Woche eine andere Gruppe von zwanzig Farmern auf einer der kleinen Farmen besuchen und sie dort vor Ort beraten. Mehrmals im Jahr senden diese Gruppen Vertreter zu Wochenendveranstaltungen ins Hauptquartier. Diese wiederum geben ihre neuen Erkenntnisse an die Gruppe weiter. So betreut jeder Mitarbeiter gleichzeitig hundert, das gesamte Team also etwa tausend Kleinbauern und -bäuerinnen, eine sehr erfolgreiche und wirksame Methode. Auch dieses vorbildliche Entwicklungshilfeprojekt eines Einheimischen wird von dem Entwicklungshilfefonds der Treuhandstelle Bochum maßgeblich unterstützt. Selbst Gelder vom Bundesministerium für wirtschaftliche Zusammenarbeit konnten dafür beantragt werden. So ist ein ansehnliches Zentrum entstanden mit Konferenzräumen, Gästezimmern, Großküche und Demonstrationsgarten.

Mit unseren Safarigästen buchten wir jeweils drei Tage Vollpension in diesem Zentrum mit Tagesausflügen zu verschiedenen Gruppen von Kleinbäuerinnen. Diese Ausflüge in das Herz Kenias blieben jedem unvergesslich. Mit Kleinbussen ging es auf Staubstraßen an endlos scheinenden Ananasplantagen vorbei, durch fruchtbare, leicht hügelige Gegenden, immer weiter weg von jeglichem Großstadtbetrieb, dorthin, wo die Zeit keine Rolle mehr zu spielen scheint, wo Kinder noch träumen dürfen und die Erde Freude hat an ihren vielfältigen, saftigen Pflanzen. Liebevolle Menschenhände hegen, pflegen und gestalten überall ihre kleinen Äcker und Wiesen, ihre Gärten und Haustiere, ohne sie der Natur zu entfremden. Alles Leben wird integriert und doch freundlich gebändigt und dem Menschen zunutze gemacht. Ein Hauch Paradies weht dort, und man möchte sich wünschen, ein Teil davon sein zu dürfen. Hoffentlich bleibt diese Idylle noch lange erhalten – doch das Leben der pulsierenden Großstadt, die veränderten Regeln und Gesetze der Weltwirtschaft und Globalisierung dringen bis in diese Winkel vor, und was früher genug war, reicht heute nicht mehr. Unbebautes Land kann nicht mehr vergeben werden, wie es früher Brauch war, weil es knapper und knapper wird.

Unser Kleinbus hält. Eine Gruppe Frauen und vereinzelte Männer kommen singend und sich wiegend näher, um uns zu begrüßen. Sie haben sich für uns herausgeputzt und das schönste Kopftuch umgebunden, scheu und neugierig zugleich strahlen sie uns an. Welche Ehre und Freude, einen so hohen Besuch zu bekommen! Etwas sprachlos und überwältigt von so viel Lebensfreude stehen wir da und folgen gerne ihrer einladenden

Geste, näher zu treten. Sitzgelegenheiten sind bereitgestellt, wofür alles Mögliche zusammengesammelt wurde, was weit und breit zu finden war. Es soll mit einer kleinen Begrüßungssitzung beginnen, gefolgt von einer Hofführung, und mit einem Imbiss abschließen. Keine Versammlung aber ohne einleitendes Gebet. Der Hausherr sammelt sich, und alle Anwesenden folgen seinem Beispiel. Diesen Moment der innigsten und frommsten Andacht von nur zwei Minuten werde ich nie vergessen. Mir traten die Tränen in die Augen vor so viel Echtheit und Reinheit. Wie arm wir doch sind mit all unserem Reichtum und unseren tausend Freizeitaktivitäten, schießt es mir durch den Kopf. Wenn das nur unsere Kinder erleben könnten! Gleich danach ist die Luft wieder erfüllt mit Lachen und Geschäftigkeit. Es folgen ausführliche und zeremoniell anmutende Begrüßungen, Berichte und Danksagungen vom Vorsitzenden und vom Geschäftsführer der Gruppe, vom SACDEP-Mitarbeiter. Schließlich muss auch einer von uns das Wort ergreifen. Ernst und getragen wenn möglich, aber bitte mit ein paar Späßchen durchsetzt, denn Lachen muss sein. Als wir einmal mit Walter Burkart, dem Hauptsponsor von SACDEP, reisten, gab es der Reden, Preisungen und Danksagungen kein Ende mehr. Die üppigsten und ausgewähltesten Geschenke wurden überreicht, und Walter musste kräftig mit den Kikuyudamen mittanzen. Einfach herrlich!

Auf dem folgenden Hofrundgang wird auf Besonderheiten hingewiesen, zum Beispiel ein von Hand geschaufeltes Brunnenbohrloch von etwa zehn Meter Tiefe und eineinhalb Meter Durchmesser oder eine besondere Bananenanbautechnik, die zum großen Erfolg führte, alles natürlich ohne Kunstdünger. Daneben wird auf jedem Hof der selbst gebaute und von SACDEP mitfinanzierte Regenwassertank bewundert; auch der Ziegenstall mit Inhalt wird besichtigt. Diese beiden Einrichtungen gehören sozusagen zur Grundausstattung, die den allmählichen Erfolg und das Wachstum der Farm ermöglichen. Voll Bewunderung lassen wir uns dann die Berge von reifen Avocados, Bananen, gekochter

Yams (einheimische Wurzel) und Maiskolben, Chapatis (indischer Brotfladen) und Mandasis (frittierte süße Teigwaren) schmecken. Bei größeren Anlässen werden auch Irio (Bohnen-Erbsen-Kartoffel-Eintopf), Ugali (ungewürzter Maisbrei) und Hühnchensoße serviert. Mangos und Ananas als Nachspeise, alles eigene Ernte, versteht sich. Chai, gesüßter Milchtee, wird dazu gereicht, ganz selten gibt es auch Sodas, d.h. Fanta und Sprite. Was für eine Mahlzeit! Von Tanz und Gesang begleitet, gehen wir erfüllt zum Wagen zurück und müssen erst einmal schweigend das Erlebte nachwirken lassen.

Nach diesen drei Tagen waren unsere Gäste meist so beeindruckt, dass manch einer zu Hause für SACDEP und die Bäuerinnen sammelte. Wir sahen unseren Gästen an, dass sie hochbefriedigt in ihre Heimat zurückkehrten, mit dem Gefühl, wirklich in Afrika gewesen zu sein. Für unser eigenes Bemühen war es eine Bestätigung und gab uns Schwung weiterzumachen.

Mit wissenschaftlichen Augen betrachtet

Seit Jahren war ich mit meinem ehemaligen Ausbilder und Kursbetreuer, dem Biologen und Afrikaliebhaber Prof. Dr. Wolfgang Schad, wegen eines Besuches bei uns im Gespräch. In den siebziger Jahren hatte er schon einmal Ostafrika bereist und gemeinsam mit seinen zwei Reisegefährten, wissenschaftlichen Kollegen, seine Entdeckungen veröffentlicht. Inzwischen war er zum Professor an der Freien Universität Witten berufen worden und trat durch seine Publikationen als Wissenschaftler hervor. 1999 war es endlich so weit. Es galt, eine elfköpfige, vierwöchige Expedition in Kenia und Tansania zu organisieren und zu begleiten, nach den genauen Vorgaben und Wünschen der Teilnehmer, möglichst kostengünstig. Wie aufregend! Kurzfristig verwandelte sich unser Haus in ein Schlaflager. Es begann eine Zeit des Staunens und Lernens. Wer hätte gedacht, was es schon bei uns vor der Haustür zu finden gibt! Vom ersten Rundgang um die Olseki Farm brachte einer der Teilnehmer bereits kleine steinerne Handspitzen und einen runden, alten Schlagstein aus der Steinzeit mit, der ein wenig aus der Erde herausgeblitzt hatte. Wir wussten nun, dass es auf unserem kleinen Hügel vorgeschichtliche Siedlungen gegeben hatte. Der Vogelexperte kam hellauf begeistert von seinem Morgenspaziergang zurück. Tatsächlich hatte er dieses oder jenes ganz besonders seltene Exemplar erlauscht. Uns wuchsen Augen und Ohren! Nie werde ich die staunenden, fast ehrfürchtigen Gesichter der Teilnehmer nach dem Besuch im Nairobi National Museum vergessen, als eigens für unsere Gäste der Tresorraum mit den Originalfunden urältester Menschenknochen geöffnet wurde. Sie konnten kaum fassen, dass dies Wirklichkeit war – ohne zu übertreiben, der eine oder andere war fast ein wenig in Trance vor Andacht. «This is the church of mankind», sagte einer.

Und wir? Wir lebten schon acht Jahre hier und hatten diese Seltenheit noch nie in Augenschein genommen, geschweige denn dieser Tatsache Beachtung geschenkt. Ich war ein wenig betroffen über meine Ignoranz und Unwissenheit. So ein glühendes, brennendes Interesse an der Natur und ihren Geschenken hätte mir sicher über manche persönliche Empfindlichkeit hinweggeholfen. Für Vojko, der bei allen Exkursionen dabei war, folgte eine reiche Zeit. Ich war leider ans Haus gebunden und konnte die Geschichten nur im Nachhinein mitverfolgen. Eine davon war besonders eindrucksvoll: Als Wolfgang Schad vor sechsundzwanzig Jahren Ostafrika bereist hatte, traf er in einer einsamen Gegend, mitten im tansanischen Busch südlich des Ngorongoro Kraters, auf eine Großfamilie von Buschmännern, die sich noch vom Jagen ernährten und frei herumstreiften. Schad hatte sie damals fotografieren dürfen. Er wollte diesmal wieder in diese Gegend fahren, um zu sehen, was sich verändert hatte. Die Reisegruppe zeltete in der Nähe einer Flussquelle, und Schad entfernte sich etwas, um noch tiefer in den Busch einzudringen und in Erinnerungen zu schwelgen. Da traf er auf zwei junge Buschmänner, denen er die Namen aller umliegenden Stämme aufzählte, um sich verständlich zu machen. Bei dem Namen der Buschmänner nickten sie. Sie verabredeten sich für den nächsten Tag. Von drei Buschmännern, die mit Pfeil und Bogen ausgestattet waren, wurden sie tags darauf zu ihrer Großfamilie geleitet, die im Schatten einer Akazie saß: sieben Männer, sieben Frauen, sieben Kinder und eine Großmutter. Schad fragte, wer der Häuptling sei. Als alle auf die Großmutter zeigten, zog er die Fotos heraus, die er vor sechsundzwanzig Jahren gemacht hatte. Nun erkannte sie auf dem Foto ihre Schwester wieder. Er hatte zufällig die gleiche Familie wie damals wieder angetroffen! Als er ihr die Fotos schenkte, schaffte dies Vertrauen, sodass sie zu einem heiligen Platz, einem Begräbnisplatz, geführt wurden.

Gerne hätte Schad Kontakt mit Richard Leakey aufgenommen, dem Sohn von Louis und Mary Leakey, eine für Kenia legendäre Familie, aber auch für alle Paläontologen weltweit. Louis und Mary Leakey hatten dreißig Jahre lang die Sommermonate über in der Olduway-Schlucht im Norden Tansanias gecampt und in glühender Hitze gegraben, gesiebt und registriert, was sie an alten Knöchelchen, Zahnsplittern vorgeschichtlicher Tiere und Steinwerkzeugen der Menschenvorfahren finden konnten. Ziemlich allein waren sie zunächst mit ihrer Ahnung, dort die ältesten Menschenknochen zu finden. Alle Welt blickte noch auf Asien als die Wiege der Menschheit. Für die beiden Forscher war es schwer gewesen, Sponsoren für ihre Arbeit zu begeistern, und unter größten Opfern und Entbehrungen taten sie, was sie tun mussten – bis sie schließlich 1959 auf die erhofften Beweise stießen, Beweise, die ihre Abstammungstheorien erhärteten und alle Paläontologen zum Umdenken zwangen. Danach wurde an mehreren Stellen, auch im Rift Valley, gegraben, und bald überhäuften sich die sich gegenseitig bestätigenden Funde. Die Entwicklung der Menschheit hatte in Ostafrika begonnen! Bald erlangte das Ehepaar Weltruhm, und ihr Sohn Richard, schon als Kind von der Leidenschaft seiner Eltern angeregt und in das Leben eines Ausgrabungsforschers eingeweiht, machte im Alter von erst zwanzig Jahren eigene bahnbrechende Funde. Später, als Direktor des Nairobi National Museums, trug er maßgeblich zur weiteren Erforschung und Konservierung der Schätze Kenias bei. Als erster und einziger Weißer zog er ins kenianische Parlament ein und war unter anderem zuständig für Wildlife Conservation und die Bekämpfung der Wilderei, bevor unser Nachbar Dr. David Western diesen Posten bezog. Leider hatte Richard Leakey keine Zeit für eine Begegnung mit Wolfgang Schad – es wäre sicher für beide Seiten ein interessantes Gespräch geworden.

Die Kreise weiten sich

Teufelsanbetung oder Paradies auf Erden?

Kaum waren unsere Sommergäste abgereist, nahm ein nächstes Ereignis unsere Aufmerksamkeit in Anspruch: das zehnjährige Jubiläum der Waldorfbewegung in Ostafrika im November. Vor genau zehn Jahren, im September 1989, hatte Vojko den ersten Waldorfkindergarten zwischen Kairo und Johannesburg in Nairobi eröffnet.

Vortragsredner aus der Schweiz, aus Deutschland und aus den USA wurden erwartet. Ein selbsternanntes Komitee kümmerte sich um die Räumlichkeiten in einem angesehenen Hotel und die Einladung und Bekanntmachung der Tagung. Auch die Presse wurde eingeladen, Vertreter aus dem kenianischen Erziehungsministerium, dem Lehrplaninstitut und aus internationalen Organisationen. Alles war bestens vorbereitet. Für beide Waldorf-Schulinitiativen war dieser Anlass eine willkommene Gelegenheit, das Augenmerk der Eltern und der Öffentlichkeit auf sich zu ziehen und durch geübte Redner mehr Interessierte zu erreichen. Immer noch waren wir nicht registriert und hatten keine offizielle Unterrichtsgenehmigung. Denn auf uns lastete der schwere Vorwurf der Teufelsanbetung. Das kam so.

Als wir vor Jahren auf Wunsch einer deutschen Mutter den Laternenzug am Martinstag einführten, wurde dieses Fest zum beliebtesten Schulfest des Jahres, an dem sogar die Väter willig teilnahmen. Mit selbst gebastelten Laternen zogen wir abends singend vom Schulgrundstück hinaus in die Weiten, unter sternenklarem Himmel. Unter drei großen Bäumen machten wir Halt, es wurde eine kleine Geschichte erzählt, Tee ausgeschenkt und Brötchen verteilt, bevor es andächtig wieder zur Schule zurückging. 1994, als Vojko und ich in England waren, wurde dieses Fest von unseren Gast- und Vertretungslehrern mit einigen neuen kenianischen Familien aus dem Nachbarort Ongata Rongai weitergeführt. Diesen neuen Eltern muss unsere Feier wohl unverständlich geblieben sein, denn als wir zurückkamen, verließen die Familien ganz plötzlich die Schule. Stattdessen erhielten wir eine Gerichtsvorladung wegen Teufelsanbetung. Der Präsident hatte eine Kommission zur Untersuchung schwarzmagischer Kreise in Kenia angesetzt. An diese Kommission war eine Anzeige gegen uns geleitet worden. Eines Tages erschien unsere Schule auf der ersten Seite der Tageszeitung als einer der verdächtigen Kreise neben der Theosophischen Gesellschaft, den Freimaurern, der «Matatufahrerkultur» und anderen weniger bekannten Gruppierungen. Mehrere Schulinspektoren wurden nun auf uns angesetzt, um unseren Unterricht zu besuchen, uns und unsere Kollegen zu befragen und unsere Lehrerbibliothek zu untersuchen. Die meisten Inspektoren zogen jedoch mit mehr Fragen als Antworten wieder ab. Eine jahrelange Auseinandersetzung folgte, mit dem Ergebnis, dass sich die Registrierung der Schule immer weiter hinauszog, weil man uns nicht einordnen konnte; wir waren zu anders und zu fremd. Man suchte nach stichhaltigen Beweisen unserer «Umtriebe». Dass es weltweit siebenhundert anerkannte

Waldorfschulen in allen westlichen Ländern gab, galt nicht. Erst zwei Jahre später wurde uns dann schließlich die Registrierung erteilt. Warum nur hatte es so lange gedauert? Waren es die langsamen Mühlen der Behörden oder die Hoffnung auf «Kitu kidogo» («etwas Kleines», wie man Schmiergelder verniedlichend bezeichnete) oder das Spiel mit Macht und Autorität? Wir konnten froh sein, dass es all die Jahre genügt hatte, den Antrag gestellt zu haben, dass alle nötigen Papiere dazu eingereicht worden waren und die Registrierung «in process» war, wie man so schön sagte. So hatten wir wenigstens in Ruhe arbeiten können. Das war die Kehrseite der Medaille.

Joan Almon aus den USA reiste als erster Gast an. Sie war von der Internationalen Vereinigung der Waldorfkindergärten gebeten worden, die neuen Initiativen in Afrika durch einen jährlichen Besuch zu betreuen. Als warmherzige Vorschulerzieherin und beliebte Rednerin eroberte sie alle Herzen im Sturm. Jon McAlice von der pädagogischen Sektion kam aus der Schweiz und Nana Göbel von dem Verein «Freunde der Erziehungskunst Rudolf Steiners» aus Deutschland angereist. Jon und Nana begleiteten und unterstützten unzählige Waldorfinitiativen weltweit mit Rat und Tat. Wir freuten uns sehr auf diese drei Freunde, die wir schon seit Jahren kannten, und fühlten uns sehr geehrt über dieses Aufgebot an begehrten und ausgebuchten Vortragsrednern.

Die Tagung wurde feierlich von einem hohen Regierungsbeamten eröffnet. Ausstellungen der Schülerarbeiten zierten das Foyer, die Presse war da, und neben interessierten Eltern und Kollegen erschienen tatsächlich auch Vertreter der kenianischen Erziehungsbehörden. Wie staunten sie über die zahlreichen Vorträge, die sie sich nicht entgehen ließen! Als sie in die Arbeitsgruppen aktiv miteinbezogen wurden, konnte man ihnen ihren Zwiespalt in den Gesichtern ablesen. Eigentlich wären sie selbst gerne noch bei uns zur Schule gegangen. Sind nicht viele Dinge ganz so wie früher, als wir noch in unserer alten Welt auf dem Land lebten, schienen ihre Augen sagen zu wollen, ihr Lächeln zu bestätigen. Der rhythmische Unterrichtsteil mit Singen und Rezitieren und allerlei praktischen Übungen war ihnen sehr vertraut, und Gemütsbildung durch den Erzählstoff war alte afrikanische Weisheit, das war nichts Neues. Aber das wäre doch zu schön, um wahr zu sein! Es ist sicher eine der Täuschungen der dunklen Mächte! Hatte man ihnen nicht beigebracht, ja eingehämmert, wachsam gegen alle Versuchungen von all den fleißigen Missionaren zu sein? Hatten sie nicht von ihren englischen Vorgängern gelernt, dass es nur um Wissen, nicht um Fähigkeitsbildung ging? – So ähnlich versuchte ich in ihren Gedanken zu lesen, die an ihren Gesichtern abzulesen waren. Nach den Vorträgen und in den Pausen entspannen sich viele lebhafte Gespräche und Diskussionen. Immer schimmerte hinter der Maske der Autorität die typisch afrikanische Herzlichkeit und Lebhaftigkeit durch, ein verschmitztes Lächeln, eifriges Gestikulieren oder schallendes Lachen. Das Eis war längst gebrochen. Für den folgenden Tag war eine Busfahrt zur Rudolf Steiner School Nairobi und eine Monatsfeier aller Schüler geplant.

Schmarotzer und Idealisten

Nach diesem eindrücklichen Erlebnis kam eines Tages ein Mitarbeiter vom Institut für Lehrplanentwicklung auf uns zu. Er werde uns gerne helfen, mit der Registrierung der Schule voranzukommen. Er sehe durchaus Möglichkeiten und werde gerne auch mehr über unseren Lehrplan in Erfahrung bringen. Er sei auch bereit, eine mehrtägige Veranstaltung im Institut für Lehrplanentwicklung zu organisieren. Wie wir vielleicht aus den Zeitungsberichten wüssten, werde gerade an einschneidenden Lehrplanreformen gearbeitet, und da könnten unsere Anregungen hilfreich sein. Unglaublich! Kaum zu fassen! Endlich fanden wir in einflussreichen Kreisen Gehör! Wir freuten uns wie die Kinder. Doch leider zu früh, denn wir lernten dabei die merkwürdigen Gepflogenheiten der ausländischen Entwicklungshilfe kennen. Die weitere Zusammenarbeit scheiterte daran, dass wir zu einem Seminar für die Mitarbeiter am Institut für Lehrplanforschung nicht nur Saal, Verpflegung, Fahrtkosten und Flüge der Dozenten hätten selbst finanzieren sollen. Nein, jeder Teilnehmende hätte auch noch ein sogenanntes Sitzgeld erhalten, ein reiner Anwesenheitsbonus für jeden teilgenommenen Tag. Wieder einmal konnten wir uns nur wundern. Es hieß, dass dies eben die Gepflogenheiten anderer Organisationen wie etwa der Weltbank, der GTZ usw. seien. So wurden die Teilnehmer «gekauft», ihre Statistiken aufgebessert, ihre Unternehmungen gerechtfertigt.

Eine andere Dame kam auch auf uns zu, Esther Mwangangi vom kenianischen Erziehungsministerium. Sie war schon früher aus freien Stücken und eigenem Interesse zu der einen oder anderen Veranstaltung gekommen, hatte das Seminar über Sinnesschulung mitgemacht und sah bald in unserem Erziehungsansatz eine wesentliche Bereicherung des kenianischen Schulsystems. Esther hatte drei Kinder, selbst ein Jahr in England studiert und einige Kinderbücher geschrieben. Sie fuhr zu ganz besonderen Anlässen einen alten Audi, der sonst brav in ihrer Garage parkte, und suchte ein Tätigkeitsfeld für ihre anstehende Pensionszeit.

Sie wurde meine Partnerin in der Organisation von Erwachsenenbildungsseminaren für Lehrer. Innerhalb weniger Wochen kamen auf ihre Einladung etwa achtzig beratende Unter- und Oberstufenlehrer aus Nairobi zusammen, die mit Barbara und Robert drei erlebnisreiche Tage verbrachten. Ähnlich hatte sie im Handumdrehen fünfzig Lehrer aus Slumschulen gefunden, die wir ins Goethe-Institut einluden, um mit Elisabeth und Kollegen zu arbeiten. Die Teilnehmer waren begeistert. Der Ansatz des aktiven Lernens, des Sich-Austauschens in Gruppen, das Umsetzen von konkreten Aufgaben und das künstlerische Ausarbeiten einer Idee fanden großen Anklang. Endlich einmal eine Fortbildung, die die Zuhörer belebte und nicht ermüdete. Endlich kein stundenlanges Zuhören und Mitschreiben, Stirnrunzeln und Kopfnicken, sondern ein Klatschen und Stampfen, ein kreatives Mitgestalten. Barbara und Robert staunten und ich auch: Die Kenianer waren geborene Pädagogen, sozusagen Vollblutlehrer, voller Leben und Enthusiasmus, mit einer Leidenschaft fürs Schauspielen mit viel Fantasie, großer Wärme, viel Interesse und Geduld für Kinder. Welch gewaltiger Idealismus bei den geringen Gehältern, großen Klassen und vielen Arbeitsstunden!

Eine kenianische Mutter Teresa

Über Esther Mwangangi bin ich einer Frau begegnet, die für mich eine Art Mutter Teresa in einem der Slums von Nairobi ist: die Kenianerin Wangari. Esther lud mich ein, sie zu besuchen.

Wir parkten das Auto außerhalb des Slums an einer Tankstelle, wo es sicher war, und gingen zu Fuß hinein in diese Dreckecke, auf glitschig-feuchten Erdwegen, an verfault riechenden Abfallbergen und Unrat entlang. Am Rande des Areals, in dem achtzigtausend Menschen leben, befand sich noch das eine oder andere Steinhäuschen zwischen Bretterverschlägen und Wellblechhütten, mehrfach ausgebessert und repariert mit allen möglichen Blechteilen und Holzresten. Wir blieben am Eingang eines stabiler aussehenden Heims stehen. Die Tür wurde geöffnet, und wir betraten einen schmalen Innenhof, von dem aus rechts und links vermietete kleinste Kammern abgingen.

In der letzten Kammer wurden wir von Wangari herzlichst begrüßt und gebeten, Platz zu nehmen. Der kleine Raum war in eine Schlafecke unterteilt, die durch eine über eine Schnur gehängte Decke abgetrennt war, und eine Sitzecke mit einem alten, durchgesessenen Sofa und zwei Stühlen. Das Grundstück, auf dem das Häuschen stand, hatten Wangari und ihr Mann vor Jahren für viel Geld erworben. Von hier aus waren sie täglich zur Arbeit gegangen, um ihre fünfköpfige Familie zu ernähren. Aber, wie wir bald hören sollten, nicht nur das. Ihr jüngster Sohn spielte mit seinen Freunden im Slum, Kinder, die keine Schule besuchen konnten, die oft tagelang nichts zu essen hatten und zum Teil Aidswaisen waren. Oft werden sie dann von Verwandten zwar aufgenommen, aber nicht wirklich versorgt. Wie uns Wangari erzählte, werden sie sogar auch noch beraubt, falls ihnen ein Erbe zustehen sollte. So sind sie ihnen schutzlos preisgegeben, denn Not kennt keine Rechte.

Der kleine Wangari junior brachte den einen oder anderen Spielgefährten zum Mittagessen nach Hause, bis ihr Mittagstisch zur festen Einrichtung wurde und der Speisezettel entsprechend vereinfacht werden musste, um ins Budget zu passen. Als Wangaris Sohn sechs Jahre alt war, sollte er in eine Schule außerhalb des Slums gehen. Er wollte aber nur, wenn seine Freunde mitkommen dürften. Die Mutter war zuerst sprachlos, dann aber beschloss der Familienrat, eine der vermieteten Kammern für eine Schulklasse freizumachen. Wangari stellte gegen Verpflegung einen arbeitslosen Lehrer ein und legte damit den Grundstein für ein langjähriges, einzigartiges Schulprojekt, «The Good Samaritan Childrens Home». Aus eigener Tasche und mit Geldern aus dem engeren Familien- und Freundeskreis, ohne einen einzigen ausländischen Dollar, erwarb sie ein weiteres Grundstück und erstellte ein doppelstöckiges Wellblechgebäude mit sechs Räumen: je zwei Klassenräume oben und unten, in welchen je zwei Klassen gleichzeitig unterrichtet werden konnten, nach vorne bzw nach hinten zum Lehrer und auf die Tafel blickend, ohne Stühle und Tische natürlich. Ein weiterer Raum diente als Kindergarten oder Vorschule und ein weiterer als Ess- und Schlafraum. Alle Schüler bekamen eine gemeinsame Mahlzeit am Tag. Die missbrauchten und entrechteten Waisenkinder durften auch in der Schule schlafen. Die Räumlichkeiten waren einfacher eingerichtet als jeder Schafstall in Europa, aber sie machten dennoch einen gepflegten und wohnlichen Eindruck. Sicher waren es die fürsorglichen Gesten und liebevollen Blicke der Gründerin und der Lehrer, die diese Wärme hineinzauberten.

Strahlend erzählte sie, wo sie zum Beispiel den Sack Bohnen aufgetrieben hatte: Es sei zwar eine Qualität, die sich auf dem Markt nicht mehr verkaufen ließe, aber dafür erhielt sie ihn fast kostenlos und er reiche nun wieder zwei Wochen lang für fünfhundertsechzig Schüler. Die Lehrer bekämen zwar nur umgerechnet dreißig Mark Gehalt im Monat, machten aber ihre Arbeit gern und seien stolz auf ihre Schützlinge, denn seit Kurzem nähmen ihre Schüler an den jährlichen staatlichen Prüfungen teil, wo sie überdurchschnittlich gut abschnitten. Die Kinder seien äußerst eifrig bei der Sache und wollten so viel wie möglich lernen. Das alles war für uns kaum fassbar. Wieder wünschte ich, diese Kinder und diese Schule unseren westlichen Kindern zeigen zu dürfen.

Esther fragte, ob Wangari Interesse daran habe, ihre Lehrer zu einer kostenlosen dreitägigen Fortbildung zu schicken. Sie war Feuer und Flamme, und die Einzelheiten wurden geplant. Zu unserem Seminar im Goethe-Institut kamen schließlich fünfzig Lehrer aus Slumschulen. Weitere Seminare wurden vereinbart.

Mir machte diese Arbeit große Freude, brachte sie mich doch mit aufbauenden Kräften aus dem Lande zusammen, wo wir uns gegenseitig bereichern konnten. Es war ein Geben und Nehmen, ein Austausch, eine Begegnung. Wieder empfand ich, wie auf diese Weise gegenseitige Entwicklungshilfe im besten Sinne ablief.

Träume erfüllen sich

Aber ein Vorurteil hielt sich hartnäckig in den wohlhabenderen Kreisen Nairobis: Waldorfpädagogik sei nur für arme und langsame Kinder eine sinnvolle Alternative. Die eigenen Sprösslinge müssten für eine wettbewerbsorientierte, harte Welt vorbereitet werden. Gegen dieses Vorurteil kämpfte Roo Woods.

Das Führen unserer ersten kleinen Vorschulklasse in Kileleshwa, die ich nach meiner Rückkehr aus Tansania einführte und dreimal in der Woche unterrichtete, erwies sich als großer Erfolg.

Eltern und Kinder waren begeistert, obwohl zunächst noch die Stoßkraft fehlte, daraus eine erste Waldorfklasse wachsen zu lassen. Schweren Herzens folgte Roos Tochter Amber ihrem Bruder in seine englische Privatschule. Doch Amber fühlte sich nicht wohl und wurde öfter krank. Schließlich verweigerte sie sich, dorthin zu gehen. Da war endlich auf Roos unermüdliches Betreiben hin eine kleine Gruppe Eltern zusammengekommen, die Interesse an einer Waldorfschule in Stadtnähe hatten. Erstaunlich viele Eltern waren unglücklich mit «mainstream» und suchten eine Alternative. Sie sagten zu, ihre Kinder in eine neu gegründete Waldorfschule zu bringen. Aber nur drei Familien hatten schließlich den Mut und die Entscheidungskraft zu diesem Schritt. Roo arbeitete trotzdem wie ein Uhrwerk weiter. Schon seit Jahren sammelte sie Infomaterial, das sie immer wieder neu zusammenstellte, fotokopierte, verschickte oder verteilte. Sie traf sich mit den Interessierten auch einzeln zu Abendessen, dann wieder in kleinen Gruppen. Roo war eine große Taktikerin, an der wir lernen konnten, wie man in dieser Menschengemeinschaft am besten vorgeht, was für Outsider, wie wir gar nicht möglich war. Dies konnte nur ein Insider leisten. Roo verbrachte ihre ganze Zeit von früh bis spät damit – ehrenamtlich –, die Nairobi Waldorf School zu realisieren. Sie setzte alle Hebel in Bewegung und ließ sich durch keine Kosten und Rückschläge abbringen. Sie zeigte einen ähnlichen Einsatz wie wir Jahre zuvor, nur dass sie in Kenia heimisch war und Kraft aus ihrem gewohnten und schönen Lebensumfeld zog. Die Triebfeder waren ihre Kinder, die ihr bewiesen, dass Waldorferziehung Kinder erblühen lässt. Durch Roos Einsatz hatte die Waldorfpädagogik in Kenia die Chance, aus der Vorurteilsecke, nur für behinderte, langsame oder arme Kinder da zu sein, herauszukommen.

Ein Schulverein der Nairobi Waldorf School wurde gegründet und ich als «Waldorfexpertin» in den Schulvorstand gebeten. Wie sehr habe ich es genossen, für nichts, gar nichts anderes zuständig zu sein als nur für die Arbeit mit den Kindern und für die inhaltliche Arbeit mit den Eltern, dem Vorstand und späteren Kollegen, wofür ich auch noch einigermaßen angemessen bezahlt wurde. Genau so hatte ich es mir von Anfang an gewünscht und vorgestellt. Man muss eben nur lange genug warten können! Roo war eine wahre Pioniermeisterin, die den Überblick behielt, wen sie wofür einsetzen konnte. Sie fand immer zur rechten Zeit den richtigen «Experten» und Gutwilligen und strahlte Optimismus und Positivität aus. Dunkle Ringe um die Augen verrieten jedoch die vielen schlaflosen Nächte mit den endlosen Gedanken, die sie sich machte.

Innerhalb von nur zwei Jahren wuchs aus einer fünfköpfigen Vorschulklasse eine kleine Schule mit fünfundzwanzig Schülern in drei kombinierten Klassen und einer Kindergartengruppe mit fünfzehn Kindern. Auf einem langfristig gemieteten Grundstück in Karen wurden fast über Nacht vier Klassenräume aus Holzbaracken erstellt. Ein Kollegium mit insgesamt etwa zehn Mitarbeitern jeder Couleur traf sich in guter Waldorfmanier wöchentlich, um die Schulangelegenheiten zu beraten. Als Konferenzleiterin durfte ich meine Erfahrung einbringen und an dem Organismus der Schule mitgestalten. Leicht war es nicht, qualifizierte Lehrer zu finden und das Vertrauen der Eltern zu gewinnen. Abgesehen von einem harten Kern gab es viel Wechsel, Rückschläge und Krisen, vor allem finanzieller Art.

Alle diese Arbeitsimpulse erhielten in der Festwoche anlässlich unseres zehnjährigen Jubiläums einen wesentlichen Anstoß oder Kraftschub. Die Registrierung der Rudolf Steiner School geriet in Bewegung, die Zusammenarbeit mit dem Erziehungsministerium durch Esther Mwangangi konkretisierte sich, und nur zwei Monate später eröffnete die Nairobi Waldorf School ihre erste Klasse mit vier Kindern.

Noch nie zuvor waren wir so stark an die Öffentlichkeit getreten, und zwar die Vertreter beider Schulinitiativen gemeinsam. Immer noch gab es jedoch eine unsichtbare Kluft zwischen den tragenden Kollegen an der Mutterschule und Vojko und mir. Ein Teil des Argwohns hatte sich nun auch auf die Träger der neuen Schulinitiative als sogenannte «Rivalen» übertragen. Ich fühlte mich dadurch unendlich befreit, lastete doch das Brandmal des «Feindes» nicht mehr nur auf uns persönlich. Ich vertraute den diplomatischen und höflichen Sitten unserer englisch geschulten Freunde, früher oder später das Vertrauen unserer Nachfolger zu gewinnen. Sehr wohltuend trugen auch unsere drei Gäste und Vortragsredner zu dieser Brückenbildung bei.

BETREUTE UND BETREUER

Fred

Im Herbst 1998 brachte Paul Kunze, der Gründer und Leiter einer Jugendhilfeeinrichtung in Deutschland, den Jugendlichen Fred zu uns nach Kenia und kam regelmäßig zu Besuch, um die Maßnahme zu betreuen. Der Schuldirektor der Deutschen Schule in Nairobi nahm Fred freundlicherweise unter seine Obhut und versuchte, ihn in ein geregeltes Leben zu integrieren. Bald schon war er bekannt wie ein bunter Hund. Mit seiner charmanten und umgänglichen Art hatte er sich schnell Sympathien erworben und Freunde gefunden, sie zu erhalten war jedoch schwierig. Ständig sorgte er für Aufregung und Unruhe, Vojkos beste Hose war aus dem Schrank verschwunden und kam mit einem gehörigen Riss am Bein wieder zurück. Auch andere schicke Kleidungsstücke nahm er in seinem Schulranzen mit und kleidete sich auf dem Weg hinter einem Busch schnell um. Einmal entwendete er von einem Freund eine Spielzeugpistole, mit der ihm nichts Besseres einfiel, als die Wachleute im nächsten Einkaufszentrum nahe der Schule zu bedrohen. Als die Polizei verständigt wurde, gab es ein großes Aufsehen an der Schule. Ein anderes Mal erhielten wir einen Anruf von einem Hotel in der Stadt: ob wir einen Jungen namens Fred kennen würden. Nachdem wir bejahten, erfuhren wir, dass er soeben fürstlich gespeist habe und sich, ohne zu zahlen, aus dem Staub machen wollte. Abends kam er manchmal, wenn ihm das Laufen zu lästig war, mit einem Fahrrad nach Hause, das auf halbem Weg, auf einem Hof von Diguna, zufällig herumstand.

Als Paul Kunze wieder einmal bei uns zu Besuch war, wurde er Zeuge einer Auseinandersetzung zwischen mir und Vojko. Er schaute uns daraufhin nachdenklich an und meinte: «Ist eure Ehe eigentlich in Ordnung? Solche Jugendliche wie Fred bringen alles ans Tageslicht, was nicht stimmt. Er würde sich sicher schuldig fühlen, wenn er erleben würde, dass eure Beziehung zerbricht.» Mich stimmten diese Worte sehr nachdenklich. Eigentlich musste ich zugeben, dass unsere Ehe nicht in Ordnung war. In all den letzten Jahre wollte sich keine rechte Zärtlichkeit mehr zwischen uns einstellen. Es gab immer öfter Unstimmigkeiten und Gereiztheiten. Das ist nur eine Krise, tröstete ich mich, das bekommen wir schon wieder in Ordnung. Freds Zeit auf der Olseki Farm endete damit, dass er zum zweiten Mal mit einem Stein eines unserer Fenster einschlug. Im Beisein unserer Kinder kam es zu Handgreiflichkeiten zwischen ihm und Vojko. Daraufhin fand Paul Kunze für Fred eine andere Unterkunftsmöglichkeit bei einem kenianischen Sozialarbeiter, und Vojko wurde gebeten, aus der räumlichen Distanz die Betreuung weiter zu begleiten.

Belebung unserer Ehe

Immer noch fuhr ich drei Tage in der Woche mit Emanuel in die Stadt, wohnte mit der Kindergärtnerin Miriam im Kindergarten und unterrichtete am Vormittag die Vorschulkinder. Wir besuchten Eltern, gingen in der Stadt bummeln und nahmen die verschiedensten Treffen zur Vorbereitung der zweiten Schulgründung, der Nairobi Waldorf School, wahr. Ich genoss das Eingebundensein in diese freundliche und interessante Menschengemeinschaft und fühlte mich rundum wohl. An den anderen Tagen lebte ich auf der Farm mit unseren wunderbaren Mitarbeitern und Nachbarn und genoss die Ruhe und Schönheit des Gartens und der Umgebung. Am Wochenende hatten wir oft Besuch, oder wir fuhren an den Lake Naivasha zum Zelten. Mein Leben hatte sich wunderbar geordnet, und ich war glücklich und zufrieden.

Seit einiger Zeit fiel mir auf, dass Vojko öfter fröhlich und gut gelaunt war, der Charme in Person. So hatte ich ihn schon lange nicht mehr erlebt und deutete seine Heiterkeit als Entgegenkommen von seiner Seite, sich wieder mehr unserer eigenen Beziehung zuzuwenden. Die Belebung der Ehe war sozusagen mein nächstes Projekt, auf das ich mich, da mein Leben in guten Bahnen lief, mit geballter Energie stürzte. Ich bestellte das Buch «Relationship Rescue» von Dr. Philipp C. McGraw aus Amerika, das wir gemeinsam eifrig durcharbeiteten. Das regelmäßige Zwiegespräch wurde auf Empfehlung eines Hamburger Psychologen bei uns eingeführt und romantische Ausgeh-Abende zelebriert. Ich bemerkte, dass Vojko mir bei allem eher stumm und etwas verwundert zuschaute, vielleicht auch wehmütig, und sich eher wie ein Statist verhielt, der eigentlich keine Rolle spielen wollte. Aber da ich diese Haltung an ihm schon kannte, achtete ich nicht weiter darauf.

Völlig hingegeben meiner Eherettungsaktion fiel ich eines Tages aus allen Wolken, als er sich Hilfe suchend an mich wandte: Eine junge Kenianerin, Studentin an der benachbarten freien amerikanischen Universität, der er Deutschunterricht gegeben hatte, habe gedroht, sich das Leben zu nehmen, weil sie von der Uni für ein Jahr suspendiert worden war. Es sei beobachtet worden, dass Vojko sie mehrmals abgeholt hatte. Da das Verhältnis nicht gutgeheißen wurde, schicke man sie fort. Was sollte er nur tun! Es dauerte einige Stunden, bis ich verstand, dass er im höchsten Maße in diese junge Frau verliebt war. Das war also der wahre Grund seiner freudigen Stimmung gewesen! Ich war zutiefst getroffen und aufgewühlt. Zum Glück kannte ich eine weise Frau und Freundin in Nairobi, bei der ich mir Rat holen konnte. Danach versuchte ich, darauf zu vertrauen, dass alles seinen richtigen Weg gehen würde. Die junge Frau wurde nicht mehr erwähnt. Dass Vojko sich verliebt hatte, konnte ich eigentlich recht gut nachvollziehen, fremd waren mir diese Gefühle nicht.

Friedrich und Doris

Das Leben ging weiter. Längst waren neue Kontakte zur Jugendhilfearbeit auf der Olseki Farm geknüpft worden. Wollten wir in dieser Branche tätig bleiben, so konnten wir uns jedoch keine weiteren Freds mehr zumuten, jedenfalls nicht mit kleinen Kindern im Haus. Über einen unserer Gäste nahmen wir Kontakt zu dem Heimleiter der Ziegelhütte Ochsenwang in Deutschland auf. Aufgeschlossen und zu allen sinnvollen Experimenten bereit, hatte er gleich einen genialen Plan parat. Zwei seiner Schützlinge, Friedrich und Doris, sollten zusammen mit der Betreuerin Birgitta für ein Jahr unsere Lebensgefährten werden.

Sie kamen im August 2000 zu uns, und diesmal bewährte sich unser Angebot. In Deutschland brauchte Friedrich zwar den betreuten Rahmen eines Heimes, war aber in der bunt zusammengewürfelten Sonderschulklasse unterfordert. In Kenia wurde er in einer privaten englischen Highschool aufgenommen und erzielte beste Leistungen. Nach drei Jahren konnte er dort seinen Abschluss machen, den er in Deutschland nie erzielt hätte. Die strenge Schulführung und Ordnung mit Schuluniform und Prüfungen waren für ihn genau das Richtige. Doris hingegen brachte nur sehr bescheidene schulische Leistungen, war aber in allen praktischen Dingen hellwach. Sie durfte die Rudolf Steiner School besuchen und gewann an Selbstbewusstsein und Selbstständigkeit. Für beide Jugendliche war der Keniaaufenthalt ein Durchbruch in ihrer Entwicklung. Es ist zu hoffen, dass die deutschen Behörden den Gewinn eines solchen Auslandsaufenthaltes erkennen und auch in Zukunft bei ausgewählten Fällen genehmigen.

7. Die Saat geht auf

AHNUNGSLOS

Ein Tag in der Weihnachtszeit

Heute ist es gekommen», sage ich zu Emanuel, «hast du es bemerkt?» – «Was?» – «Das Licht, das Weihnachtslicht, das uns das Christkind ankündigt.» Noch einmal schaut Emanuel suchend und forschend hinaus. Ganz klar flutet ein helles, eher kristallines Licht von allen Seiten durch die Fenster in unser geräumiges Wohn- und Esszimmer an diesem frühen Dezembermorgen im Jahr 2000. Emanuel hat schon Kindergartenferien und läuft freudig in den Hof zu seinen liebsten Spielkameraden, und Katharina springt jauchzend hinterher. Die Rudolf Steiner School schließt das Schuljahr, wie alle kenianischen Schulen, Ende November. Doch dann folgen noch zwei Wochen Hochbetrieb, da die Dozenten aus Kapstadt und etwa vierzig Studenten aus ganz Ostafrika zur bereits erwähnten Lehrerfortbildung beherbergt werden. Friedrich und Doris, unsere beiden Jugendlichen aus Deutschland, nehmen an einem kenianischen Jugendferienlager teil. Anschließend sollen sie bei unserem kenianischen Landwirtschaftsberater auf seiner kleinen Farm am Fuße des Mount Kenya in das ländliche Leben der Kikuyu eintauchen.

Birgitta, die deutsche Jugendhilfekollegin, die als Betreuerin von Friedrich und Doris zu uns gekommen ist, hat als gelernte Weberin gemeinsam mit einem einheimischen Weber im Dorf an der Massai Lodge Road eine kleine Werkstatt aufgebaut und steht ihm nun mit Rat und Tat zur Seite. Heute wollen sie den neuen Webstuhl testen. Vojko ist auf einem seiner Stadtgänge unterwegs zum Automechaniker, um die Hütte Mount Meru Bandas[31] zu buchen und für die Mount Kenya-Besteigung anzahlen, die über Silvester mit den beiden Jugendlichen und gemeinsamen Freunden stattfinden soll.

Ich bleibe allein zurück und habe mir einige Büroarbeit vorgenommen. Vorher will ich aber einen kleinen Rundgang durch den Garten machen und mich mit den Pflanzen über das rege Wachstum, das die kurze Regenzeit ausgelöst hat, freuen. Um die Veranda herum wachsen Rosen, Lilien und Iris, bis zum Verandadach hinauf eine rot-gelb blühende Orchideenkletterpflanze, nach der ich lange habe suchen müssen. Eine großblättrige Urwaldpflanze schirmt uns von Theos Veranda, die die andere Haushälfte bewohnt, ab. Über die vorgelagerte Felsplatte hinweg schweift der Blick auf Steingärten mit den vielfältigsten blühenden Kakteen- und Sisalpflanzen, durchsetzt mit kleinen, bodenbedeckenden Schlingpflanzen; daneben zwei rosa-lila blühende Camelfoot-Sträucher, und entlang des Zäunchens zum Kuhfutterfeld, das mit hohem Nepiergras bestellt ist, blühen weiße und purpurrote Bougainvillea-Hecken. Die Zweige der Maulbeerbäume wiegen sich im Wind, und die Himbeerhecken dahinter scheinen endlich angewachsen zu sein. Auf der anderen Seite, Richtung Küche, wachsen wild durcheinander um eine Vertiefung herum, in die das tägliche Küchenabwasser oberirdisch abfließt, Bananenstauden, wilde Stachelbeeren, Zucchiniranken, Salatköpfe und dazwischen ein paar Erdbeeren – ein beliebter Rast- und «Naschplatz» unserer Kinder. Dahinter kommen liebevoll angepflanzte Beete mit Salatköpfen aller Art und Größe und Kräuter über Kräuter, gut beschattet von einem Pfefferbaum, der nach seinem Geruch so benannt wird, und anderen Agroforestrybäumen – Feldwaldbäumen.

Mehta kommt gerade aus der Küche und erntet Zucchiniblüten für das Mittagessen. Unsere Hausnachbarin und ihre Mutter sind gebürtige Griechen und haben uns in die tiefsten Geheimnisse ihrer Kochkunst eingeweiht. Ein Rezept davon sind gefüllte Zucchiniblüten mit Reis, Rosinen und Pinienkernen. Alles Neue muss von Mehta sofort erprobt werden.

Was für ein Frieden liegt über diesem Ort! Die Natur zelebriert ihre Schönheit. Hinter dem Haus, das heißt an der Zufahrtseite, versorgt unser kenianischer Farmer Maliseli Daffodil, unsere Kuh, und spannt gerade den Esel vor den Karren, um Wasser zu holen. Einige Maurer und Tagelöhner sind an einem kleinen Erweiterungsbau beschäftigt. Er soll drei größere Räume mit je einer Dusche und Toilette bekommen, die als Büro und Gästezimmer genutzt werden. Mit den Jugendlichen im Haus wird es dort eng, und zu Ostern soll die nächste Safarigruppe beherbergt werden. Theo macht gerade eine schöpferische Pause von ihrem Schaffen als Malerin und sitzt gemütlich vor ihrer Küchentür, bestens umsorgt von ihren Angestellten. Meist weiß sie die neuesten Nachrichten, was in der weiten Nachbarschaft vorgefallen ist, tags und nachts, oder sie erzählt mir eine Anekdote aus ihrem interessanten Leben in Ostafrika. Ein Schwätzchen mit ihr ist immer lohnenswert und erfrischend, wenn es nicht gerade um die Lautstärke von Winnifreds Kindern geht, was leider immer ein heikles Thema ist …

Spinnen verschiedener Fäden

So, jetzt aber an die Arbeit! Felistas, unsere Bürohilfe; wartet schon darauf, einigen Schriftverkehr mit mir durchzugehen: Die Fortsetzung der Jugendhilfearbeit muss rechtzeitig in die Wege geleitet werden, soll unser Einkommen nicht plötzlich wieder versiegen. Mit Hans-Peter Seeger sind wir über weitere Jugendliche ab dem folgenden Sommer im Gespräch, aber er sagt, dass die Jugendämter sich sträuben, eine so ferne Maßnahme zu unterstützen. Er müsste sich bei den Behörden sehr dafür einsetzen und dazu fehle ihm schlichtweg die Zeit. – Anghus Gordon aus England hat eine sehr erfolgreiche Einrichtung in England aufgebaut, «Ruskin Mill», und mich eingeladen, ihn zu besuchen, um eine nähere Zusammenarbeit anzudenken. Außerdem gibt es einen Verein der Erlebnispädagogik in Deutschland, bei dem wir gerne Mitglied werden möchten, um uns bei interessierten Einrichtungen vorstellen zu können. Hans-Peter, Vorsitzender des Jugendhilfeverbands Baden-Württemberg, hat uns gebeten, für dessen Rundbrief einen Artikel zu schreiben.

Dann sollte ich Kontakt mit Esther Mwangangi wegen der nächsten Erwachsenenbildungskurse mit den kenianischen Lehrern aufnehmen. Die Termine des kommenden Jahres müsste ich mit ihr und unseren Gastdozenten aus dem Ausland absprechen, ebenso die Themen und Inhalte. – Außerdem hat das GTZ Interesse an einem Seminar bekundet. Ein neuer Arbeitsbereich ist eingerichtet worden, der sich mit der Schulsituation in den Slums befassen soll. Die zuständige Mitarbeiterin ist an unserer Mitarbeit interessiert und bittet um ein Gespräch. – Die Mitglieder des von mir für die Erwachsenenbildungskurse ins Leben gerufenen Vereins EATAE, East-African Trust for Art and Education, erwarten einen Weihnachtsrundbrief, der sie über die Aktivitäten informiert.

Soll ich erst noch auf Mwangi warten wegen der Buchführung? Schade, dass ich solche Mühe habe, ins Internet zu kommen. Die Telefonleitungen sind leider maßlos überfordert. David Witt, ein Kollege aus Kalifornien, hat mir seine neu eingerichtete Webadresse vom Waldorf Internatioal Trading House, kurz WITH, geschickt und mich um meinen Kommentar gebeten. Er war wohl sehr zufrieden mit den ersten Warenlieferungen von uns, den Schnitzereien von Daniel Ireri, einem äußerst schöpferischen kenianischen Laubsägekünstler. Seine Idee eines internationalen Versandhauses mit Waren aus vielen Entwicklungsländern finde ich so spannend, dass ich von einer engeren Zusammenarbeit in fernen Tagen träume. Unsere Nachbarn, David und Shirley Western leben mit ihren zwei Kindern seit Jahren ein Trimester im Jahr in Kalifornien und zwei Trimester in Kenia. So etwas, so eine Mischung, wäre wirklich meine kühnste Sehnsucht.

Wer kommt denn da? Ist denn schon Mittagspause im Lehrerseminar? Drei Gestalten nähern sich zögernd unserer Veranda, liebe Freunde aus Uganda.

«Wie schön, dass ihr wieder gekommen seid», rufe ich ihnen entgegen und lade sie herzlichst zu einem Imbiss ein. Viel gibt es zu erzählen und zu lachen über die neuesten Entwicklungen an den beiden Schulen in Seguku, Uganda. Freundlich und vorsichtig wird immer ein wenig um die wesentlichen Dinge herumgeredet, was genau läuft, erfährt man nicht. Aber das macht nichts. Hauptsache, man trifft sich in herzlicher Verbundenheit und zeigt ihnen sein Interesse. Zu viel Einmischung ist nicht erwünscht, aber menschliche Anerkennung sehr. Wenn es jedoch um finanzielle Unterstützung geht, dann muss geschickt ein Weg zu bestimmten Vereinbarungen gefunden werden, ohne zu verletzen, möglichst verbunden mit irgendetwas Schriftlichem.

Wie ich sie mag, diese Menschen! Was haben wir damals gelacht, als sie auf einer Tagung bei uns im Haus waren und wir einen bunten Abend veranstalteten. Der Besentanz war der absolute Höhepunkt. Der eine unserer ugandischen Freunde hatte seine Jacke mit dem Reißverschluss trotz zunehmender Hitze bis unters Kinn zugemacht und stand mit dem Besen in der Hand da. Paarweise wurde getanzt. Der, der den Besen hatte, musste ihn nach einer Weile fallen lassen und sich schnell eine andere Partnerin angeln, wer übrig blieb, bekam den Besen. Unser Freund blieb stocksteif stehen und hatte beschlossen, sich bis ans Ende des Spieles an den Besen zu halten. Man musste ihn sozusagen erlösen. Der andere dagegen sprang mit seinen einen Meter neunzig mit offenen Armen und furchterregend geweiteten Augen zielsicher die Frau seiner Wahl an, bevor sie noch realisierte, dass sie frei war. Solche Momente verbinden.

Yin …

Am Nachmittag gehe ich mit den Kindern zum Schwimmen in die nahe Massai Lodge, die am Eingang des Nairobi National Parks liegt. Die letzten zwei hellen Stunden des Tages laden zum Spazierengehen ein. Nicki, unsere Hündin, darf mit. Freudig läuft sie den Trampelpfad durchs hohe Gras voraus, immer wieder die Nase schnuppernd in die Luft gestreckt. Viel gibt es hier zu riechen. Die Impalas grasen nicht weit weg von uns, unsere Giraffenmutter und ihr Junges stehen äsend etwas abseits an ihren Lieblingsbüschen, manches Häschen hoppelt aufgeschreckt davon, einmal flüchtet ein Erdwolf vor uns. Am Windrad vorbei nähern wir uns der hohen dornigen Immergrünhecke der Schule. Die vielen von uns damals gepflanzten Bäume sind längst der Schule übers Dach gewachsen. Wind und Sonne werden nunmehr nur gefiltert in die freundliche Oase eingelassen. Henry und Joan, die Gärtner und Farmer, begrüßen uns am Tor; sie wässern noch vor Arbeitsschluss die Jungpflanzen.

Ich nähere mich dem Schulgelände. Rose, die kenianische Farmchefin, ist längst zur Handarbeitslehrerin aufgestiegen und besucht eifrig die Fortbildung. Sarah winkt mir zu, sie ist von den drei Kollegen, die uns ablösten, übrig geblieben, während Jill und Michael mit ihrer Familie nach Südafrika gezogen sind. Sarah hat ein kenianisches Mädchen adoptiert und sich fest mit der Aufgabe der Schulführung verbunden. Als erfahrenste Lehrerin des Kollegiums spielt sie eine führende Rolle, aber mit sehr langen, losen Zügeln. Die Kollegen und Mitarbeiter fühlen sich wohl mit ihr, anders als in den Jahren zuvor nach unserem Abschied. Schon kommen die Studenten aus den Klassenräumen geströmt und erfrischen sich an einer Tasse Tee. Faith, Makai und Daudi, alles erfahrene kenianische Lehrer, arbeiten sich gewissenhaft in die andersartige Pädagogik ein und scheinen in ihrer Verantwortung, die auf mehr Kreativität und Selbstgestaltung baut, neu zu erblühen. Manch hellhäutiger Mitstudent aus der zweiten Schule in Nairobi staunt über das pädagogische Geschick der Einheimischen.

Von Weitem grüßt Boaz, der Hausmeister der Schule seit den ersten Anfängen, und Esther, die Kindergärtnerin von Emanuel, drückt mir einige liegen gebliebene Sachen meines Sohnes in die Hand. Alle strahlen sie mich so herzlich an, dass mir ganz warm ums Herz wird. Aber zurück an diese Schule wollte ich nie, steigt doch noch immer die Erinnerung an die innere Schwere auf, die ich damals durchlebt habe, so schwer wie der lehmhaltige Boden. Umso mehr bewundere ich die verantwortlichen Kollegen dieser Schule, die sich aufopfernd hineinstellen und Vorbildliches leisten. Eine schöne, harmonische Gemeinschaft ist hier gewachsen und bemüht sich um die achtzig Schüler, die überwiegend aus der umliegenden Gegend kommen. Ohne die vielen Patenschaftsgelder aus Deutschland könnte diese Schule nicht bestehen.

Einige Gesichter aus der bunten Schar der Studenten kenne ich aus Tansania und von unseren Fortbildungen auf der Olseki Farm. Auch Kollegen von den beiden Schulen in Nairobi sind darunter: Mandy, Kindergartenmutter und Gründungsmitglied der Nairobi Waldorf School in Karen, Susan, unsere langjährige Freundin aus dem Kikuyu-Vorort, inzwischen Lehrerin an der Waldorfschule in Karen, und Hanne, eine Kollegin aus Dänemark, ebenfalls Kollegin in Karen, Catherine, die kenianische Kindergärtnerin in Kileleshwa und eine weitere Mitarbeiterin von ihr nehmen an der Fortbildung teil.

«Hi, Irmgard, schön, dich zu sehen. Wir hatten gerade einen fantastischen Unterricht. Jeder musste eine selbsterfundene Geschichte als Einführung in die Tierkunde erzählen. Du hättest Daudi erleben sollen. Er ist einfach ein unübertrefflicher Erzähler. Wir sehen uns heute Abend an der Schule in Karen?» – «Ja, bis später.»

Endlich kommen auch Peter und Ann, und wir setzen uns gemütlich an einen Holztisch. Seit fast zwei Jahren kommen sie jedes Jahr dreimal für zwei Wochen nach Nairobi und bilden ostafrikanische Studenten zu Waldorflehrern aus. Nach zehn Modulen bekommen diese ein Zertifikat, müssen danach aber noch eine Weile von erfahrenen Kollegen im Unterricht begleitet werden. Dazu suchen Peter und Ann sowohl willige und fähige Kollegen als auch Finanzierungsmöglichkeiten für deren Flüge. Durch mein kleines Netzwerk über den EATAE, den ostafrikanischen Verein für Kunst und Erziehung, konnte ich behilflich sein.

Jetzt muss ich mich auf den Heimweg machen und die Kinder versorgen, bevor ich zu unserer erweiterten Vorstandssitzung nach Karen fahre. Gerne bin ich nicht nach Sonnenuntergang unterwegs. Mitunter bleibe ich bei Miriam im Kindergarten über Nacht. Heute werde ich Adan, unseren Nachtwächter, bitten, mich zu begleiten, so bin ich im Falle einer Autopanne nicht allein. Mit Überfällen ist vor Mitternacht nicht zu rechnen. Winnifred hat die Kinder schon gewaschen und in ihre Schlafanzüge gesteckt, der Tisch ist gedeckt, und die letzten Sonnenstrahlen bringen den Raum noch einmal zum Aufleuchten, bevor es rasch dunkel wird. Dies ist ein heiliger Moment des Tages, ein Moment, an dem mir so richtig dankbar ums Herz sein kann, an dem ich mich vom Himmel bedacht und umsorgt fühle. Wie hat sich mein Lebensgefühl nur so wandeln können? Wie hat sich die Schwere in diese Leichtigkeit verwandeln können, die Trostlosigkeit in diese Dankbarkeit? Es hat eine komplette Umkehrung stattgefunden.

… und Yang

Eine Geschichte, ein Gebet, ein Lied, ein Kuss, und schon schlummern sie, meine beiden Süßen. Zur Schule in Karen sind es knapp zwanzig Kilometer. Die Strecke kenne ich inzwischen fast im Schlaf und habe die einzelnen Kurven, Schlaglöcher und Straßenschwellen schon im Blut. Das ist trotz Finsternis und aufblendender Scheinwerfer entgegenkommender Fahrzeuge kein Problem, nur todesmutige Fahrradfahrer oder «wandelnde Bierflaschen» und «blinde» Fahrzeuge fürchte ich. Am Karen-Einkaufszentrum vorbei auf die Ngong Road stadteinwärts biege ich nach wenigen Kilometern links ab in die Mutoni Road.

Still und dunkel liegt die Straße vor mir, eingebettet in hohe, uralte Bäume. Auf dem gemieteten Grundstück der Schule steht ein ebenerdiges Backsteinhäuschen im Kolonialstil, etwas verwinkelt mit offenem Kamin und großer, überdachter Veranda. Um das Haus herum wurde der Urwald gelichtet und eine Spielwiese mit allerlei Spielgeräten und einer Rollerbladebahn für Kinder angelegt. Drum herum existierte noch die dichte ursprüngliche Bewaldung. Einige Jahre war der Ort ein heimeliges Familienrestaurant und ein beliebter Ausflugsort der Städter für den Sonntagnachmittag gewesen. Jetzt ist es eine Waldorfschule geworden. Die Bar wurde zur Rezeption und zum Sekretariat, das Kaminzimmer zum Empfangsraum für interessierte Eltern; es wird auch für die vielen kleinen Zwischensitzungen und Ad-hoc-Entscheidungen genutzt und zum Plaudern bei einer Tasse Tee. Die Veranda dient den Kindern als Mensa und als Versammlungsraum bei Festen, den Erwachsenen als Vortrags- und Veranstaltungsraum. Mindestens einmal im Monat finden sich hier zahlreiche interessierte Eltern am Samstagvormittag ein und werden von den Lehrern und Gastkollegen in die geheimnisvolle Welt des Kindseins eingeführt. Die Klassenräume sind in Holzbaracken ausgegliedert, der Kindergarten hat sein ungestörtes eigenes Reich hinter dem Haus und Schulgarten bekommen. Alles atmet Geborgenheit und Freundlichkeit.

Heute Abend treffen sich der Vorstand, bestehend aus den Eltern Roo und Simon, Noopy, David, der Kindergärtnerin Miriam und mir, den Lehrern und Lehrerinnen Hanne, Susan, Kirana, dem Kiswahelilehrer, den anderen Kindergärtnerinnen und einigen Gründereltern wie Mandy, Debby und Joyce. Gemeinsam bereiten wir uns auf ein Seminar im Januar mit dem Unternehmensberater und langjährigen Freund Steve Briault aus

England vor, das ich geplant und organisiert habe. Es soll der Schulgemeinschaft helfen, ihre Visionen klarer zu formulieren, um davon konkrete Arbeitsschritte für alle Gremien und Arbeitskreise abzuleiten. Nur allzu deutlich war mir in Erinnerung, unter welch kräftezehrenden und chaotischen Umständen wir damals die erste Schule begonnen hatten und wie sehr uns fachliche Hilfe fehlte. Jetzt soll meine Auswertung der Pionierphase in England dieser neuen Schule zugute kommen.

Was für interessante Menschen sich hier versammelt haben! Noopy ist von indischer Abstammung, jedoch in dritter Generation in Kenia verwurzelt und ein angesehener Geschäftsmann. Alle lokalen Zeitungen beliefert er mit Tausenden von Tonnen importiertem Papier. Seine Frau ist Künstlerin und Restaurateurin. Davids Vater war einer der ersten großen und berühmt gewordenen Großwildjäger in Kenia, und David selbst ist Manager der einzigen kenianischen Firma, die Autos zusammenbaut. Joyce ist eine bekannte Elefantenforscherin, die durch mehrere Publikationen zu diesem Thema weltweit bekannt wurde. Miriam lebt als Waldorfkindergärtnerin seit fünf Jahren in Kenia und hat als alleinstehende Frau zwei kenianische Kinder aus Irenes Waisenhaus adoptiert, Kinder, die schon geprägt waren von dem Leben ihrer leiblichen Mutter auf der Straße und darum besonders viel Fürsorge benötigten. Ich bewundere alle diese Menschen und freue mich, Teil dieses Kreises sein zu dürfen. Es ist für mich ein großes Geschenk, über die letzten zwei Jahre zu beobachten, wie diese Eltern, ausgehend von Roo, sich immer leidenschaftlicher für eine kindgemäße Erziehung ihrer Sprösslinge einsetzen, bis dahin, dass sie gewillt sind, die nötigen Investitionen für die Schule aus eigener Tasche zu bezahlen, auf gut Glück, ohne jede Garantie, es je wieder zu sehen, denn ein Schulhaushalt in der Pionierphase, der nur durch wenige Schülerbeiträge die Lehrergehälter tragen muss, ist ein Fass ohne Boden. Ein wenig Sorge macht sich auf den Gesichtern breit, denn auf Spenden aus dem Ausland kann man für diese zweite Schule nicht hoffen, und das Vertrauen der zahlungskräftigen Elternschaft in Nairobi muss erst – und wer weiß wie lange – wachsen.

Doch diesmal darf ich diese Sorgen zwar teilen, bin aber für die Lösung nicht verantwortlich. Ich fühle mich wie eine Großmutter, die sich an den Enkeln freut, ohne ihnen die Windeln wechseln zu müssen. Ich darf beraten. Große fachliche Kompetenz sitzt in diesem Kreis, dennoch offen und fragend, was die Waldorferziehung und die Form von Selbstverwaltung «ihrer» Schule betrifft. Tief befriedigt scheide ich von meinen Freunden und fahre glücklich durch die afrikanische Nacht in meinen afrikanischen Busch nach Hause.

DER SCHATTEN ZEIGT SEIN GESICHT

Schmerzlich, aber wahr

Weihnachten kam, Birgitta, unsere «Kollegin» bei der Betreuung der Jugendlichen, fuhr nach Deutschland, und wir feierten im erweiterten Familienkreis diese lichtdurchwobene, heilige Zeit. Birgitta kam zurück, und der Tag kam, an dem ich durch Vojkos Eröffnung endlich den Tatsachen ins Gesicht sehen musste. Anfang Januar 2001 erzählte er mir, tief erschüttert, ratlos und hilflos, dass er seit gut einem Jahr bis über beide Ohren in eine junge Frau verliebt sei. Ich war wie betäubt. Ohne Birgitta hätte ich diese schweren Tage wohl kaum überstanden. Sie half uns beiden in dem Zustand völliger Orientierungslosigkeit, den Mut nicht zu verlieren. Noch sah ich keinen neuen Weg und war von Kopf bis Fuß auf eine Zukunft in Kenia eingestellt. Alle Projekte liefen mit gespannten Segeln in voller Fahrt. Sechzehn Jahre Ehe und zehn Jahre Ostafrika hatten mich mit Vojko und unserem gemeinsamen Lebensumfeld vollkommen verwoben. So unerwartet und schmerzlich diese Offenbarung war, so brachte sie doch endlich Licht und Luft mit sich. Ich musste zugeben, dass unsere Beziehung unerträglich geworden war.

In einem katholischen Elternhaus erzogen, hatte ich gelernt, die Ehe nicht nur als Freude, sondern auch als Herausforderung und Arbeit zu betrachten. Durststrecken und Zeiten der Entfremdung galt es auszuhalten. Außerdem kannte ich meine große Sturheit, wenn es galt, meine eigenen Ziele und Vorsätze durchzusetzen. Ich hatte meinen Lebenskurs so sehr auf ein Leben mit Vojko in Kenia eingestellt, dass mir ein Abweichen von diesem Kurs gar nicht in den Sinn gekommen war. Unser Leben war innigst miteinander verwoben, und alle Aktivitäten hingen von uns beiden und unserer Zusammenarbeit ab. Ein Alleingang war für mich undenkbar. Dazu kamen die Adoptionen von Emanuel und Katharina. Ein Leben als alleinerziehende Mutter konnte und wollte ich mir nicht vorstellen.

Zum ersten Mal gelang es mir mithilfe von Birgitta, mich auch in Vojko einzuleben. Ahnte ich, in welchem Zwiespalt er lebte? Wie unglücklich er gewesen war, was ich überhaupt nicht gesehen und nicht verstanden hatte?

Fremde Verhältnisse

In einem unserer wenigen Gespräche, in denen ich, innerlich aufgewühlt, um mehr Aufklärung bat, meinte Vojko, dass die junge Frau, die er liebte, eine Kikuyu sei, die mich immer als erste Frau respektieren und ihn nie dazu bewegen würde, mich zu verlassen. Sie liebe ihn aber auch, wusste um den Preis ihrer Liebe und würde sich in ein Schattendasein fügen.

Wie edelmütig, dachte ich und musste gewaltig gegen meinen inneren Groll und meinen Schmerz als «Betrogene» ankämpfen. Für mich handelte es hierbei um einen Verrat höchsten Ausmaßes. Und diese Verletzung saß tief, sehr tief. Aber ich wollte Heilung!

Ich wollte auf keinen Fall über die nächsten Jahre durch negative Gefühle meine Verletzung pflegen, sondern den Sinn darin ergründen und durch Loslassen und Verzeihen lernen, wieder neu zu mir finden. Ein langer Weg lag vor mir!

Wieder vertiefte ich mich in Jomo Kenyattas Lektüre über die Stammeskultur der Kikuyu, in der Hoffnung, den Gedanken der Polygamie in ihrer Tradition besser zu verstehen. Dabei stieß ich auf Folgendes: Bei den Kikuyu ist eine Familie umso glücklicher, je größer sie ist. Nach dem Sprichwort «Ein guter Führer zeigt sich in seinem eigenen Haus» wird die Qualifikation eines Mannes nicht nach seinem Besitz, sondern nach der Größe seiner Familie bemessen. Wenn er die Angelegenheiten einer großen Familie gut leiten und lenken kann, wird er sich auch väterlich und fürsorglich um die Belange des Stammes kümmern. Die Frauen waren stolz darauf, zum Haushalt eines angesehenen Mannes zu gehören. Kenyatta schildert, wie die erste Frau bald nach der Geburt ihres ersten Kindes ihren Mann drängt, sich nach einer zweiten Frau umzusehen. In einem Beispiel lässt er eine junge Frau sagen: «Lieber Mann, glaubst du nicht, dass es klug wäre, für mich eine Begleiterin zu suchen? Überleg doch mal. Wir wissen, wie gut es Gott mit uns gemeint hat. Denn er hat uns ein schönes, gesundes Baby geschenkt. In der ersten Zeit muss meine ganze Aufmerksamkeit seiner Pflege gelten. Ich bin geschwächt. Ich kann nicht zum Fluss gehen, um Wasser zu holen. Nicht auf das Feld, um Früchte zu holen, und kann auch nicht den Garten versorgen. Niemand kocht für dich. Wenn Besucher kommen, können sie nicht bewirtet werden. Du siehst, die Lage ist ernst. Was hältst du von der und der Tochter? Sie ist hübsch und fleißig, und die Leute reden nur Gutes über sie und ihre Familie. Enttäusch mich nicht, lieber Mann, versuch ihre Liebe zu gewinnen. Ich habe schon mit ihr gesprochen und gemerkt, dass sie gerne käme. Wenn ich dir helfen kann, sie zu gewinnen, will ich es tun.»

Ich musste schmunzeln. Unwillkürlich fragte ich mich, inwieweit Kenyatta sein Wunschdenken als Mann in dieser Schilderung mit einfließen ließ. Doch Susan bestätigte mir, dass früher bei den Kikuyu die Erstfrau die nächste Frau für ihren Mann ausgesucht hatte. Kenyatta schreibt weiter, dass der Mann bei seinen Frauen einer strengen nächtlichen Besucherregel unterstand, damit keine Eifersucht aufkommen konnte. Für alles war durch die Stammesordnung gesorgt; sogar dafür, dass die Frauen auch in den «Genuss» anderer Männer kamen. Einerseits heißt es zwar, dass mit der Hochzeitszeremonie der Mann das alleinige Recht erhielt, Geschlechtsverkehr mit seiner Frau zu haben. Doch wenige Seiten später schreibt Kenyatta, dass zu bestimmten Anlässen die Frauen diesbezüglich eine gewisse Freiheit hätten, die sich in einer Art von Polyandrie auslebte, nämlich männlichen Gästen ihres Mannes gegenüber, die zu seiner Altersgruppe gehörten. Kam einer davon zu Besuch, der ihr gefiel, so durfte sie ihn zum Nächtigen in ihre Hütte einladen – nur nicht heimlich. Da alle Stammesangehörigen auf diese Art erzogen worden waren, gab es weder Eifersucht noch böses Blut, sondern diese Sitten waren Teil der Idee des Teilens und des kollektiven Vergnügens.

Es fiel mir schwer, mich in dieses Lebensgefühl hineinzuversetzen, aber denkbar war es mir durchaus. Was war nun eigentlich wirklich besser? Unsere «christliche» Einehe, bei der immer mehr Paaren geschieden werden, oder diese geordnete Vielehe? Ich persönlich war mir klar, dass ich auf keinen Fall in einer Beziehung mit mehreren Partnern leben wollte. Aber ich würde auch nie wieder auf Kosten der Liebe eine Beziehung aufrechterhalten wollen, aus einem falsch verstandenen Ideal heraus oder aus Angst vor einem Alleingang. Ich würde nie wieder einen Partner so selbstverständlich «in Besitz» nehmen wollen. Vielleicht war ich durch diesen heftig empfundenen Schicksalsschlag erst frei geworden, die Liebe über alles andere zu stellen. Für diese Einsicht und innere Bereitschaft war der Preis nicht zu hoch.

Doch zurück: was ich ganz aktuell in der kenianischen Gesellschaft um mich herum erlebte, hatte mit traditioneller Polygamie nichts mehr zu tun. Sehr viele kenianische Frauen waren alleinerziehende Mütter und ihre Männer über alle Berge. Die Seite der Verantwortung schien aus dem Kontext gestrichen worden zu sein, das Bedürfnis nach sexueller Abwechslung und Vergnügen hingegen war geblieben und wurde unverbindlich ausgelebt. Blieben die Männer im Haushalt mit ihren Angetrauten, so wurden Freundinnen außer Hauses von den Frauen oft unausgesprochen gebilligt. Auf einer internationalen Frauenkonferenz wurde der Punkt der Polygamie diskutiert. Frauen aus Europa und den USA wunderten sich über die tolerante und langmütige Haltung der afrikanischen Frauen ihren «polygamen» Männern gegenüber. Diese wiederum interessierten sich besonders für alle Vorträge und Fragen der Homosexualität und der Lesbierinnen. Die Problematik war ihnen fremd und der Aufruf zur Toleranz völlig unverständlich. «Man kann eben nur tolerieren, was man kennt: bei uns die Polygamie, im Westen die Homosexualität»,[32] sagte eine afrikanische Staatsanwältin.

«Die Wunde ist so tief …»

Eine Frage bewegte mich: Wenn so viele Frauen dieses Schicksal mit mir teilen und zumeist dulden, warum empfand ich es dann so verletzend? Bei der Aufarbeitung später in Deutschland stieß ich auf ein wunderbares kleines Büchlein der Westafrikanerin Sobonfu Some,[33] «The Spirit of Intimacy», in dem sie schreibt: «You see, when a couple is bound and has joined at a deep and spiritual level, their energy resembles that of one person. So when one person is unfaithful, the purity of ancestry is stained, an alien energy has been brought in that injures the other. The wound is as deep as the depth of their intimacy and can be fatal. This is why people who separate from their partners have so much grief and pain.» Auf Deutsch heißt das: «Siehst du, wenn ein Paar miteinander verbunden ist und sich auf einer tiefen und spirituellen Ebene verbunden hat, dann ähnelt ihre Energie der einer einzelnen Person. Wenn nun eine Person untreu ist, wird die Reinheit der Ahnen befleckt, und eine fremde Energie ist ins Spiel gebracht worden, die den anderen verletzt. Die Wunde ist so tief wie die Tiefe ihrer Intimität und kann verhängnisvoll sein. Das ist der Grund, warum Menschen, die sich von ihren Partnern trennen, so viel Kummer und Schmerz erleben.»

Auch wenn ich nicht ganz verstand, was sie mit der Reinheit der Ahnen meinte, so leuchtete mir der Zusammenhang doch sofort ein. Aber wie war auf diesem Hintergrund die in Afrika weit verbreitete Vielehe zu verstehen? Some schreibt, dass es nur in aller Offenheit und durch die Einwilligung der Ehefrau nicht verletzend war. Bemerkenswert! Wie sehr sind doch wir Menschen miteinander verwoben und verbunden. Ich hatte, was meine Ehe anging, sieben Jahre in meinen eigenen Vorstellungen befangen gelebt und nicht in der Wirklichkeit. Mir wurde klar, dass es keinen Neuanfang für uns gemeinsam geben konnte, nur für jeden von uns allein. Um Abstand zu gewinnen und meine neue Lage besser zu überdenken, wollte ich mit den Kindern für ein halbes Jahr zu meiner Mutter nach München gehen. Was für ein Segen, dass sie mit über achtzig Jahren noch in der Lage und gewillt war, uns mit aller nur erdenklichen Fürsorge aufzunehmen.

ABSCHIED

Zum Abschied als Gastgeberin

Zwei Wochen später kam Steve an. Da kein passender Tagungsort gefunden werden konnte, verwandelte sich die Olseki Farm für drei Tage in ein Tagungszentrum. Ein gemietetes Zelt wurde im Garten für die Mahlzeiten aufgestellt und ein Kinderprogramm eingerichtet, sodass zwanzig Lehrer,

Vorstandsmitglieder und engagierte Eltern die Grundlinien ihrer Schule erarbeiten konnten. Es war eine höchst eigenartige Situation. Als Abschiednehmende war ich nochmals Gastgeberin für eine Gruppe Menschen, die gerade eine Waldorfschule gegründet hatten, die zweite Schule in Nairobi. Diesmal war es eine Elterngründung, diesmal waren die Schulträger in Kenia ansässig. Wie anders als damals vor fast zwölf Jahren, als Vojko und ich begonnen hatten. Schmunzelnd kam mir in Erinnerung, wie Vojko vor vielen Jahren nach dem geplatzten Flug mit Sudan Air wieder nach Hause gekommen war, aber dann mit der Lufthansa erfolgreich ans Ziel kam.

Ich saß in diesen Abschiedstagen, leicht betäubt und zurückgelehnt, in meinem Stuhl und überließ Steve das Wort. Er hatte die Führung übernommen, und meine lieben Freunde und Gäste nahmen seine Ideen und Anregungen mit gespannter Aufmerksamkeit entgegen. Lebhafte Gespräche entzündeten sich, Bedenken wurden geäußert, Freude und Begeisterung machte sich breit, man ging in kleine Gruppen und brütete über Fragen zu den Grundlinien und dem Konzept der Schule – und ich? Ich war nicht mehr Teil dieses Geschehens. Ich wusste, ich konnte beruhigt gehen. The show will go on! Und dafür war ich zutiefst dankbar. Aber eigentlich wollte ich gar nicht gehen. Eigentlich war ich doch jetzt erst so richtig angekommen, ich stand am Anfang meines Lebens in Kenia. Doch der Himmel weiß es besser. Es sei!

Eine neue Kultur

Ein innerer Film lief vor mir ab: wie alles begonnen hatte und geworden war. Mein innigster Impuls damals war, mit Menschen jeder Art zusammenzuarbeiten: ein buntes Kollegium, eine bunte Kinderschar und eine bunte Elternschaft. Entzündet wurde diese Leidenschaft an einer Weltlehrertagung am Goetheanum in der Schweiz. In den vorderen Reihen saßen überwiegend Herren in grauen Anzügen, hervorragende Pädagogen, Denker und Forscher, zumeist aus Mitteleuropa. Dahinter wurde es immer bunter und immer jünger, begeisterte Menschen aus aller Welt, die vielleicht zum ersten Mal eine so weite Reise gemacht hatten und nun vor Freude und Energie übersprudelten. In einem der Plena wurden abwechselnd Wortmeldungen aus den vorderen und den hinteren Reihen entgegengenommen. Bedachtsame pädagogische Ausführungen wechselten mit Worten in gebrochenem Deutsch wie: «Ich freue mich, hier sein zu dürfen, und möchte nur herzliche Grüße von meinen Kollegen zu Hause ausrichten. Wir sind überglücklich, dass wir die Waldorfpädagogik haben kennenlernen dürfen.» Ein Lachen aus allen Reihen und grüßender Applaus folgte. Nach einem mehrmaligen Wechselbad dieser Art sah ich vor mir, wie Zentrum und Peripherie einander ergänzen, bedingen und beleben. Ein Atem ging durch den Saal. Das wurde meine Triebfeder, ins Ausland zu gehen. In Deutschland wurde mir oft so eng ums Herz, und die Luft blieb mir manchmal weg bei all der Ernsthaftigkeit und dem einhergehenden Dünkel. Wie wäre es, wenn in deutschen Schulen japanische, afrikanische und amerikanische Kollegen säßen? Wäre das nicht wunderbar? Und in Afrika natürlich auch!

Diesen Traum durfte ich damals jedoch nicht allzu laut erzählen. Man hätte mich wohl nicht verstanden. Wenn ich aber sagte: Wir wollen helfen, eine Schule für afrikanische Kinder aufzubauen, um sie später afrikanischen Kollegen zu übergeben, ging ein zustimmendes Lächeln über die Gesichter, und man wünschte uns viel Erfolg. Alles andere hatte den Geruch von Fremdbestimmung und Missionieren an sich, und diese Sorge teilte ich.

Als nun in dem ersten kleinen Kindergarten an der Magadi Road diese erträumte bunte Gemeinschaft sich zusammengefunden hatte, lachte mein Herz, und ich glaubte meinem Ziel schon ganz nahe zu sein. Aber so leicht war es nicht, geschichtliche und gesellschaftliche Verhältnisse zu wandeln. Erst musste meine Sehnsucht verwandelt werden, bevor sie in Erfüllung gehen konnte und zwei Schulen entstanden – zwei befreundete Schulen in nächster Nachbarschaft, die sich ergänzen wie Yin und Yang, wie zwei Saiten einer Harfe, die den Traum erklingen lassen. Es grenzte an ein Wunder.

Veredeln

Und wie nahm die Idee Gestalt an? Nani hatte mit der Vision begonnen, zwei Kulturströme aus dem Norden und dem Süden der Welt zusammenzuführen, zwei Baumarten miteinander verwachsen zu lassen und zu veredeln. Sie sah die afrikanischen Menschen, ihre Kraft, ihr Potenzial, und sie wusste, dass Waldorferziehung diese Kraft aufgreifen und dieses Potenzial zu seiner eigenen Blüte führen kann. Aber ihre Vision hatte in Kenia noch keinerlei Anknüpfung und noch keine Geschichte gehabt. Es gab niemanden, der diesen Impuls hegte und durch liebevolle Gedanken und freudige Hoffnung pflegte. Es war anders als in Ungarn oder Brasilien beispielsweise, wo sich Menschengruppen über Jahrzehnte innerlich und äußerlich auf eine Schulgründung vorbereitet hatten. Diese Gründung war eine Blitzgeburt gewesen, eine ausgesprochene Frühgeburt und darum vielleicht am Anfang so wenig lebensfähig. Wir mussten jahrelang um ihr Leben zittern. Doch nun waren diese Sorgen verblasst und vergessen und das Leben an den Schulen ein Quell der Freude.

Wie wäre es gewesen, wenn sich dieser Kreis von Menschen hier bereits vor zwölf Jahren versammelt hätte? Dann wären wir nicht in den afrikanischen Busch gepilgert, hätten nicht die afrikanische Erde geschmeckt, nicht die Glut der afrikanischen Sonne im Nacken gespürt beim Aussäen der Saat. Wir hätten nicht verstanden, dass Afrika für Dauer steht und für endlose Weite, die zahllose Stimmen hat, die Leben atmet – lebendiger Raum, der uns mit Ursprung und Ewigkeit verbindet. Der Impuls hätte anders gar nicht wirklich in dem Lebensstrom Afrikas Wurzeln treiben können, so schien es mir jetzt. Der dornenreiche Vorlauf war Voraussetzung für das Gelingen der «Veredelung des Baumes». Afrikanisches Holz wächst sehr langsam, hatte man mir erzählt, aber der Stamm eines Baumes hält die Glut des Feuers eine ganze Nacht.

Das Seminar ging zu Ende, und alle gingen bereichert nach Hause. Ich saß noch eine Weile allein in meinem Haus, in dem ich jede Ecke und jeden Winkel hatte entstehen sehen, und lauschte auf die Geräusche – jetzt musste ich anfangen zu packen.

Auge in Auge mit Afrika

Noch einmal durfte ich – ein letztes Mal – auf Safari gehen. Gemeinsam mit Steve fuhr ich zwei Tage ins Rift Valley zum Lake Nakuru, dem See der Flamingos, der Pelikane und Fischreiher. Noch einmal streifte mein Blick über die Weiten und Tiefen des Grabenbruchs, an einzelnen einsamen Vulkanen vorbei und ruhte auf dem Lake Naivasha. Wehmütig stiegen Bilder stimmungsvoller Tage am Zeltplatz der Halbinsel auf: Wanderungen über die Fußgängerinsel durch grasende Zebras und Gnus, wie wir Fuchsfamilien aufscheuchten und schnaubende Nilpferde entdeckten. Bei guter Thermik schraubten sich Pelikangruppen, auf der Luft liegend, langsam höher und höher, bis sie kaum mehr zu sehen waren. Belebte Stille! Und neben dem See lag der zu Fuß begehbare Hells Gate Park, in dem eine Büffelherde mit Jungtieren direkt auf uns zukam, als wir dort einmal mit einer Schulkasse zelteten. Nichts Gutes ahnend, versuchten wir uns damals mit den Kindern hinter den wenigen schlanken Bäumen zu verbergen. Zum Glück beruhigten sich die aufgeschreckten Tiere und liefen an uns vorbei auf ihrem Fluchtweg in eine sicherere Ecke des Tales, aber der Schreck war uns damals heftig in die Glieder gefahren – ich musste lächeln bei der Erinnerung. Am

Lake Nakuru fuhren wir am Ufer entlang und begegneten einem einsamen Nashorn. Auch es schien durch uns aufgeschreckt und begann schwerfällig am Ufer entlangzugaloppieren, wenige Meter von unserem nebenherfahrenden Auto entfernt. Wir Menschlein im Käfig und dieses Urtier in freier Wildbahn, Aug in Auge.

Noch einmal ging ich zum Abschied mit Emanuel an der Hand und Katharina im Tragerucksack den Weg zu Nanis Nest, den ich so viele Male gegangen war: die Massai Lodge Road ein Stück nach Osten an der Pavianfamilie vorbei, die meist dort in den Büschen am Weg lagerte, den Trampelpfad zum Flusstälchen hinab, von Stein zu Stein balancierend, wieder hinauf zur Kitengela. Der Pfad führte zu der holprigen Zufahrtsstraße der wenigen Anrainer, bis wir schließlich das Künstlernest erreichten, zu dem man durch kleine Glaskunstwerke am Straßenrand geleitet wird. Nani hatte seit Neuestem einen Pool mit wunderbaren Mosaiken und fantasievoll gestalteten Wasserüberläufen. Sie lud uns ein, ihn zu benutzen. Der Blick glitt über den Pool und die Savanne in den Nationalpark hinüber und blieb am Horizont an der Silhouette Nairobis hängen. Schwer war mir ums Herz. Nach der willkommenen Erfrischung gingen wir zurück, an Nanis Schlafturm vorbei, während sie aus einem kleinen Fensterchen grüßend herunterschaute. Nur wenige Worte wechselten wir, wünschten uns gegenseitig alles Gute und meinten es von Herzen. Wir hatten einiges gemeinsam, auch eine zerbrochene Ehe. Sie wusste, wie mir zumute war, und fühlte mit mir. In Kenia darf man nicht zimperlich sein – sie hatte mich damals gewarnt. Immer noch hatte ich eine gewisse Scheu vor ihr, oder war es eher Respekt?

Auf meinem letzten Spaziergang entlang der Massai Lodge Road kamen mir zwei bekannte Gestalten entgegen, die Mutter und die Tante unseres alten treuen Massai-Freundes Jackson – zwei Menschen, mit denen ich nie ein Wort gewechselt hatte. Aber wir waren uns oft begegnet und still grüßend aneinander vorbeigegangen. Wir kannten uns, sie mich viel besser als ich sie, wie das bei den Einheimischen so ist. Diesmal kamen sie direkt auf mich zu, sie das Flusstälchen bergab und ich bergauf. Einige Meter vor mir blieben sie kurz stehen und verbeugten sich schweigend. So standen sie einige Sekunden leicht erhöht und mit gesenkten Häuptern vor mir. Dieser Moment erschien mir wie eine Ewigkeit – ich stand wie versteinert und völlig überwältigt da. Es war mein bewegendster Abschied.

Wenige Tage später saß ich mit Emanuel und Katharina im Flugzeug nach München. Im August wollte ich zurückkommen, aber nicht um meine Arbeit wieder aufzugreifen, sondern um endgültig zu packen und von meiner geliebten Olseki Farm Abschied zu nehmen, von meinen geliebten Mitarbeitern, von Land und Leuten. Für immer? Diese Frage blieb noch offen.

Geliebtes Afrika

Im Flugzeug schloss ich die Augen. Ich musste nicht mehr hinunterschauen, ich sah alles vor meinem inneren Auge. Afrika! Was hast du mit mir gemacht? Bezwungen und verzaubert oder entzaubert? Nein, beides! Mir war wund und weh zumute, als würde ich einen himmlischen Geliebten verlassen.

Afrika, wie hast du mich gefoppt und mit meiner westlichen Zielstrebigkeit und Besserwisserei zum Narren gehalten. Wie hast du mich gelehrt, loszulassen und einzutauchen in den Strom des Unvorhersehbaren. Immer und immer wieder hast du mich ausgelacht, wenn ich belehren und erziehen wollte. «Den anderen annehmen, sonst nichts. Das ist doch so leicht», hast du lachend gesagt. «Den anderen zuerst einmal nur sehen – das ist sehr schwer», habe ich seufzend geantwortet. «Das Leben ist ein Spiel», hast du gesagt, «durchschaue es und spiele es, aber spiele mit Leichtigkeit und nicht mit Bitterkeit, mit Liebe im Herzen und nicht mit Groll. Erzähl von dem Frieden, der in der Bedürfnislosigkeit liegt, und von der Ruhe, die aus dem Einklang mit der Natur kommt.»

«Vergiss den Hochmut deiner Zivilisation, denn du hast einen Blick ins einstige Paradies geworfen. Ich habe ihn für euch Menschen bewahren dürfen, diesen Blick. Aber die wenigsten sehen ihn. Eure Blindheit hat mich verwundet. Und aus den Wunden fließen meine Kinder aus mir hinaus in die Welt, immer mehr und immer mehr.»

Ich öffnete meine Augen. Der Vorsitzende der UNEP Nairobi, Klaus Töpfer, hatte unlängst in einer Rede erwähnt, dass noch vor fünfzig Jahren der Anteil an der Gesamtbevölkerung in Europa dreimal so hoch war wie in Afrika, heute ist dieser Anteil für beide Kontinente etwa gleich groß, und in fünfzig Jahren werden sich die Verhältnisse voraussichtlich umgekehrt haben; dann ist der Anteil an der gesamten Bevölkerung der Erde in Afrika etwa dreimal so hoch wie in Europa.

«Mama, ich freu mich schon auf die Trambahn in München!» Emanuel zupfte mich am Arm.

«O ja, ich mich auch», meinte ich und drückte meine beiden Kinder Afrikas fest an mich.

Beharre auf dir selbst; ahme niemals nach! Deine eigene Gabe kannst du jederzeit mit der gesammelten Kraft eines ganzen Lebens der Übung darbieten, doch das geborgte Talent eines anderen ist nur ein flüchtiger, halber Besitz. Das, was einer am besten kann, vermag nur der Schöpfer ihn zu lehren. Kein Mensch kann wissen, worin dieses besteht, solange der Betreffende es nicht selbst offenbart … Tue, was dir aufgetragen ist, und du kannst niemals zu viel hoffen oder zu viel wagen. In diesem kühlen Augenblick ist dir eine Äußerung bestimmt, so kühn und großartig wie der gewaltige Meißel des Phidias oder die Kelle der Ägypter, wie der Griffel des Moses oder Dantes Feder und doch verschieden von all diesen. Die Seele in ihrem Reichtum, ihrer Ausdrucksfähigkeit und tausendfältigen Zunge wiederholt sich nicht. Doch wenn du hören kannst, was diese Erzväter sagen, bist du sicher imstande, ihnen im gleichen Ton zu antworten, denn Ohr und Zunge sind Organe derselben Art. Bleib in der schlichten, edlen Sphäre deines Lebens, folge deinem Herzen, und du wirst neu erschaffen, was vor Anbeginn der Welt war.

Ralph Waldo Emerson

NACHWORT

2008 – vor genau zwanzig Jahren hörte ich zum ersten Mal den leisen Ruf aus Afrika, bin ihm gefolgt, habe mich berühren und verwandeln lassen. Einem Schiffbruch gleich kam der Abschied, und damit galt es in der alten Heimat wieder heimisch zu werden, zwei reizende Kinder, deren innere Uhren anders ticken, ins Leben zu begleiten und eine Antwort zu finden auf die Frage: Was ist meine Aufgabe?

Diesen Prozess zu beschreiben könnte ein weiteres Buch füllen. Das Leben hat sich mir in großer Fülle geschenkt, aber es war auch nicht zimperlich mit mir. Eines wurde mir dabei klar: Für immer mehr Menschen und vor allem für immer mehr Kinder weht ein rauer Wind in Deutschland. Nein, kein Wind mehr, ein tosender Orkan! Wohin es führt, wenn man sich dem äußeren Druck und den selbst gemachten Zwängen hingibt, zeigte mir ein klassisches Burnout im letzten Jahr.

Um mich wieder auf das Wesentliche besinnen zu lernen, bin ich nun mit den Kindern kurz entschlossen an den Chiemsee gezogen. Wie heilend wirkt doch die Ruhe und Schönheit der Natur – Afrika lässt grüßen!

Im Vergleich der beiden Welten, Afrika und Europa, Kenia und Deutschland, könnte ich nicht sagen, wo die Not oder wo der Reichtum größer ist! Nur dass äußerlich gesehen hier der Reichtum und dort die Not mehr ins Auge fallen, von einer anderen Perspektive aus scheint es mir genau umgekehrt zu sein. Doch dies lässt sich kaum beschreiben, sondern eigentlich nur erleben.

Als die acht Oberstufenschüler und -schülerinnen von meiner Schülerfirma Nyendo der Waldorfschule Ismaning von ihrem Sozialpraktikum in Kenia zurückkamen, meinten sie: «Wir haben uns so geschämt, weiß zu sein. Die Menschen dort haben nichts, aber sind so herzlich und zufrieden und haben uns bewirtet und begleitet. Es war anfangs schwer, sich hier wieder zurechtzufinden.» Sie sprachen mir aus dem Herzen.

Neben der Schülerfirma Nyendo, die ich gründen, begleiten und mitentwickeln durfte – siehe auch www.nyendo.de –, habe ich wieder begonnen, Keniareisen anzubieten. Über meine Firma Nyendo-Reisen – www.nyendo-reisen.de – veranstalte ich mehrmals im Jahr zweiwöchige Reiseprogramme, die den TeilnehmerInnen eine Begegnung mit «meinem» Afrika ermöglichen. Neben Natur- und Kulturerlebnissen stehen als zukunftsweisende soziale Projekte die Steiner School Mbagathi Nairobi und das landwirtschaftliche Zentrum SACDEP (Sustainable Agricultural Community Development Programme) im Mittelpunkt. Die Ausflüge zu den Kleinbäuerinnen bilden jedes Mal einen unvergesslichen Höhepunkt.

2006 ist mein Buch unter Mitwirkung zahlreicher guter Freunde zuerst im eigenen Verlag erschienen, denen ich hiermit nochmals herzlich danken möchte: meiner Lektorin Barbara Scheffler, dem Grafiker Karl Lierl, Dave Nathan und Ines Barth für die Text- und Fotobearbeitung, Wolfgang Schad für das Vorwort, Vojko Vrbancic für die Fotos, meiner Tante Maria Hamberger, Birgitta Bächer, Johannes Frölich und Dirk Stempel für ihre so wertvolle Unterstützung. Für die Herausgabe im Verlag Freies Geistesleben danke ich Martin Lintz für die freundliche Begleitung.

Mein Dank gilt auch und vor allem den unsichtbaren Mitwirkenden, denn ohne ihre Inspirationen hätte ich dieses Buch nicht schreiben können. Möge es seinen Weg in die Herzen der Menschen finden und Früchte tragen in dem Zusammenwachsen unserer so vielgestaltigen und reichen Welt.

SACDEP: Lebensperspektive für Kleinbäuerinnen

Seit vierzehn Jahren arbeitet die Zukunftsstiftung Entwicklungshilfe mit der Kleinbäuerinnenorganisation SACDEP (Programm für nachhaltige, Gemeinwesen entwickelnde Landwirtschaft) in Kenia zusammen. Diese Kooperation wurde von Walter Burkart und dem Projketleiter Ngugi Mutura begründet. In Zyklen von jeweils vier Jahren schließen sich ca. 1440 Kleinbäuerinnen zu Gruppen von dreißig bis vierzig zusammen, die in ökologischer Landwirtschaft geschult werden. Praktisch werden auf den kleinen Farmen u.a. die Kompostierung, die Erhaltung und der Einsatz von Saatgutvielfalt, die Haltung von Kleinvieh und Ziegen sowie die geregelte Wasserbewirtschaftung dank Wassertanks gelehrt. Dazu kommen Investitionen wie z.B. der Aufbau von Ziegen- und Kuhställen, Biogasanlagen, Windräder, Handpumpen und andere angepasste Technologien der Weiterverarbeitung. Ein hoher Anteil von Eigenleistung wird durch die Kleinbäuerinnen erbracht, denn jede Gruppe erhält nur einen Teilzuschuss zu den geplanten Maßnahmen.

Über partizipative Verfahren wird innerhalb der Gruppe entschieden, wer als Erster eine Förderung erhält. Tiere werden in revolvierender Weise weitergegeben, das heißt, in einer Gruppe von dreißig Frauen erhalten beispielsweise drei Frauen jeweils eine Ziege. Entstehende Zicklein werden an die nächsten Frauen weitergegeben. Ein Zuchtbuch wird jeweils geführt, um Degeneration zu vermeiden. Gleiches gilt für andere Tiere.

Verbreitung regenerativer Energien: Der Einsatz und die Verbreitung regenerativer Energien werden über Windkraftanlagen z.B. bei der Wassergewinnung und über Biogasanlagen zusätzlich gefördert.

Aufbau lokaler und regionaler wirtschaftlicher Kreisläufe: Gruppen, deren Kenntnisse im organischen Landbau gefestigt sind, die also eine Projektrunde von jeweils etwa vier Jahren absolviert haben, werden in verschiedenen Techniken weitergebildet.

Die Kleinbäuerinnenorganisation arbeitet in sechs Distrikten von Kenia. Auf der Grundlage dieses organischen Landbaus schaffen sich die kleinbäuerlichen Gruppen eine nachhaltige, selbstständige Einkommensperspektive. Über achtzig Prozent der Beteiligten sind Frauen. Bereits 7.200 Haushaltsvorstände konnten erreicht werden. Die durchschnittliche Familiengröße liegt bei sieben Personen.

Aus Nahrungsmittelempfängern wurden Spender: Durch die Ausdehnung des organischen Landbaus wurde die Bodenfruchtbarkeit in der Region erhöht und die Ernährungssicherheit der Menschen erreicht. Aus Nahrungsmittelhilfeempfängern 1992 sind heute organisierte Kleinbäuerinnen geworden, wobei die fortgeschrittenen Gruppen bei den jüngsten Unruhen in Kenia ihren vertriebenen Landsleuten Nahrungsmittelhilfe gewähren konnten.

Das Projekt wird aus Mitteln der deutschen Bundesregierung bezuschusst. Dadurch wird jede Spende verdreifacht.

Gerne können Sie bei der Zukunftsstiftung Entwicklungshilfe (www.entwicklungshilfe3.de) weitere Informationen anfordern.

Die Rudolf Steiner School Mbagathi Nairobi

Seit 2001 hat die Rudolf Steiner School in vielen Bereichen der Schulentwicklung große Fortschritte gemacht. Hatten wir 2001 noch 70 Schüler, so waren es 2008 bereits 250. Wir sind optimistisch, dass Ende 2009 in jeder Klasse dreißig Kinder sein werden. Mit wachsender Schülerzahl hat sich auch das Kollegium entsprechend vergrößert. Heute haben wir 41 angestellte Mitarbeiter, die sich um verschiedenste Belange der Schüler kümmern, darunter sechzehn Lehrer aus Kenia und einer aus England; das weitere Personal arbeitet im Internat, im Sekretariat, der Buchhaltung und der Küche, als Raumpfleger, Wächter, Farmer, Chauffeur, Platzwart, Hausmeister und Busfahrer.

2001 unterrichteten wir noch klassenübergreifend – jede Klasse vereinte zwei Jahrgänge; heute, 2008, bildet dagegen jeder Jahrgang zum ersten Mal eine Klasse für sich. Das ist ein großer Fortschritt, den wir lange herbeigesehnt haben. So gibt es gegenwärtig drei Kindergartengruppen und neun Klassen vom ersten bis zum neunten Schuljahr. Bis zur achten Klasse unterrichten wir entsprechend der Waldorfpädagogik; unsere neunte Klasse ist ein Zusatzjahr, in dem wir die Kinder auf das staatliche kenianische Examen vorbereiten, das unseren Schülern den Besuch der weiterführenden Schulen ermöglicht.

Die Schule kümmert sich auch weiterhin um gesellschaftlich benachteiligte Kinder; dies wird uns durch viele individuelle Spenden aus Deutschland und anderen Ländern – Dänemark, England, der Schweiz und den USA – ermöglicht. Ohne die großzügigen Schenkungen unserer ausländischen Freunde gäbe es unsere Schule nicht! Die Zahl unserer Internatskinder hat stetig zugenommen; heute sind es siebzig Schüler – Jungen und Mädchen. Die Kinder kommen entweder von weiter her oder stammen aus schwierigen familiären Verhältnissen.

All diese Fortschritte können wir nicht erreichen ohne unsere Sponsoren, die Organisationen, die uns unterstützen, und viele andere Hilfen aus allen Gegenden der Welt, etwa die regelmäßigen Besuche von erfahrenen Lehrern aus Übersee, die mit unseren Lehrern arbeiten. Wir danken allen, die uns in unserem Bemühen unterstützen, den Kindern einen Raum zu schaffen, in dem sie glücklich und gesund aufwachsen und lernen können und Initiative zu entwickeln vermögen, damit ihnen, wenn sie erwachsen sind, ihre vollen Möglichkeiten zur Verfügung stehen.

September 2008 *Mwakai Shake, Judith Brown*

ANMERKUNGEN

1 Ralph, Waldo Emerson (1803-1882), amerikanischer Autor, Dichter und Philosoph

2 Prof. Dr. Bernhard Grzimek, 1909-1987, Direktor des Frankfurter Zoos, bereiste Ostafrika und war von der Notlage der Wildtiere so entsetzt, dass er sich zeitlebens für sie einsetzte. Seine Bücher und Filme erlangten Welterfolg.

3 Tania Blixen eigentlich Baronin Karen Blixen, 1885 – 1962, dänische Schriftstellerin, lebte von 1913 bis 1932 in Kenia und bewirtschaftete eine Kaffeefarm. Sie schrieb über diese Zeit das Buch «Afrika – dunkel lockende Welt.»

4 Konrad Lorenz, 1903-1989, Mitbegründer der vergleichenden Verhaltensforschung, Nobelpreisträger für Physiologie 1973 für die Entdeckung der Prägung an der Graugans.

5 Die «Freunde der Erziehungskunst e.V.» fördern Initiativen im freien Bildungswesen. Seit 1976 setzen sie sich für die weltweite Ausbreitung der Waldorfpädagogik und damit für ein grundsätzlich freies Schul- und Bildungswesen ein.

6 Sir Laurens van der Post, 1906 – 1996, südafrikanischer Schriftsteller, widmete sein Leben dem Lehren von der Bedeutung und dem Wert eingeborener Kulturen in der modernen Zeit.

7 Die Kikuyu gehören neben den Embu, Meru und Kamba zu den östlichen Bantustämmen.

8 Die Mau-Mau-Kämpfe wurden von den Kikuyu angeführt und führten letztlich zur Unabhängigkeit Kenias 1963.

9 Derzeit (Stand August 2008) gibt es fast 1000 Waldorfschulen und ca. 1500 Waldorfkindergärten weltweit, in Deutschland 210 Waldorfschulen.

10 GTZ: Gesellschaft für technische Zusammenarbeit, die deutsche staatliche Entwicklungshilfeorganisation.

11 Glasnost, russisch für «öffentlich», «der Allgemeinheit zugänglich», wurde von dem damaligen russischen Staatspräsidenten Michail Gorbatschov als ein Attribut der politischen Reform bezeichnet und ging in den internationalen Sprachgebrauch ein.

12 Die deutsche Schule in Nairobi war für die deutschsprachigen Familien in Ostafrika eingerichtet worden.

13 Doppelverdiener ohne Kinder

14 Die «Flying Doctors of East Africa» fliegen mit ihren kleinen Flugzeugen

auch die abgelegensten Winkel in Kenia und Tansania an und sorgen dort für schnelle erste Hilfe und gegebenenfalls auch für den Lufttransport in ein Krankenhaus in Nairobi.

15 «Anthroposophie ist ein Erkenntnisweg, der das Geistige im Menschenwesen zum Geistigen im Weltenall führen möchte», so ihr Begründer Dr. Rudolf Steiner, 1861-1925, Philosoph und Naturwissenschaftler.

16 GLS steht für: Gemeinschaftsbank für Leihen und Schenken. Die Bank wurde in Bochum 1974 gegründet. Im Mittelpunkt der Arbeit steht die Förderung von kulturellen, sozialen und ökologischen Initiativen von Menschen.

17 Croton megalocarpus und Croton macrostachyus, (Euphobiaceae), einheimische Baumart.

18 Kiswaheli: Schachtel des Vogels, so benannt nach einer Geldsammelkasse in Karen Blixens Roman «Jenseits von Afrika».

19 Eine ostafrikanische Rinderkrankheit.

20 Seit rund dreißig Jahren kümmert sich Daphne Sheldrick überwiegend um Elefanten-, aber auch um Nashornwaisen, deren Mütter entweder bei Unfällen oder durch Elfenbeinjäger zu Tode gekommen sind.

21 Afro-amerikanische Schauspielerin, geboren 1955.

22 Kunstgalerie im Herzen Nairobis, von Ruth Schaffner in den 80er Jahren gegründet.

23 Eine Wohngegend nahe der Stadtmitte.

24 Miha Pogacnik, virtuoser Geiger, Kulturbotschafter von Slowenien und Mitbegründer von IDRIART, Initiative for the Development of Intercultural / Transdisciplinary Relations through the Arts.

25 Kollegen und Ausbilder aus England

26 Kollegen und Ausbilder aus Deutschland

27 Kollegen und Ausbilder aus Südafrika

28 Bar, Restaurant und Tanzlokal

29 Ein beliebiges Getränk zum Sonnenuntergang getrunken

30 Johann Ludwig Krapf, 1810-1881. Auf Reisen entdeckte er 1848 den Kilimandscharo und 1849 den ebenfalls schneebedeckten Mount Kenya. Seine geografischen Aufzeichnungen wurden Anlass für spätere Erforschungen.

31 Selbstversorgerhütten am Mount Kenya

32 Gisela Tölle, Zwischen Kraal und Wolkenkratzer.

33 Sobonfu Some, geboren im Stamm der Dagara in Burkina Faso, gibt jetzt mit ihrem Mann Malidoma weltweit Seminare über Spiritualität und afrikanische Weisheit.

SUDAN
ÄTHIOPIEN
TURKANA SEE
CHERANGANI HILLS
UGANDA
KENIA
SOMALIA
KYOGA SEE
ELDORET
WHITE HIGHLANDS
KAMPALA
MOUNT KENIA 5199 M
NAKURU
KISUMU
NAIVASHA
TANA
VICTORIA SEE
MASAI MARA
NAIROBI
MACHAKOS
KILIMANDSCHARO 5895M
MWANZA
MOMBASA
TANSANIA
TANGA
SANSIBAR
DAR-ES-SALAAM